Después de lo trans

Sexo y género entre la izquierda y lo identitario

_ Elizabeth Duval

La Caja
Books

Después de lo trans
Sexo y género entre la izquierda y lo identitario
Primera edición: marzo de 2021
Segunda edición: marzo de 2021
Tercera edición: octubre de 2021

Coordinación editorial: Paco Cerdà y Raúl E. Asencio
Diseño de la colección: Setanta
Corrección: Leticia Oyola
Maquetación: Esperança Martínez

ISBN: 978-84-17496-52-4
Depósito Legal: V-831-2021

À Hannah: la suite, l'évolution, on la vivra ensemble. Permets-moi de paraphraser : il y a dans la contemplation du beau quelque chose qui nous détache de nous-mêmes, en nous faisant sentir que la perfection vaut mieux que nous, et qui par cette conviction, nous inspirant un désintéressement momentané, réveille en nous la puissance du sacrifice, qui est la source de toute vertu. Nous sommes meilleurs lorsque nous sommes émus, et aussi longtemps que nous le sommes. Tu me reprochais (et je sais bien que «reprocher» n'est pas le verbe pertinent) de mentir dans une dédicace originelle, car je n'avais pas écrit la plupart du texte à ton côté; j'étais éloignée, à Madrid, à cause du confinement. Mais je suis convaincue du fait que je n'aurais pas aimé ce texte sans t'aimer, et que je n'aurais jamais autant d'amour pour les choses sans le tien. Je ne dirais aucun mensonge si je disais de ce livre, ou de n'importe quel autre que j'écrive, qu'il doit quelque chose à la paix tranquille de tes bras. Or, je ne suis plus apathique, je ne suis plus cynique: je crois désormais à quelque chose. Je pense avec toi, et je pense à côté de toi, et je te pense; et, grâce à toi, je suis émue.

A *Felipe Martín Ignacio Silvero, primer maestro: gracias a ti la filosofía devino algo inevitable.*

ÍNDICE

p. 11 Prefacio a la tercera edición

p. 21 Prefacio a la segunda edición: La ley trans

p. 41 Prolegómenos: Estoy hasta el coño de lo trans

p. 55 Adquisición y autodeterminación del género: tener contra ser

- p. 57 Breve historia de lo trans
- p. 67 Esbozar una definición del género
- p. 72 La imposibilidad conceptual de la autodeterminación
- p. 78 El sujeto, su imagen y la virtualidad
- p. 83 Un primer programa político: devenir sujeto

p. 87 Política identitaria, la izquierda y lo trans

- p. 89 La posición enunciativa identitaria
- p.92 Realidades materiales y neomaterialismos
- p. 111 Introducción al feminismo transexcluyente
- p. 121 El género como sistema y el género como proceso
- p. 130 La percepción en la violencia y el deseo
- p. 140 Historicidad y contexto de lo trans
- p. 143 Cuatro proposiciones sobre lo trans

p. 149 Contra la tolerancia y la estadística

p. 183 Teología trans: el evangelio de la Veneno según Valeria Vegas (y los Javis)

p. 185 Nadie sabe lo que puede un ano emancipador: disputaciones con Paul B. Preciado

- p. 191 Manifiesto contra el *Manifiesto contrasexual*
- p. 201 Clínica de desintoxicación testosterónica
- p.209 De la legitimidad de las zonas temporalmente autónomas en Urano
- p. 219 Diálogo entre monstruos parlantes
- p. 227 Correos con Paul B. Preciado

p. 235 Inciso sobre el sujeto del feminismo

- p. 243 Problematizar el *feminismo filosófico*
- p. 256 Escenas de guerra partidista

p. 271 Después de lo trans

- p. 273 Los flujos de lo trans
- p. 279 Después de lo trans

p. 289 Epílogo: Una propuesta político-moral

p. 301 Agradecimientos

p. 304 Referencias

p. 309 Bibliografía

Afrontémoslo. Nos deshacemos unos a otros. Y si no, nos estamos perdiendo algo. Si esto se ve tan claro en el caso del duelo, es tan solo porque este ya es el caso del deseo. No siempre nos quedamos intactos. Puede ser que lo queramos, o que lo estemos, pero también puede ser que, a pesar de nuestros mejores esfuerzos, seamos deshechos frente al otro, por el tacto, por el olor, por el sentir, por la esperanza del contacto, por el recuerdo del sentir. Así, cuando hablamos de mi sexualidad o de mi género, tal como lo hacemos (y tal como debemos hacerlo), queremos decir algo complicado. Ni mi sexualidad ni mi género son precisamente una posesión, sino que ambos deben ser entendidos como maneras de ser desposeído, maneras de ser para otro o, de hecho, en virtud de otro.

Judith Butler

Un certificado me dice que nací. Repudio este certificado: no soy un poeta, sino un poema. Y un poema que se escribe, aunque parezca un sujeto.

Jacques Lacan

Prefacio a la tercera edición

Su recorrido aún no ha terminado, y queda tiempo hasta que termine, pero hay algo del debate que parece haberse zanjado: el 29 de junio se inició la tramitación del anteproyecto de ley para la igualdad real y efectiva de las personas trans y para la garantía de los derechos de las personas LGTB. En escasos meses publicaré yo una novela, *Madrid será la tumba,* e intentaré cumplir mi promesa de dejar de hablar de lo trans, pasar página, hacer otra cosa. Como el libro se empeña en seguir dando alegrías, tanto a esta editorial como a mí, he pensado que sería una buena idea incluir aquí el texto con el cual celebré la aprobación de esa ley. Puede considerarse casi como una despedida escrita en el día en que por fin la ley salió adelante, y originalmente publicada en el diario *Público*:

Hoy se aprueba algo así como la ley trans, en su versión fusionada con la ley LGTBI; lo celebraremos. Pero quizá no todo el mundo entienda esta celebración. La pantomima a la cual entre todas hemos decidido llamar debate podría hacernos creer que esta ley, una vez aprobada como anteproyecto por el Consejo de Ministros, enmendada, debatida, deliberada, tramitada en el Senado, sancionada y promulgada por el Rey, modificará los fundamentos metafísicos de la realidad, de la percepción, de los universales e incluso de la existencia, haciendo desaparecer –ahora me ves, ahora no me ves– a las mujeres, en sus cimientos tambaleadas por tinta y jurisdicción, sometidas a los designios de la Ley mayúscula. ¿Reinterpretamos a Kafka? Ante la Ley hay un guardián. Una persona trans se enfrenta a este guardián, y solicita que se le permita entrar en la Ley. Pero el guardián contesta que por ahora no puede dejarla entrar. La persona trans reflexiona y pregunta si más tarde la dejarán entrar. «Tal vez –dice el guardián–, pero no ahora; y recuerda que soy poderoso y solo soy el último de los guardianes».

A quienes hemos defendido la ley trans no nos ha movido nunca nuestro propio interés. Es algo de lo que me he ido dando cuenta a lo largo de estos últimos meses: los periodistas con frecuencia nos hablaban de nuestras conquistas, de lo bien que habríamos de sentirnos viendo al fin nuestras identidades reconocidas, y yo pensaba en que ningún avance por el que estuviéramos luchando me afectaría en absoluto, y menos aún a otras defensoras –más mayores– de la reforma. No es la primera vez que lo vivo. El proceso de elaboración de la ley 'trans' madrileña, que no ha podido aplicarse sino relativamente –por falta de partidas presupuestarias específicas, que tendrían que haber sido organizadas, pero que el Partido Popular escogió ignorar una y otra vez–, me pilló muy cerca, cuando yo tenía dieciséis años. Y pensé, con un poquito de tristeza y algo más de compasión, que era doloroso haberme quedado en ese límite entre lo legislado y lo no legislado, pues quienes hubieran nacido apenas un año o dos después del año de mi nacimiento ya vivirían bajo los términos de esa nueva jurisdicción, pero mi quinta marcaba exactamente una fina frontera que excluía a aquellas para quienes la ley ya no podría cambiar la vida.

Cuando empecé mi tránsito, a los trece años, tuve que cambiarme de instituto a mitad de curso, porque en el lugar en el que estaba me dijeron abiertamente que no pondría en práctica ningún tipo de medida para acomodar a una alumna trans: y señaló sutilmente la puerta. Fue el Colegio San Pedro Apóstol de Barajas. Pasé por la Unidad de Trastornos de la Identidad de Género –y prometo que incluso presionar para que cambiaran ese nombre, hace unos cuantos años, era una batalla muy ardua–, y la gestora de pacientes me comunicó que, si me equivocaba y dentro de unos años me arrepentía de haber empezado el tránsito, la única opción que tendría sería la de tirarme por un puente, y llegó a facilitarme indicaciones.

Acudí a dos o tres psiquiatras para obtener informes en los cuales estuviera escrito, negro sobre blanco, que yo tenía un problema mental llamado trastorno o situación de transexualidad –después, disforia de género– estable. Me habría gustado hablar con esos psicólogos rutinarios de otras preocupaciones, preocupaciones más típicamente adolescentes, pero ante ellos tenía que pasar por varios aros: primero, cumplir con todos los roles y estereotipos típicos de las mujeres, dejándome el cabello largo, pintándome las uñas, llevando a cada visita falda o vestido –¡no fuera a ser que tuviera una apariencia demasiado masculina como para no ser considerada una verdadera transexual!–; segundo, ocultar cualquier posible miedo en la cabeza o dolor en el corazón, pintando una felicidad exacerbada, falsa, postiza, porque todo lo que no fuera estar perfectamente –o todo lo que incluyera dudas, ideas, pensamientos– podría impedir que mi identidad fuera reconocida: tenía miedo de ser trans y tener otros problemas, porque para ser trans había que ser perfecta y estable, un maniquí.

Empecé mi tránsito a los trece años. No pude cambiar mi documento nacional de identidad hasta los diecinueve, un año después de haber comenzado mi carrera universitaria en Francia. En cada carta que mandaba a las universidades tenía que exponerme como persona trans, explicar mi vida –porque había datos entre distintos formularios, informes o boletines que no concordaban–, revelar mi intimidad y hacer trámites burocráticos eternos para poder estar tranquila. Recuerdo que, en mi primer año, durante unas semanas, el sistema tuvo un fallo, y el nombre con el que figuraba en el campus virtual de la universidad quedó restablecido al que tenía antes de transitar. Recuerdo el miedo a ser expuesta así, como si te desnudaran en medio del público y se pusieran a contar todas tus intimidades sin haber pedido permiso. El miedo a no poder hacer un trámite necesario, «porque quien figura en este documento no es usted, sino su hermano». La obligación de desnudarse todos los días: de no poder olvidar. Insisto: pasaron seis años, es decir, toda mi adolescencia, desde que empecé el tránsito hasta que pude ver mi identidad reconocida. La burocracia fue infernal. Y mi identidad la vi oficialmente reconocida hace dos años, dos.

Aún hay gente que piensa que todo por lo que yo debí pasar debería constituir el trayecto obligatorio y legítimamente señalado para todas las personas trans. Hay quienes no tienen ningún problema con que estas se vean expulsadas de su centro educativo en mitad del curso escolar. También les parece bien que se invite a menores a considerar el suicidio como alternativa a su tránsito. No creen que haya nada malo en formularios sexistas y monstruosos, que preguntan para dirimir identidades sobre con qué jugaba cada uno en su infancia, siempre que estos formularios ahuyenten al fantasma de la autodeterminación de género. Prefieren que las personas trans sufran en silencio a que digan la verdad, a que atraviesen buena parte de los primeros años de su vida siendo reconocidas entre sus pares y cercanos y siendo violentadas de forma constante por las instituciones. Hay quienes preferirían incluso que el reconocimiento que teníamos hasta hoy, fruto de la Ley 3/2007, no existiera: que no pudiera cambiarse mención de sexo o nombre alguno, que la sombra de la sospecha estuviera siempre bien colocada sobre nosotras para darnos cobijo, que la exposición y el desnudo se convirtieran en constante; preferirían declararnos anatema a aceptar que existimos.

Hoy, que se aprueba la ley trans, es un día importante; sin embargo, después de meses de discusión embarrada, nadie sabría muy bien decir por qué. Hay colectivos legítimamente decepcionados con lo que consideran un abandono hacia las personas trans migrantes o no binarias dentro del texto final, y a su decepción nos sumamos. Pero lo que ha sucedido estos últimos tiempos no ha sido un debate sobre el contenido real de estos decretos. Hemos asistido a cómo se hacía de todas las personas trans, y particularmente de las mujeres, potenciales agresoras violentas, espectros de hombres entrando en cuartos de baño para violentar a otras mujeres, como si la entrada a los lavabos hubiera estado alguna vez regulada por lo que ponga en el documento nacional de identidad de cada uno; hay quien ha querido instalar un clima de tensión, miedo, confrontación y odio constante hacia las personas trans, y hay quienes, cómplices, les han dado pábulo hasta decir basta; se ha pretendido hacer creer que esta ley iba a administrar hormonas sin límites a menores, como si no hubiera siempre seguimientos médicos y como si las competencias sanitarias no estuvieran reguladas según las autonomías; se ha dicho que se iba a mutilar con cirugías a niños como si esto alguna vez fuera legal o imaginable. Se ha culpado a las personas trans de abrir la caja queer de Pandora y desatar todos los males sobre la faz de la Tierra. Se nos ha convertido en monstruos públicos, en líderes de las tinieblas, participantes de conspiraciones y contubernios judeomasónicos. No guardo rencor a quienes lo han hecho.

Hay personas trans que a partir de hoy saldrán del armario y tendrán un camino administrativamente más fácil. Seguramente no se vean sometidas a tantas violencias burocráticas como las que yo tuve que vivir: esto es lo que más celebro. Pero también sé que hay adolescentes que hoy se enfrentan a padres envenenados por un discurso que han escuchado en las televisiones, en la radio, que han leído en los periódicos; un discurso que hace de las personas trans un síntoma de degeneración, un colectivo caprichoso, una horda militante que quiere doblegar a todos con sus exigencias. Yo ni quiero doblegar a nadie ni peleo ni siquiera por mí misma, porque todas estas leyes para mí llegan tarde: quisiera que nadie más tenga que vivir todo aquello por lo que yo sí pasé. Pero hoy habrá personas que, por culpa de un debate público envenenado, quizá tengan más miedo que nunca a salir del armario ante sus padres. A los responsables de esto podremos perdonarles, y será incluso nuestro deber, pero dudo que algo así se pueda olvidar.

Ojalá pudiéramos, no obstante, olvidar todo esto. Ojalá, dentro de unos años, nos parezca inimaginable todo el odio que se vertió cuando unas personas reclamaron el derecho a no ser consideradas víctimas de una enajenación mental, a no estar siempre bajo la tutela de la medicina y del Estado. Espero que el júbilo por los derechos de algunas –que nunca serán los derechos suficientes– deshaga la bruma, que pasemos página, que celebremos la prohibición de las terapias de conversión, la extensión del derecho a la reproducción asistida para mujeres lesbianas y bisexuales, el derecho a la integridad física de las personas intersexuales, la autonomía por fin real de las afortunadas personas trans que no han tenido que vivir lo que gente tan joven –y eso que yo escribo desde el privilegio– como la veinteañera que firma este texto sí. Hoy se aprueba algo así como la ley trans, en su versión fusionada con la ley LGTBI; lo celebraremos por todas aquellas personas trans para las cuales esto no llega demasiado tarde, o llega en el momento adecuado. Sé que el movimiento LGTBI y el movimiento feminista empujarán para que los avances que hoy se consiguen sean dentro de un tiempo más grandes, más fuertes, mejor asentados. Sé que no nos quedaremos en la celebración, pero hoy, que ya no tenemos casi ni energías para responder al infierno en el que las redes sociales se han convertido para las personas trans, celebro por todas aquellas que no tendrán que bajar a los abismos para conquistar dos o tres derechos; deseo, ante el futuro, ante la ley trans, que el tiempo lo ponga todo en su sitio.

Agradezco mucho la recepción de este libro y su acogida por parte de una gran comunidad de lectores y todas las cosas que me ha llevado a hacer. Si hoy volviera a escribirlo, estoy segura de que sería menos pedante y un poco más sabia, me desharía de cultismos y academicismos innecesarios, querría poner más en el centro la necesidad didáctica de este tipo de textos. Pero no se escribe solo lo que una quiere cuando lo desea; lo que escribimos es sobre todo lo que necesitamos escribir en un momento dado, el texto que viene de nosotras en una época concreta, el reconocimiento de un momento en el que pensábamos de cierta manera y la imaginación se proyectaba igualmente en direcciones particulares. Hoy ya no estoy de acuerdo con la Elizabeth Duval que escribía este texto entre 2019 y 2020, eso es evidente, y probablemente sea ahora, si me esfuerzo, mejor persona de lo que era entonces. No creo que haya agotado todo lo que puedo decir sobre lo trans, ni de lejos, pero quiero pasar página, olvidarme de ello un rato y que mi personalidad pública no se construya sobre eso. Supongo que lo voy consiguiendo: ahora formo parte del consejo de redacción de *CTXT*, escribo como columnista sobre cultura y política en otros periódicos, no dedico casi ninguna parte de mis días a reflexionar sobre lo trans, porque los temas que me ocupan en mi futura novela tienen más que ver con la violencia, la militancia, las palabras, las imágenes y el deseo.

Seguiremos en contacto y ojalá el libro siga haciendo reflexionar, suscitando conversaciones, inspirando intervenciones en congresos filosóficos –una gran alegría cuando me enteré–, conectándome con investigadores hasta franceses que exploran la cuestión trans. Guardo, por cierto, un precioso recuerdo de la gira de presentación por toda España, pasando de provincia a provincia con mi editor, Raúl, como conductor. La acogida fue fantástica, sobre todo en los lugares donde no me lo esperaba.

¡Infinitas gracias! Como siempre, después del libro, queda la vida. A la vida nos dedicaremos.

Elizabeth Duval, Madrid, 2 de septiembre de 2021

Prefacio a la segunda edición
La ley trans

Cuando escribí *Después de lo trans*, en su mayor parte entre septiembre de 2019 y agosto de 2020 —es decir, a lo largo de un año, que fue el de mis diecinueve, y mientras acababa la carrera—, lo hice sin tener acceso a documentos relacionados con lo que después sería el proyecto de la ley trans: a nivel de crítica legal, solo podía fundamentarme en anteproyectos presentados por colectivos y partidos, y en distintos esbozos autonómicos de legislación. Se da ahora la casualidad de que el debate sobre la Ley para la Igualdad Real y Efectiva de las Personas Trans ha estallado a principios de febrero, con la publicación de su borrador, y que *Después de lo trans* ha llegado a librerías el tres de marzo. Pocas veces se tiene la suerte de acertar con tamaña puntería en la fecha justa para la publicación de un libro: más aún cuando el trámite necesario de toda ley, que ha de pasar por los distintos ministerios y después por las Cortes Generales, me va a asegurar en la práctica que a lo largo de 2021 el texto tendrá cierto recorrido, por modesto que este sea. El hecho de que ahora tengamos unos términos bien definidos y precisos me obliga a actualizar todo lo que ya había dejado por escrito. No he querido cambiar el contenido del ensayo en sí mismo, ni me ha dado tiempo siquiera a hacer las correcciones y ampliaciones que seguro me gustaría: el libro es, en fin, producto de un momento histórico anterior al debate real sobre el proyecto de ley; más aún, preferiría tener mucho más tiempo para emprender una revisión pormenorizada, que supongo habré de llevar a cabo cuando tanto yo como el texto hayamos cambiado. Por el momento, esta nota introductoria me satisface, y espero que permita a este libro seguir vigente y ofrecer las claves fundamentales de actualidad a lo largo de un proceso que, como vislumbraba ya desde un principio, será complicado y lleno de obstáculos.

Hay muchos temas que estaban planteados en una versión inicial de *Después de lo trans* y que deseché en su desarrollo posterior. El primer esquema que le mandé a mi editor, unos días después de la propuesta de escribir este ensayo, incluía una sección entera dedicada a responder a Miquel Missé, en la cual yo argüiría por mi parte contra los «constructivismos absolutos» de lo trans, conciliando naturaleza y cultura; creo que la versión final del ensayo logra hacer esto mismo sin depender de la lectura atenta de otro autor, y, en consecuencia, lo hace de una forma mucho más pedagógica. Algunas distinciones entre feminismos liberales y radicales que yo ya intuía a finales de 2019 aparecen de igual manera en la versión definitiva de este texto, pero encuadradas en un debate mucho más rico y profundo, precisamente por cómo apela a distintas tendencias dentro de la izquierda y —algo que no estaba presente en la primera versión, y de cuya importancia me doy cuenta ahora, con el tiempo— toma partido. Supongo que habrá filósofos para quienes la filosofía se reduzca a un juego lingüístico consistente en simulacros de argumentos virtuales. A mí me interesa ahora una mirada atenta a lo que hacemos los seres humanos (también, claro, a nuestros juegos): como Murdoch, creo que en esa mirada atenta y en ese amor están los fundamentos de aquello que es bueno y de aquello que es bello; no escribo tanto por divertirme como porque las cosas me preocupan, me inquietan, suscitan y atraen mi mirada.

El diálogo con Paul B. Preciado ya estaba presente desde la primera edición del libro, aunque tomara otros tres puntos como centrales: la transformación de «un discurso destructivo/destituyente» que se ha convertido en un nuevo «discurso constructivo/constituyente», el «ser-en-el-mundo» como hombre trans y las trampas del discurso académico-artístico. Estas cuestiones son ahora, más bien, ejes centrales o temas que se implican dentro de ese diálogo. El análisis del sistema sexo-género también se ha transformado en algo mucho más pedagógico en la versión definitiva del libro: también trato «el deseo, la percepción y la polémica radfem», como quería desde un principio, pero intentando enseñar al mismo tiempo que reflexiono; mi intención inicial era elaborar una crítica de algunas mutaciones discursivas de corrientes como el transfeminismo o el xenofeminismo, pero al final esa crítica escapaba tanto del cometido de este libro como de sus objetivos; se alejaba, sobre todo, de aquello que se iba revelando como más urgente conforme pasaban los días de escritura, y que ahora se condensa una vez que *lo trans* está en boca de todos.

No me arrepiento de nada de lo que digo en el libro ni de los debates y discusiones que expongo: no escribiría si pensara que dudar nos hace más débiles. Creo que nos fortalece. Sí que me da algo de miedo cómo puedan interpretarse mis palabras; he tratado de insistir en que siempre que elaboro una crítica contra propuestas políticas más o menos cercanas a mí, lo hago desde el cariño y la voluntad de entendernos y de que las cosas sean mejores y sus fundamentos más robustos; no sé si esa insistencia será suficiente. Es también por eso por lo que me parece fundamental la aportación de este prefacio. No me desdigo de nada de lo dicho: sí que quiero aportar algunas nuevas claves de lectura.

El día diez de febrero participé en un debate sobre el borrador de la ley trans en el programa *Gen Playz*, del cual soy colaboradora habitual. Cualquier persona que me lea sabrá que yo siempre he estado dispuesta a debatir con todo el mundo, incluso —y con frecuencia— en territorio hostil, y que nunca me he cerrado a ningún diálogo. Lo que me encontré una vez iniciado el programa fue sobrecogedor, hasta me provocó una angustia física: acabé temblando durante la grabación y después de esta. Una de mis interlocutoras, la abogada Núria González, se dirigía a todos los presentes con una violencia inaudita, interrumpiéndonos, gritándonos y faltándonos al respeto; soltando mentiras durante minutos enteros sin permitir a los demás que señalásemos la falsedad de su discurso; y se dirigió a mí declarándome una absoluta ignorante cuando la corregía sobre aquello que el borrador de la ley trans decía de verdad, gritándome que yo no era abogada, que no pleiteaba y que, por ende, habría de quedarme calladita.

Se daba la circunstancia de que Isidro García Nieto era otro de los presentes en el debate; esto me colocaba en una posición de aún mayor vulnerabilidad. Isidro, sexólogo y trabajador social de los servicios de atención a personas LGTBI de la Comunidad de Madrid, es de las personas que más me han ayudado en la vida desde que empecé mi tránsito, hará ahora algo más de seis años; toda mi adolescencia está marcada por el cariño, la ayuda y el apoyo que recibí por su parte. Me enorgullezco mucho de ser una persona fuerte, capaz de neutralizar la tremenda cantidad de odio que recibo, pero ser fuerte no significa ni dejar de ser vulnerable ni dejar de ser humana. Debatir así, de esa manera, me hizo daño; también me hizo darme cuenta de que quizás algunas de las cosas que digo en este ensayo —y lo apreciará así el lector: cuando hablo de lo mucho, muchísimo, que me da igual lo trans— tienen bastante de pose y autodefensa.

Hace ya un tiempo, al menos desde junio de 2020, que la reacción transexcluyente ha colocado en su punto de mira los espacios audiovisuales en los cuales participan personas trans, y yo me incluyo entre ellas. Ya en junio, como digo, intentaron organizar un boicot y un ataque contra el programa *OK Playz* en el cual yo participaba con una sección como colaboradora; ahora, después de ese debate sobre la ley trans, han tratado de hacer lo mismo, cuestionando el compromiso de la cadena (pues, para quien no lo sepa, Playz es el canal digital joven de la televisión pública española) con los derechos de las mujeres, entre otros, y elevando las quejas a organizaciones sindicales de los trabajadores de la radiotelevisión pública hasta llegar incluso a preguntas a la administradora única, Rosa María Mateo, en sede parlamentaria, o inundando los buzones de sugerencias y atención al espectador con llamadas al despido de algunos de los colaboradores, incluyéndome a mí en esa lista e incluso a la presentadora Inés Hernand. La existencia de programas como *Gen Playz*, capaces de dar voz a personas jóvenes de distintos puntos del espectro político y tratar de forma abierta debates de actualidad, me parece algo valioso que cualquier canal digital público con cierta ambición debería intentar conservar, más aún si tiene éxito (y se da la circunstancia de que, en la actualidad, lo tiene). En medio de este fuego cruzado, el PSOE, el PP, Unidas Podemos y el PNV pactan una renovación del consejo de administración de RTVE. Sería peligroso que programas así se convirtieran, a efectos políticos, en monedas de cambio o instrumentos de propaganda, que es precisamente contra lo que lucha *Gen Playz* en la actualidad. Pero esa televisión menos abierta a la discusión y al disenso —que a mí me parece valiosísimo: la pluralidad y competición virtuosa entre opiniones y juicios como fundamento de la democracia— es la que a algunos sectores parece molestar.

Estas semanas, sin que tenga nada que ver con la publicación del libro, sino simplemente por hablar en público sobre la ley trans y apoyar algunos de sus planteamientos y objetivos, he recibido una cantidad absolutamente insana de odio y violencia verbal. Ya sabrá el lector al leerme cuál es mi punto de vista sobre la libertad de expresión, y creo que no tardo mucho en comentarlo una vez que empieza el ensayo; no obstante, que no esté a favor de que ese abuso se sancione administrativamente no implica que considere que ese abuso esté «bien» en términos morales o éticos. Creo que no es justo y creo que no es correcto. Podemos ser mejores y hacer las cosas mejor. Una de las últimas olas de ataques en redes vino cuando expliqué en un vídeo de dos minutos la historia de cómo dos personas de esa reacción transexcluyente —Laura Freixas y Paula Fraga— habían rechazado debatir conmigo, hasta el punto de que esta última se descolgó dos días antes de un debate que había organizado un medio intermediario, mientras al mismo tiempo hablaban de la ausencia de interlocutores y personas dispuestas a debatir en la «bancada queer». Paula Fraga respondió llamándome manipuladora y diciendo que no me dedicaría ni un minuto más; declarando que si quería fama lo mejor que podía hacer era irme a *First Dates*. Me parece triste y profundamente lamentable. Rehúso concebir que los términos del debate sean esos. También rechazo la caricatura que haría de toda persona que tenga reticencias a la aprobación de la ley trans alguien violento y lleno de odio que se aproxima a la cuestión desde una perspectiva profundamente ensuciada por el miedo. Creo que muchos de los portavoces de lo que vengo llamando la reacción transexcluyente sí que llegan con esos sentimientos, y que en el fondo realmente desean la erradicación de las personas trans —pienso en las palabras de Janice Raymond: «La mejor manera de solucionar el problema del transexualismo sería ordenándolo moralmente fuera de la existencia»—: esto no significa que no haya personas con buena intención y dudas; estoy segura de que estas personas estarán incluso presentes entre aquellas que se aproximan a lo trans desde el miedo, sea el miedo a los agresores fantasmas en cuartos de baño o a cualquier otra cosa. Supongo que lo que el miedo desvela es una vulnerabilidad en la persona que lo siente, una herida que, por suerte, aún no está lo suficientemente infectada como para conducir a la rabia: si lo que hay es miedo, es que aún hay una posibilidad; y si hay una posibilidad, es necesario insistir en la virtud del diálogo y el intento de comprender al otro.

Es a quienes no dejan que el miedo se apodere por completo de su forma de acercarse al mundo a quienes me dirijo. El ensayo no tendría sentido si mi única voluntad fuera predicar para los ya convencidos. Intento comprender a quienes dudan: intento ofrecer una mirada atenta e incluso cariñosa, a pesar de todo. Es por ello por lo que sigo debatiendo y es por ello por lo que me permitiré, en este prefacio, desgranar algunos de los tópicos e inconsistencias que se esgrimen en contra de la ley trans y de su aprobación.

Parte de la oposición a la ley trans, la que se exhibe como más simpática o dialogante y más mesurada, niega directamente que la aprobación de la ley vaya a favorecer a las personas trans en sí mismas, apelando a una presunta incursión de la teoría queer en la legalidad. El primer borrador de la ley trans contempla varias cuestiones, pero la más fundamental consiste en facilitar el cambio de la mención registral del sexo. ¿Beneficia esto a las personas trans? La respuesta, si nos atenemos a los datos, es que sí: el *paper* «Chosen Name Use Is Linked to Reduced Depressive Symptoms, Suicidal Ideation, and Suicidal Behavior Among Transgender Youth», de Russell *et al.*, publicado en 2018 en el *Journal of Adolescent Health*, expone que el uso del nombre escogido, cuya obstaculización sería reducida por la ley trans, disminuye ampliamente el riesgo de ideaciones suicidas y otros problemas de salud mental —como la depresión y el comportamiento suicida en general— en población trans. Otro de los argumentos esgrimidos para estigmatizar al colectivo (aludiendo a sus supuestas patologías al considerar la disforia de género una enajenación mental) es la tasa de ideación suicida entre las personas trans. La respuesta, que también nos interesa si queremos hablar de la necesidad o no de transitar, también nos la dan los datos científicos: el *paper* «Suicide risk in the UK trans population and the role of gender transition in decreasing suicidal ideation and suicide attempt», de Bailey *et al.*, publicado en el *Mental Health Review Journal* en 2014, y fundamentado en el estudio más grande de salud mental de la población trans de Reino Unido (el *Trans Mental Health Study*, de McNeil *et al.* en 2012), concluye que un 67 % pensaba en el suicidio antes del tránsito frente a un 3 % que lo consideraba después del tránsito.

Esta reacción se estructura de una forma parecida a otras tendencias reaccionarias o de la extrema derecha; no implica esto que todas las personas que la sostengan entren dentro de esa categoría, sino simplemente que sus métodos son parecidos. Una de las referencias de cabecera de ciertos sectores es el libro de Abigail Shrier *Irreversible Damage,* que presentan como un alegato contra el tratamiento de menores; se trata de un libro que identifica lo trans con una «epidemia social» de particular calado entre chicas jóvenes. El libro de Abigail Shrier no es un libro demoledor, sino un panfleto que se plantea en contra del «*establishment* mediático y científico» para defender la idea de que el peligroso «transgenerismo» o la peligrosa «ideología de género» está arruinando la vida de miles de niñas: plantea que se está haciendo demasiado caso a los especialistas de la comunidad científica y médica en lugar de atender a las reticencias de los padres. Las apelaciones al susodicho libro también se desmontan rápidamente si recordamos que en Reino Unido no existe ninguna legislación vigente que entre dentro del marco de la autodeterminación de género como mecanismo jurídico: el proceso de tránsito en Reino Unido es restrictivo y está ligado a procesos de diagnóstico medicalizados, como sucede en España desde la Ley 3/2007; plantear que con la aprobación de una nueva ley trans nos veríamos en un contexto como el británico es, más allá de desatender las lagunas y los datos falseados del texto de Shrier, obviar que el contexto legal británico ya es un contexto parecido al que existe en nuestro país desde hace catorce años.

Me permitiré un breve inciso para tratar aquello que el borrador de la ley trans no dice, antes de describir en más detalle lo que sí. En este ensayo y fuera de él me muestro y me he mostrado crítica con otros marcos legales que no son los del proyecto de ley trans. Véase, por ejemplo, mi crítica a la legislación reciente en Cataluña, o a la propuesta contenida en el programa de En Comú Podem para las elecciones de febrero de 2021. Es el punto 4.12 de su programa político, «Garantizar la autodeterminación de género», que dice lo siguiente:

> Nuestras actitudes hacia las personas que rompen con el binarismo sexual y de género son aún determinadas por los discursos y prácticas médicas. Las personas trans todavía necesitan un diagnóstico psiquiátrico para cambiar su nombre y sexo, y la anatomía sexual y reproductiva de las personas intersexuales no siempre es respetada. Hay que reconocer el valor de la diversidad sexual y de género y cumplir con los mandatos de los tratados internacionales. Por eso, proponemos:
>
> - Impulsar campañas y programas para transformar el estigma social que viven las personas trans e intersexuales y promover el respeto a la diversidad sexual y de género en el temario escolar para erradicar el acoso.
> - Garantizar la implantación de un nuevo modelo de salud despatologizador para las personas trans, desarrollando protocolos específicos que consideren a las personas trans sujetos de derecho y reconozcan su libre voluntad y plena autonomía en la determinación de su identidad de género. Ninguna persona trans tiene que pasar por un proceso de evaluación médica para decidir libremente su identidad de género.

- Garantizar los derechos de las personas intersexuales, así como su integridad y autonomía para tomar decisiones sobre su cuerpo, asegurando que haya un consentimiento informado suyo y de las familias.

Este marco, que habla de «personas que rompen con el binarismo sexual y de género», que plantea una identidad de género que se «decide libremente» y se determina con «plena autonomía», es en realidad profundamente contraproducente. Decir que las personas trans no tienen que pasar por absurdas evaluaciones médicas (aquello que en inglés hemos denominado *gatekeeping*) o por diagnósticos psiquiátricos no puede igualarse a afirmar que el género es algo que se escoge con libertad, que se decide, y no el resultado de una existencia en sociedad que en ningún caso se elige.

Es mucho más fácil antagonizar con quien habla de la libertad para decidir su género que con quien simplemente defiende que las personas trans tienen ciertos derechos fundamentales. El problema es que se ha trasladado un concepto jurídico (la «autodeterminación») a la realidad social y política. Es un error que hayamos pasado de la despatologización y de la necesidad de deshacernos del requisito de diagnósticos arbitrarios a un marco en el cual hablamos del género como si se pudiera decidir al levantarnos y ponernos la ropa, como si fuera un disfraz: lo es porque esa descripción es exactamente lo que la reacción quiere que seamos.

El marco de la libertad para elegir y la libertad de decisión oculta el género como hecho e institución social. Yo propongo que hablemos de que las personas trans tienen derecho a que se reconozca su género, es decir, su identidad de género libremente manifestada, sin necesidad de diagnóstico. Por suerte, el borrador de la ley trans va en la misma dirección que mi propuesta. La autodeterminación, en este caso, seguirá siendo una herramienta jurídica y no conceptual, pero será una forma de hablar de lo trans mucho menos débil que enfocarlo todo en términos de libertad para decidir, que son, en este caso, un poco absurdos.

¿De dónde surge este marco de la autodeterminación de género? Podemos encontrarlo ya en el texto de Dean Spade *Compliance is Gendered: Struggling for Gender Self-Determination in a Hostile Economy*. El autor expone ahí que «la evidencia médica sigue siendo el factor decisivo en la determinación de [los derechos de las personas trans]». Define la autodeterminación de género como «una herramienta para expresar oposición a los mecanismos coercitivos del sistema binario de género». Dice emplear el concepto «estratégicamente, al tiempo que es consciente de que cualquier noción de autodeterminación está envuelta en concepciones de la individualidad que apoyan conceptos capitalistas como la libertad individual para vender el trabajo, tras los que se ocultan mecanismos de opresión». La autodeterminación de género en su uso por Dean Spade, en definitiva, se emplea con un objetivo instrumental, que es el de acabar precisamente con los marcos coercitivos del género y deshacerse de la regulación en función del género en distintos espacios. Algo parecido comenta Eric A. Stanley en un artículo para el *Transgender Studies Quarterly*: «La autodeterminación del género está afectivamente conectada con las prácticas y teorías de la autodeterminación encarnadas por varios movimientos anticoloniales actuales, el Black Power y grupos favorables a la abolición de las prisiones». Así, es un error que (conceptualmente) distingamos la autodeterminación del género de cualquier otro tipo de movimiento por la abolición del género o la liberación de las personas queer; trasladarlo a que una persona pueda «escoger» su género para luego «transmitírselo» al Estado y que este se lo reconozca no solo desvirtúa el origen libertario de estas ideas (con las cuales yo puedo estar más o menos de acuerdo), sino que también las coloca en un marco puramente capitalista y neoliberal que es el que permite el funcionamiento de estas definiciones del individuo y de la libertad.

La reclama histórica del movimiento trans ha estado más vinculada a nociones como la despatologización que a este concepto de la autodeterminación del género desarrollado por Dean Spade y otros pensadores; podemos identificarla en particular con la campaña Stop Trans Pathologization, de 2021 en adelante, y con una serie (siguiendo a Miquel Missé) de activistas trans que, a partir de 2007, se fijan en el modelo francés de EXISTRANS y se movilizan en Barcelona y otras ciudades. La «autodeterminación de género» jurídica, como reconocimiento a la identidad de género libremente manifestada, no es tanto una aceptación de la libertad radical del individuo para elegir o escoger quién es como una herramienta a través de la cual hacer efectiva la demanda de la despatologización, es decir, la superación de la tutela médica y psiquiátrica sobre el reconocimiento de las personas trans. Sería bien interesante un análisis sobre cuál es el origen de estas nociones de libertad, que van mucho más allá de un pensamiento debido a una estructura capitalista: tendríamos que hablar de conceptos de la escolástica como el *iudicium de agendis*, la *electio*, el *iudicium practicum* o la identificación entre libre arbitrio y voluntad, así como asistir a los debates entre Tomás de Aquino y teólogos franciscanos como Gualterio de Brujas. En definitiva, el examen de toda la noción de libertad nos retrotraería a sus orígenes en la Edad Media, y a un debate en el que casi siempre participa lo religioso. Para ir un poco más rápido, dejémoslo en otra fórmula, que repetiré dentro del ensayo: el sujeto tiene la libertad, y exclusivamente en algunas ocasiones, de conocer las determinaciones que le preceden. Es el reconocimiento de estas determinaciones lo que el sujeto manifiesta como su identidad de género libremente manifestada. Admitir la validez de esta manifestación, y reconocerla, no implica en ningún caso considerar que el sujeto tenga una libertad de elección entre distintas opciones.

Esto es precisamente lo que hace la ley trans, cuyo primer borrador (que se verá necesariamente matizado por las contribuciones ministeriales, al haber salido del Ministerio de Igualdad en exclusiva y no del conjunto del Gobierno) no habla en ningún momento de la capacidad del sujeto para elegir o escoger su género, sino de una fundamentación jurídica basada en la «autodeterminación» y el derecho de toda persona de construir para sí «una autodefinición con respecto a su cuerpo, sexo, género, orientación sexual, identidad de género y expresiones de género». Puede extraerse de su quinto artículo que el derecho a la identidad de género libremente manifestada no es el derecho a escoger o elegir, sino el derecho al reconocimiento y al libre desarrollo.

Como recoge el blog jurídico *Queerídico* en su análisis de la relación entre la ley trans y los derechos humanos, uno de los fundamentos de esta ley es la sentencia del Tribunal Europeo de Derechos Humanos en relación al caso A. P., Garçon y Nicot contra Francia, del 6 de abril de 2017: al exigir la legislación francesa una cirugía o tratamiento como requisito para la modificación de la mención registral de sexo, el TEDH consideró que «hacer que el reconocimiento de la identidad de género de las personas trans esté condicionado a una cirugía o tratamiento esterilizante —o una cirugía o tratamiento con alta probabilidad de resultar en una esterilización efectiva— que no desean llevar a cabo equivale a hacer que el ejercicio de su derecho al respeto por la vida privada, según el artículo 8 de la Convención, sea condicional a su renuncia a su pleno derecho al respeto por su integridad física, como protegido por esa provisión y por el artículo 3 de la Convención»; esta conclusión es reiterada en el caso X e Y contra Rumanía, cuya sentencia fue publicada el 19 de enero de 2021. Del mismo modo, el Alto Comisionado de las Naciones Unidas para los Derechos Humanos considera que el reconocimiento jurídico de la identidad de género de las personas trans en los documentos oficiales debe «reposar sobre la autodeterminación del interesado, ser un simple proceso administrativo, no exigir a los interesados que se plieguen a condiciones abusivas arbitrarias e indebidamente dolorosas (como la entrega de un certificado médico, las operaciones quirúrgicas, el tratamiento médico, la esterilización o el divorcio), reconocer las identidades no binarias y permitir acceso a los menores al reconocimiento de su identidad de género».

En suma, España se encuentra en la obligación legal de hacer que el proceso de cambio de mención registral de sexo no esté sometido a la obligación de un tratamiento médico o quirúrgico. Este proceso podría seguir estando condicionado por un diagnóstico psicológico, al no tratarse estrictamente de una vulneración de los derechos humanos, pero este mismo diagnóstico lo desaconsejan, como ya hemos visto, tanto el Alto Comisionado de las Naciones Unidas para los Derechos Humanos, como el experto independiente para la orientación sexual y la identidad de género de Naciones Unidas, así como la Recomendación 2048(2015) de la Asamblea Parlamentaria del Consejo de Europa, que apelaba a que sus Estados miembros «desarrollaran procesos rápidos, transparentes y accesibles, basados en la autodeterminación, para cambiar el nombre y mención de sexo en los certificados de nacimiento, documentos de identidad, pasaportes y otros documentos; [...] abolieran la esterilización y otros tratamientos médicos obligatorios, así como el diagnóstico de una enfermedad mental, como requisitos legales necesarios para reconocer la identidad de género de una persona en las leyes que regulan los procedimientos para cambiar un nombre y género registrado; [...] consideraran la inclusión de una tercera opción de género en los documentos de identidad de aquellos que lo solicitaran».

Algunas voces han respondido que la despatologización por parte de la OMS a la cual se haría apelación para legislar el tratamiento a persona trans con la menor intrusión posible no tendría ningún fundamento real, «al seguir la transexualidad catalogada dentro de la Clasificación Internacional y Estadística de Enfermedades y Problemas Relacionados con la Salud del CIE-11». La trampa que establece este argumento es que la inclusión dentro del CIE-11 en ningún caso hace de lo trans una psicopatología. El capítulo del CIE-11 que hace referencia a los trastornos mentales, conductuales o del neurodesarrollo es el 06, mientras que la «incongruencia de género» está incluida en el 17, relacionado con toda condición ligada a la salud sexual y separado, por ejemplo, de los trastornos parafílicos. Esta incongruencia no está ligada a ningún criterio patologizante; se especifica, además, que no se podrá diagnosticar la susodicha si solo se observan en la persona patrones de comportamiento que se desvíen de los roles de género esperados (lo cual responde a otra de las presuntas preocupaciones: la insistencia en que el *lobby* trans tiene como agenda hacer de toda niña con comportamientos masculinos un niño y viceversa). La inclusión en el CIE-11 responde, además, a una necesidad: se trata, más que otra cosa, de preservar el tratamiento médico y psicológico para aquellas personas trans que lo deseen —que necesita de un epígrafe en la Clasificación Internacional de Enfermedades—, sin imponerles un diagnóstico que las trate en ningún caso de trastornadas.

Ya he examinado los fundamentos en derechos humanos que justifican la aprobación de una ley que facilite el cambio del nombre y la mención registral de sexo. ¿Qué pasa con los posibles abusos legales? Estoy convencida de que, cuando se apruebe una ley que facilite este proceso para las personas trans, no se producirá una avalancha de hombres que cambien su mención registral de sexo. Existe, como han recordado juristas como Marina Echebarría Sáenz, la continuidad de la personalidad jurídica, que implica que ningún hombre podría eludir el agravante de la ley contra la violencia de género cambiándose de sexo, al estar su responsabilidad legal ligada al sexo legal en el momento de los hechos. Además, como han aclarado medios como *Maldita*, los delitos contra la libertad sexual (violación, agresión sexual) no tienen agravante de género: resulta difícil pensar que el proceso de acudir al Registro Civil y esperar a la resolución del cambio de la mención de sexo merezca la pena a presuntos agresores; hemos de identificar este miedo, que no deja de ser legítimo y comprensible, como una expresión irracional de reticencias. ¿Se colarán cientos de hombres en los baños públicos? Resulta que con esto la respuesta es más que evidente: hay muchas experiencias *butch* (de mujeres masculinas, por decirlo de la forma más simple, aunque no podamos definirlas exactamente así) de personas con «genitales femeninos» y un desarrollo sexual más o menos consonante con lo que la reacción transexcluyente llama «una hembra (o mujer [sic] de verdad)» que ya se han visto acosadas y violentadas en baños precisamente por no ajustarse a los estereotipos de género, sin que en esto influya en absoluto su genitalidad o desarrollo sexual; la regulación del género en lugares como los cuartos de baño tiene lugar, como desarrollo en capítulos posteriores de este ensayo, a través de la percepción y la mirada, y esa percepción y mirada, profundamente social y cultural, es algo que ninguna ley puede ni siquiera plantearse modificar. Hay quienes han propuesto un periodo de reflexión de varios meses antes del cambio registral: el problema es que el susodicho periodo contravendría las recomendaciones de desarrollar un proceso rápido y no intrusivo.

Se vienen meses que nos dejarán exhaustas. Las declaraciones de Carmen Calvo, preocupada por la integridad de la identidad de género del resto de la población «si las personas trans pueden escoger y decidir el suyo», ejemplifican a la perfección las dinámicas partidistas y de lucha por el poder que yo ya exponía en el texto original de este libro. Me atrevo a aventurar que la ley acabará aprobándose y que el PSOE intentará, de hecho, apuntarse el tanto, siguiendo con su tentativa de patrimonialización de los derechos LGTBI. Pero esto solo sucederá si la movilización a favor de la ley trans es suficiente como para que la transfobia pueda pasarles factura. Una vez recorrido ese camino, quedarán las apelaciones del Consejo

General del Poder Judicial o incluso ante el Tribunal Constitucional, y las reticencias de la parte más conservadora de la judicatura; pero bases para una ley así hay de sobra, como muy brevemente he expuesto aquí, y no se trata —por más que se intente colar lo contrario— de un proyecto de ley anticonstitucional o que introduzca inseguridad jurídica. Es hora de que España se una a países como Dinamarca, Malta, Irlanda, Bélgica, Luxemburgo o Portugal. Habrá que luchar por convencer a quienes duden, pero estoy segura de que esa lucha es posible. Como ya declaré en otras ocasiones, se pueden tener debates jurídicos y teóricos sosegados, pero nunca conciliar la verdad con la mentira.

Concluyo así. La situación me exigía un posicionamiento en relación con la ley: aquí está. El lector puede ya pasar a la discusión teórica y conceptual que elaboro en el resto del libro. Mi querido Juan Gallego Benot lo describía como «un acercamiento con claridad emocionante al mundo», un ejemplo de «lucidez apasionada», y yo estoy tremendamente agradecida ante esa descripción. Hay páginas en las cuales digo que las cuestiones aquí tratadas no me importan tanto: creo hoy que me engañaba profundamente a mí misma mientras las escribía. En estas páginas, por suerte o por desgracia, también hablo de mi vida, aunque el ejercicio de abstracción necesario para elaborar teoría me haga también distanciarme de mí misma. Critico bulos de un lado y de otro, porque creo que podemos defender nuestra postura sin contar mentiras; interpreto que todo está por discutir, y eso me parece una postura lo bastante sincera como para que merezca la pena. La ley trans será ley. No sé si al cabo de un año o bastante más tarde: depende de si seguimos el camino de Reino Unido o uno más luminoso. Cuando lo sea, este libro tendrá más interés si cabe: examinar todo lo que queda después de ese debate legal.

Es el otro el que nos salva y es el amor lo que nos mueve: así acabo este libro y así quisiera recordarlo una vez más. Me siento muy agradecida por todas las muestras de cariño recibidas tras cada una de mis intervenciones. Gracias, Hannah, por recogerme entre tus manos cada vez que la violencia se hace grande y yo pequeña.

Firma, con amor,

Elizabeth Duval, París, 25 de febrero de 2021

Prolegómenos

Estoy hasta el coño de lo trans

No estoy tremendamente enfadada, que también: estoy hasta el coño de lo trans. Nota aclaratoria: me he re-ti-ra-do, me jubilo, quiero que me den una pensión o al menos alguna paguita por los servicios prestados a la patria posmoqueer; ya tuve suficiente con salir en *El Intermedio* a los catorce, ser portada de *TENTACIONES* en el reportaje «El futuro es trans» con Valeria Vegas y Topacio Fresh, conceder entrevistas en Cuatro, que me llamaran para ir de tertuliana a un programa de Telemadrid cuando se montó lo del autobús de Hazte Oír, las campañas fotográficas, las manifestaciones, asociaciones y organizaciones, y con Twitter, sobre todo con Twitter: me cansé del Twitter activista o LGTB; ya está, basta. No puedo cruzarle la cara a la próxima persona que insista en que la autora que firma estas páginas es la conocida y jovencísima «ACTIVISTA TRANS» Elizabeth Duval, ¡pero me encantaría! ¡Cómo voy a ser yo activista si no hago nada! Me dijeron una vez que tendrían que llamarme *pasivista* trans, en todo caso, pero que quien se refiriera a mí como activista trans o centrara mi producción en el hecho de lo trans no sabía de la misa la media: ¡qué razón! ¿Qué he hecho (en el presente) para merecer dicho apelativo? ¿En qué ámbito de lo trans me he centrado? ¿El activismo trans existe? ¿Existo, en mi cotidianidad, como persona trans? ¿Soy una activista por el mero hecho de existir? ¿Ana Botín es feminista militante por ser mujer y aparecer a veces en las noticias? Porque yo juro y prometo que mucho más no hago, de verdad, que yo no tengo interés como sujeto trans, que lo mío da bastante igual, que yo no sufro tanto por la calle, que ostento una posición privilegiadísima: yo no le estoy salvando la vida a nadie, yo no escribo sobre lo trans, yo no me centro en el género ni soy una teórica del género ni quiero suplantar el trono de Paul B. Preciado ni cortarme el pelo como Butler, *finito, arrête ça,* ¡cálmense de una vez!

No es mi intención montarle un altar a mi ego, lector, pero vamos a hablar de cómo se ha hablado de mí. «Resulta que Duval, lesbiana, *trans,* activista, *performer* y otras 200 cosas más, es un alma precoz». «El nombre de Elizabeth Duval hace aparecer los términos "trans" o "lesbiana" en una búsqueda de Google, "etiquetas" que aspira a "que no sean necesarias"». «Activista trans, tuitera, marxista...». «La escritora y activista trans publica su primera novela, *Reina,* escasas semanas después de lanzar su primer poemario, *Excepción*». «La joven escritora trans nos presenta *Reina,* su primera novela». Nada, aquí, existiendo, siendo trans y luego otras cosas, pero siendo más trans (según algunas de las descripciones) de lo que soy esas otras tantas; siendo lesbiana, siendo activista (esto ya me lo creo menos), siendo marxista (tampoco estoy muy segura, casi que preferiría incluso *marxiana* o nada), siendo *performer* (¡todo el mundo es *performer* hoy en día: a mí déjenme en paz, no performo más de lo que performan los cristianos yendo a misa!), siendo muy jovencita, siendo trans.

He pensado mucho cada una de las partes de este libro: quería escribir un texto distinto al que está entre tus manos. Quizá no uno: muchos, muchos, ¡que a lo mejor ya no vuelven nunca, trenes que habré perdido para siempre! En fin: aquí tienes *Después de lo trans: sexo y género entre la izquierda y lo identitario*. Puedes deducir que esto no es una autoficción. Encontrarás en las páginas que siguen notas en los márgenes, apuntes, discusiones teóricas y mucha mala leche. Porque, incluso escribiendo, ¡aún sigo cabreada!

Voy a bajar el tono: yo creo que escribo porque nunca podré ser madre biológica. Lo pienso leyendo *El coloquio de las perras*, de Luna Miguel; ella cita a Sosa Villada, para quien «el deseo de escribir encuentra que [es] fértil, que [es] una hembra viable para incubarlo, pone sus huevos y [ella] lo [carga] dentro de [sí] como una madre». Yo tampoco, como Sosa Villada, soy una hembra viable (¿soy una hembra acaso?) para incubar nada, ni podría fecundar como hace el deseo (¿y entonces?). No estoy en esas dos categorías. Tampoco en el cruce: habito, en cualquier caso, la anulación. El tratamiento hormonal me ha vuelto estéril y no he guardado en ninguna parte células sexuales haploides que me permitan generar estirpe en un laboratorio. A falta de desarrollos tecnológicos suficientes, y porque el mundo ciberpunk no está aún tan cerca, la maternidad me es ajena; por ende, escribo.

Me consuelo diciéndome que Platón no condena la escritura; me pregunto si Platón condena la maternidad. En Platón, *pensar* y *dialogar* son casi una misma cosa: *pensar* es un monólogo interno que se deshace, un diálogo en el cual el desdoblamiento de quien ostenta la palabra construye dos sujetos autónomos y absolutos. La escritura es el reflejo de ese proceso dialógico interno. Proyectar el diálogo en el mundo no es síntoma de una voluntad adoctrinadora, sino la esperanza de despertar en el otro la posibilidad de un proceso, de una indagación, de un deseo de comprender: en los procesos mediante los cuales entendemos las cosas reposa la lógica, para Monique Dixsaut, de toda la obra platónica.

Ni el elogio de los diálogos ni el elogio de los demás son incompatibles con la rabia. Pero ese es un terreno farragoso: soy consciente, reconociendo algunas de las mayores aportaciones del feminismo de la diferencia y de pensadoras como Irigaray o Cixous, de que la rabia o el tono pueden jugarme una mala pasada. El lector puede sentirse ultrajado ante lo que considere una interpelación excesivamente vehemente, mis interlocutores podrían pensar que me ensaño insistiendo en vendettas personales, y la academia podrá considerar que desvirtúo y pervierto los fundamentos mismos de la escritura ensayística o filosófica. Escribir, más allá de ser una cuestión de tono, es también una cuestión de estatus, y no puedo aún permitírmelo todo o permitirme cualquier tipo de violencia; ¿me está autorizada la vehemencia si quiero asegurarme de que mi texto no será encerrado en el cajón de la «escritura femenina» o «escritura queer», relegado a una literatura de segunda división? ¿Puedo tener la certeza de que, por aspirar yo a ser clara y pedagógica, por no dar los conceptos por sabidos, por no utilizar la misma jerga y palabrería aséptica (ojo: no hablo aquí de un lenguaje especializado y necesario), no seré despreciada en la academia, en el mundo de la teoría? ¿Puedo asegurarme, por el contrario, de que el lector común tendrá algún interés en este texto? ¿Para quién escribo y por qué escribir así si tampoco considero mi cuerpo un texto o mi posibilidad de escritura, mi *hablar mujer*, como si fuera un cosmos, cual realidad fundamentada en el cuerpo o en las vísceras?

Dice Hélène Cixous en *La risa de la medusa*:

> Si la mujer siempre ha funcionado «en» el discurso del hombre, significante siempre referido al significante contrario que anula la energía específica, minimiza o ahoga los sonidos tan diferentes, ha llegado ya el momento de que disloque ese «en», de que lo haga estallar, le dé la vuelta y se apodere de él, que lo haga suyo, aprehendiéndolo, metiéndoselo en la boca, en la propia boca, y

que con sus propios dientes le muerda la lengua, que se invente una lengua para adentrarse en él. Y con qué soltura, ya verás, puede, desde ese «en» donde se agazapaba somnolienta, asomar a los labios que sus espumas invadirán.[1]

Un texto femenino no puede no ser más que subversivo: si se escribe, es trastornando, volcánica, la antigua costra inmobiliaria. Es incesante desplazamiento. Es necesario que la mujer se escriba porque es la invención de una escritura *nueva, insurrecta*, lo que, cuando llegue el momento de su liberación, le permitirá llevar a cabo las rupturas y las transformaciones indispensables en su historia.[2]

Yo querría defender aquí la rabia, el cabreo, por las mismas razones por las que en la Grecia de Aristóteles (aquel señor de razón mayúscula, juicio recto y términos medios) los hombres desconfiaban de las mujeres y se inventaban conspiraciones femeninas (¡hembristas, incluso, si se me permite el anacronismo!) para mantenernos relegadas: ¡nos tenían miedo! Si la razón y la templanza han sido históricamente monopolizadas por los hombres, no creo que la solución para nosotras, escritoras, sea asumir esa posición, como si por el camino hubiéramos dejado de ser subalternas. Si algo hay que hacer, será reventar la forma y fondo de la razón (masculina) que se impone como única posible: «dejar de escribir como los chicos: con voces falsamente neutrales», que dice Aixa de la Cruz. Hay que abandonar la impostura de lo masculino: ¡hemos de escribir ensayo de forma diferente y rigurosa!

No creo que para «dejar de escribir como los chicos» toda novela escrita por una mujer tenga que hablar de La Manada, generalizar a partir de cada experiencia cotidiana; ni siquiera que todo poemario que busque un *hablar mujer* o una *escritura femenina* deba proceder de una experiencia del cuerpo, de la interioridad y las entrañas, o desligarse de aquello que ha sido tomado como imaginario simbólico de los hombres. Rechazo estas naturalizaciones y rechazo, incluso, la consideración de que un texto femenino no puede ser más que subversivo: pero también me sirvo de ellas a mi favor, como quiero, y traiciono a mis antecesoras empleando sus términos como a mí me da la gana; es una manera, ya lo saben ustedes, de superar cualquier angustia de la influencia. Y, también en el rechazo, me reafirmo y me hilvano con otras palabras de Cixous; como cuando dice, contradictoria y extraordinaria:

> Imposible, actualmente, *definir* una práctica femenina de la escritura; se trata de una imposibilidad que perdura, pues esa práctica nunca se podrá *teorizar*, encerrar, codificar, lo que no significa que no exista. Pero siempre excederá al discurso regido por el sistema falocéntrico; tiene y tendrá lugar en ámbitos ajenos a los territorios subordinados al dominio filosófico-teórico.[3]

Seamos viscerales (volvemos a las primeras palabras de este ensayo: afirmaba «estar hasta el coño», no lo olvides nunca). Escribamos desde, por y para el sonido militar de la palabra, como aquella descripción de Virginia Woolf en *The Mark on the Wall*: quienes escriban novelas (¡o ensayos, pues qué más darán los géneros, *genus, genre*, y no solo los literarios!) en el futuro se darán cuenta más y más de la importancia de las reflexiones, dejando la descripción de la realidad fuera de sus historias. «El sonido militar de la palabra» será suficiente. La mejor violencia que podemos ejercer y la mejor forma de ultrajar la Escritura mayúscula y masculina será ese «sonido militar de la palabra». Y esto implica necesariamente vehemencia. He aquí un ensayo sobre necesidades, contingencias, errores en la delimitación, gilipolleces ajenas y propias... y un sentimiento generalizado de estar hasta el coño.

Pero vamos a relajarnos un rato (otra vez; sí, sí, insisto, porque aspiro a tu comodidad); sírvete un té o una copa.

Construir, mediante lo escrito y lo dicho, la voluntad de que el otro escriba y *hable*: enseñar un sistema de signos, una lengua «que no es una entidad y no existe más allá de los sujetos parlantes». Sé tú, lector, ahora y aquí, mi interlocutor, mi sujeto parlante: escribo libros como las tumbas de otros árboles menores (*arbor, arbre,* la arbitrariedad del signo lingüístico). Soy consciente de la distancia. En nueve meses no seré madre: seré autora. Las dos son posiciones de ternura, pero una autora exige grandilocuencia y reconocimiento: una autora se impone al mundo, impone *su* deseo; en la maternidad, es el deseo (¿y de dónde viene?) el que se impone.

No quiero imponerle al lector de este texto ninguna verdad. No quiero que piense que yo, por haber leído a algunos autores y reflexionado sobre ciertos temas, ostento una posición de superioridad sobre él. No estoy en ningún pedestal: lo que busco es entablar un diálogo y abrir caminos de lo posible. Y creo que en este diálogo cualquiera puede participar; e, incluso, tomar la palabra. Esto es un libro sobre lo trans, sí, pero no está dirigido, o no tiene por qué estarlo, a un público trans. No será consumido mayoritariamente por gente trans: lo sé de antemano; y ni siquiera estoy tan segura (pista, pista: parte de lo más importante que tengo que decir va por aquí) de que ese colectivo denominado «gente trans» exista como categoría congruente. Y eso hace su escritura mucho más difícil. ¿Cómo huir del hermetismo, de la jerga inevitable, de las expresiones académicas? ¿Cómo plantear una teoría coherente del género y hacer, al mismo tiempo, que una parte suficiente de la susodicha llegue, provoque y extienda debates más allá de un público especializado?

Sé que voy a fracasar, pero también debemos permitirnos los fracasos. La formulación más radical de una idea no implica, por sí misma, que una idea sea radical. Asumo que las ideas tienen cierto peso: asumo que una idea conlleva unas características necesarias, inamovibles. La más virtuosa de las ideas puede acarrear todo el peso del mundo para su portador (¡y pobre del Atlas filósofo que cargue con esa piedra, obligado a soportarla sin ayuda!), pero este peso (que no *gravitas*) es inútil si no *alcanza* a alguien. Si una idea se mide en sus efectos, lo propio es una parodia de lo kantiano. *Estos prolegómenos* no deben *dirigirse en exclusiva a los maestros futuros, como instrumento para la elaboración de una ciencia*: un texto debe abrir la posibilidad de una perspectiva radicalmente distinta del mundo. No es divulgación, sino transparencia; no a la niebla, sí al cristal. Te invito a extender la vista y contemplar todo este territorio textual.

Querría incidir muy brevemente en la estructura y composición, antes de resumir el contenido de cada uno de los capítulos de este libro. Algunos se articulan como extensas reflexiones y digresiones teóricas a partir de los textos de otras personas: sirven, así, como respuesta a debates y preguntas que ellos han planteado y que empleo como trampolín para, en un último capítulo, unificar y dar coherencia a tesis propias. Cada uno de ellos insistirá varias veces en algunas de las cuestiones más importantes de todo el libro, con la intención de que el lector tenga la posibilidad de leer cada uno de los ensayos como piezas separadas, o bien como un conjunto de engranajes autónomos que al mismo tiempo guardan una conexión y una unidad. En otros capítulos desarrollo conceptos y reflexiones de forma más independiente de los textos de otros, si bien también tendré, necesariamente, que utilizar la obra de terceros para abrir diálogos con el discurso propio; serán disquisiciones con mayor libertad, divididas en subpartes. En los distintos textos aparecen temas como la diferenciación entre el sexo y el género, la noción de tecnología del género en Teresa de

Lauretis, las reactualizaciones y críticas posibles al psicoanálisis lacaniano o la herencia de la fenomenología en lo que debe ser una concepción contemporánea del género.

El primer capítulo, «Adquisición y autodeterminación del género: tener *contra* ser», traza una brevísima genealogía, a partir del trabajo de Joanne Meyerowitz, de las explicaciones que la ciencia ha ofrecido a la existencia de las personas trans en Estados Unidos y Europa, particularmente a principios de los años veinte, vinculándolas con la actualidad (a partir de algunas críticas elaboradas por Miquel Missé o reactualizaciones posibles de la adquisición del género) y dando una respuesta crítica al discurso voluntarista que se sirve interesadamente de una supuesta *autodeterminación del género*; esta respuesta será elaborada, primero, a través de algunas nociones del psicoanálisis lacaniano; segundo, a través de la construcción del sujeto presente en la obra, entre otros, de Judith Butler. La cuestión central es ofrecer una explicación coherente al proceso de socialización en el género o de adquisición de la diferencia sexual en las personas trans.

El segundo capítulo, «Política identitaria, la izquierda y lo trans», responde a la pregunta de si es pertinente o no tomar como territorio de debates posibles un concepto tan estrechamente ligado a vidas humanas: el diálogo se entabla así tanto con la escritora y columnista Alana Portero como con sus críticas más agresivas, supuestas representantes de un feminismo radical transexcluyente, como lo son Lidia Falcón o Paula Fraga; si antes vinculábamos el pasado al presente, aquí vincularé el presente al pasado, examinando repeticiones históricas en distintos contextos. El otro componente fundamental de este capítulo es la crítica a una supuesta izquierda «neomaterialista», enemiga de la «izquierda cultural» o de las «políticas identitarias», que trataré en detalle con reflexiones sobre marxismo, trampas de la diversidad y Richard Rorty. Estos puntos me sirven para entablar una reflexión que esboza algunas de las teorías centrales de este libro sobre el género como sistema, la existencia generizada en general y las particularidades específicas de la existencia trans.

El tercer capítulo, «Contra la tolerancia y la estadística», toma la forma de una digresión libre en la cual critico la noción de tolerancia (que se ha vuelto omnipresente a la hora de conceptualizar la relación del público general con las personas LGTB y las personas trans en particular) y desmonto la coherencia sociológica del grupo *personas trans*, examinando también cómo uno de los datos con mayor frecuencia mencionados en el panorama español, el del 80 % de paro entre las personas trans, no tiene ningún fundamento estadístico: de estos factores extraigo algunas conclusiones sobre mi relación posible con el lector y, también, la del público general con su propia hipocresía.

El cuarto capítulo, «Teología trans: el evangelio de la Veneno según Valeria Vegas (y los Javis)», hace de puente entre la primera mitad del libro y la segunda, y cierra relativamente los planteamientos teóricos de los capítulos anteriores para examinar una puesta en práctica o análisis posible a través de la crítica cinematográfica a la serie de 2020 *Veneno*, de Javier Calvo y Javier Ambrossi: analizo cuál es la producción discursiva y el funcionamiento de la serie para tratar discursos contemporáneos sobre lo trans o la construcción de una imagen del colectivo trans que difumina otras intersecciones, como la relativa a la clase o a la historicidad.

El quinto capítulo, «Nadie sabe lo que puede un ano emancipador», es una extensa *disputatio* con la obra de Paul B. Preciado que examina el *Manifiesto contrasexual*, *Testo yonqui*, *Un apartamento en Urano* y *Yo soy el monstruo que os habla*. Más allá de la discusión teórica, y para apoyar mis interpretaciones de los textos de Preciado, he incluido como anexo parte de nuestra correspondencia digital, que tuvo lugar muy brevemente entre noviembre y diciembre de 2019.

El sexto capítulo, «Inciso sobre el sujeto del feminismo», entabla un diálogo serio y sosegado con algunas de las representantes en España de la corriente del feminismo filosófico, que estaría supuestamente vinculada a la nueva ola transexcluyente que se vive en los ambientes feministas y trans españoles. Lo hace con la voluntad de tener un debate crítico y mesurado, examinando en particular el pensamiento de Luisa Posada Kubissa (a raíz de su libro, publicado en 2019, *¿Quién hay en el espejo?: lo femenino en la filosofía contemporánea*). La segunda parte de ese capítulo critica el anteproyecto de ley trans acordado entre colectivos y Unidas Podemos en 2018, discute con las reticencias de algunas feministas a los proyectos de una ley trans y examina cómo buena parte de la visibilidad que estas corrientes han adquirido se debería a una pugna por el poder dentro de la izquierda, entre partidos y en los partidos en sí mismos.

El último capítulo, «Después de lo trans», recoge las tesis, teorías y especulaciones deslizadas en el resto del libro, con el objetivo de elaborar una teoría coherente, postrans, de lo que pueda ser una epistemología y ontología del género para el siglo XXI. Es un objetivo ambicioso en relación con el cual es imposible que sea plenamente exitosa. Espero animar, al menos, todos los debates posibles: tanto filosóficos y conceptuales como políticos, que son, al fin y al cabo, junto a los sociológicos, los que representan las cuatro disciplinas examinadas en este libro.

Si «Después de lo trans», como capítulo final, recogía las tesis y consecuencias teóricas de lo planteado en el resto del libro, el epílogo posterior hace las veces de recapitulación política y toma de posiciones. La teoría, aunque sea placentera, no es necesariamente un arma política: esta última intervención intentará salir de los debates bizantinos para establecer algunos puntos de partida sobre las discusiones y direcciones posibles de la izquierda.

Será un placer ser leída.

Adquisición y autodeterminación del género: *tener* contra *ser*

Breve historia de lo trans

Hay cuestiones dentro de lo trans (si interpretamos lo trans como un concepto o dominio de la realidad dentro del cual podemos pensar según unas coordenadas determinadas: es decir, si concebimos que hay algo así como unos *estudios de lo trans*) que parecen guardadas bajo llave; debates prohibidos, vaivenes de lo imaginario demasiado enrevesados como para que el pensamiento se ocupe de ellos. En un ejercicio contrario al sentido común, es desde ahí desde donde buscaré el comienzo de este ensayo, y no a partir de definiciones. Las lecciones de terminología tendrán que esperar. Expliquémoslo en los siguientes términos: eres, lector, en cierto sentido, y única y exclusivamente en cierto sentido, mi rehén. Esto último es importante: tienes que saber que en ningún momento voy a emprender un examen de conciencia, que no eres mi confesor ni mi psicoanalista.

¿Quién escribe libros para hacer amigos? No es aquí el caso. Escribir un ensayo es una buena manera de esconder secretos y confesiones a plena luz del día, pero a mí nunca me ha interesado lo confesional. No sé ni siquiera si puedo hablar de mi infancia, partir de una experiencia particularísima para rozar ciertas tesis más generales: no me acuerdo. No puedo seguir con esa tendencia presente en los ensayos más exitosos, los que acumulan una mayor cantidad de ventas, porque de mi infancia he olvidado demasiado: he olvidado todo lo que compone mi socialización en el género, lo que determina mi adquisición de la diferencia sexual.

Me equivoco en las palabras empleadas: no es cuestión de olvido o de memoria. Se equivoca, también, quien cree poder proceder, en relación con su intrahistoria, a un ordenamiento exhaustivo de las ideas: deshacerse con un método poscartesiano de todas las opiniones hasta entonces recibidas (presentes en sus creencias) y empezar de cero sentando nuevos fundamentos, examinando en qué se apoyaba todo lo anteriormente pensado. Quizá nos funcione para conceptualizar *la mente*, pero no *las mentes*, y no la diferencia entre las subjetividades: somos los mejores y peores relatores posibles para explicar lo que nos pasa, pero sobre todo lo que nos ha pasado. Y yo no puedo ofrecer una intrahistoria de *mi* género o de *mi* experiencia con el género, de *mi mente* como individualidad; sí puedo, en contraposición, proceder a un análisis de lo general, en abstracción, que se aleje de lo particularísimo para, al mismo tiempo, dar cuenta de ello.

Si me es imposible recurrir a mi intrahistoria para ofrecer valor explicativo alguno, o si mi memoria apenas alcanzara a describir hechos relevantes, habré de examinar cómo se ha contado la historia que me precede y me construye. En su libro *How Sex Changed: A History of Transsexuality in the United States*,[4] y, más concretamente, en el tercer capítulo, «From Sex to Gender», la historiadora Joanne Meyerowitz reconstruye parte de los procesos de transformación y cambio de las teorías científicas sobre el sexo (y el género) en Europa y en Estados Unidos. Llega a la conclusión, en ese momento de su ensayo, de que a principios del siglo XX hubo un enfrentamiento entre las concepciones que científicos de ambos lados del Atlántico sostenían acerca de la noción de sexo. Mientras que en la «ciencia europea» lo que prevalecía por aquel entonces era una «teoría de la bisexualidad humana», donde los sexos se solapaban en distinto grado (considerando que «todo hombre tiene algunos rasgos femeninos y toda mujer tiene algunos rasgos masculinos»), la psicología y el psicoanálisis, particularmente en Estados Unidos, mantenían una firme oposición entre dos sexos biológicos separados, que llevaba a tratar la existencia de personas trans (en aquel momento denominadas travestis)[a] como una enfermedad mental. Aquí tenemos dos primeras definiciones del hecho trans (que no serán, evidentemente, las que retendremos después): según la «ciencia europea» del susodicho momento histórico, las personas trans serían casos en los cuales los rasgos masculinos y femeninos estarían presentes en un equilibrio demasiado estable, sin que uno de los dos lados de la balanza tuviera un peso innegablemente superior; según el segundo paradigma, las personas trans serían sujetos que sufren una determinada enfermedad mental, recogida posteriormente en el *DSM-II*, en 1980, bajo el nombre de «trastorno de la identidad de género».

Si seguimos a Meyerowitz, la hipótesis europea de la existencia de un «sexo psicológico» profundamente anclado y menos mutable

a El hecho de que estas personas fueran denominadas de esta forma implica, también, que esa palabra era la que ellas utilizaban para nombrarse y darse sentido. Así, no es de recibo establecer una equivalencia estricta entre ser mujer trans hoy y ser travesti en aquellos tiempos, pues no son los mismos sujetos los que se nombran (y las circunstancias históricas han cambiado), pero sí asumir que la subjetividad y la autoafirmación parten de unas circunstancias, unas variables y un contexto marcados por la historia: probablemente habrían sido aquello que hoy se les ofrecería la posibilidad de ser; el sujeto, sin embargo, no es nunca lo que quiere ser, sino lo que puede ser. La construcción de un vínculo histórico o mitología de lo trans que haga que sujetos actuales encuentren su reflejo en subjetividades de aquella época o incluso anteriores (véase la apropiación, en ocasiones, de Juana de Arco como posible persona trans) es siempre una construcción mitológica y ficcional (lo cual, evidentemente, no le resta valor alguno), como examinaremos en el caso de la Veneno en el capítulo cuatro.

que el cuerpo ganó preponderancia en parte como consecuencia del análisis de la intersexualidad realizado a partir de 1940. En esta concepción, cuyo bisnieto aún vivo y pululante en la actualidad algunos han calificado de neoplatonismo de género (por considerar, digamos, que el cuerpo no sería otra cosa que una cárcel del alma), el «sexo psicológico» estaría tan profundamente arraigado a causa de distintos factores (la cantidad de hormonas producidas durante la formación del cerebro en el útero materno, otros factores genéticos o cromosómicos, procesos de la epigenética) que la modificación del cuerpo se constituiría como método mucho más fácil y eficaz de atajarlos que el esfuerzo por sanar al alma, más propio de la psicología o el psicoanálisis. El sexo psicológico, en esta definición, agruparía lo que nosotros identificamos hoy como roles de género, pero también la autopercepción del cuerpo: la definición del sexo psicológico coincide así con la noción de la identidad de género. Es un discurso parecido a este al que se refiere Miquel Missé en *A la conquista del cuerpo equivocado* cuando habla de las teorías biomédicas:

> [Una de las respuestas es] la que han dado la biología y la medicina, que básicamente se sintetizan en que cuando uno nace en un cuerpo con características sexuales de hembra de alguna forma nuestro cerebro está también impregnado de ese mensaje y de forma natural nace el sentimiento de identificarse con las mujeres e identificarse una misma como mujer. Según las teorías biomédicas, la propia identidad de género es algo que la gente sabe porque es una esencia natural. Cuando las personas muy pequeñas empiezan a hablar ya saben que son niños y niñas.[5]

Lo que hemos identificado como un neoplatonismo de género es precisamente aquello que Missé critica: la concepción del cuerpo como algo que, en el caso de las personas trans, ha de ser modificado (y modificado lo antes posible); en el relato explicado a las personas trans, «se [ha dicho] que no debería[n] haber nacido en [ese] cuerpo, pero que [pueden] lograr el adecuado con tratamientos hormonales y algunas intervenciones quirúrgicas». Esto ha servido, incluso, para construir una nueva definición de lo que implica ser una persona trans (que será la tercera que encontremos), ligando la existencia trans a la idea de haber nacido en el cuerpo equivocado: construyendo un concepto a partir de la marca del error. Por ponerlo en términos simples: es trans, según este paradigma, quien nace en un cuerpo de hombre (sic) y tiene un cerebro de mujer (sic), o quien nace en un cuerpo de mujer (sic) y tiene un cerebro de hombre (sic). En este sentido, parte del discurso predominante en la actualidad sobre lo trans no sería tan distinto de uno de los discursos posibles que ya se propagaban allá por 1940: se ha perdido por el camino la cuestión de la proporcionalidad de los rasgos femeninos y masculinos, lo que ha solidificado un poco más la estructura binaria subyacente, como si la imagen de aquello que es un hombre y aquello que es una mujer estuviera hoy más clara que otrora, pero el resto de los elementos de la ecuación permanece sin cambios. Trataré después de dar una explicación a esta evolución del discurso; volvamos, ahora, al recorrido histórico que nos ocupaba.[b]

b Intentaré desgranar la problemática que podemos sonsacar del discurso que sostiene Miquel Missé a lo largo de *A la conquista del cuerpo equivocado* en esta nota a pie de página; creo que no da para un capítulo entero que sea coherente con la progresión de este ensayo, pero sería poco razonable no dedicarle una reflexión más o menos extensa.

Para Missé, el problema de la modificación corporal está en que construye una frontera entre cuerpos deseables y cuerpos que no lo son, lo cual transmite el mensaje de que es mejor no parecerse a aquellas personas trans que han comenzado el tránsito a edades más tardías, y hace que el colectivo en general opte por una mayor asimilación (pues ha calado la idea de que es mejor pasar desapercibido). Missé peca de una mentalidad, a mi juicio, nociva al afirmar que la transfobia afectará menos a quien se haya reconciliado con su diversidad que a quien la haya absorbido e intente no parecer trans: coloca como punto central de su análisis la subjetividad del individuo en lugar de los mecanismos sociales y aconseja una reconciliación entre el cuerpo y el imaginario *a pesar del* trato externo y la violencia que se pueda recibir. Tardaré bastantes capítulos en llegar al núcleo de la cuestión sobre lo trans y exponer por qué se trata de una categoría problemática. Sin haber todavía recorrido todo lo necesario para entrar en esas disquisiciones, podemos simplemente

Los debates prosiguieron durante la segunda mitad del siglo XX: el discurso vinculado a parte de la psicología y el psicoanálisis resultó victorioso y, en los sesenta, se establecieron las primeras «clínicas de género», orientadas específicamente a terapias de reconversión que reforzaban violentamente las normas tradicionales; a un cuerpo sexuado macho se le obligaría a encajar en los roles determinados como de los hombres, por la fuerza si fuera necesario, roles entre los que se incluyen, claro, su heterosexualidad, su deseo y su concepción de la mujer; a un cuerpo sexuado hembra se le obligaría a encajar en los roles de sumisión femeninos, por la fuerza si fuera necesario, entre los que se incluye su receptividad al deseo masculino. No será mi objetivo en este ensayo trazar una historia de la relación entre el psicoanálisis y el control y castigo de las normas de género, o examinar el punto de convergencia que esas terapias suponen, históricamente, para gran parte del colectivo LGTB; sí lo es, aunque sea tangencialmente, mencionar su existencia.

---

afirmar que la asimilación o el pasar desapercibido (conceptualizado normalmente como *passing,* siguiendo la terminología anglosajona) no corresponde a una elección individual, sino a toda una serie de mecanismos del sistema que incitan a la integración en las democracias liberales para adquirir un cierto reconocimiento y disminuir la peligrosidad de vivir en una sociedad sin ser reconocido dentro de sus esquemas. Como veremos después al hablar del control social generizado, aquellos individuos que se desvían de lo que son las normas marcadas del género sufren una violencia correctiva que castiga aquellos comportamientos que se alejan del guion del género.

Merece la pena leer el análisis de Missé sobre cómo el movimiento trans en España fue mayoritariamente cooptado por las reclamas de las familias de menores trans allá por 2014-2015, con conclusiones que comparto y refrendo en el último capítulo de este ensayo; creo que, en cualquier caso, no se puede culpar a los sujetos por querer llevar vidas dignas de ser vividas, dentro de lo posible, y que tampoco se puede presuponer mala fe por parte de unos padres que quieren ayudar a su hijo, aunque sea haciéndolo encajar en una convención o ficción social como es lo trans. No se puede exigir activismo por parte de todo el mundo, así como tampoco se puede exigir, en una sociedad que enseña a las personas trans a odiar su cuerpo, que se reconcilien plenamente con el suyo y no procedan a ninguna modificación para recibir un mejor trato social: es normal, e incluso saludable, querer formar parte de una ciudadanía que se rige según unas determinadas reglas, y el género es una de ellas. Transgredirlo, en muchos casos, solo es posible si ya existen una red o unos apoyos lo suficientemente sólidos como para permitir esa transgresión, o en redes socioculturales y de afectividad muy limitadas y concretas.

No aprecio contradicción en admitir la influencia profundamente negativa que ha tenido el trabajo de muchos psicoanalistas en las personas LGTB en general o en las personas trans en particular y, al mismo tiempo, apoyarme en el armamento teórico del psicoanálisis. De los psicoanalistas no ignoro sus palabras profundamente ofensivas, sus contextualizaciones problemáticas. Pero ser consciente no implica que considere que no tienen cosas que decir, que me parezca que no aportan elementos sustanciales al debate: una idea no es solo un autor o una subjetividad, pues el autor o la subjetividad que la profiera bien puede ser completamente detestable, sino también una manera autónoma de nombrar al mundo que se desvincula de la primera boca o pluma capaz de articularla. ¿Podemos ser lacanianas si matamos a Lacan y admitimos que dijo una buena cantidad de tonterías? ¡Por qué no! Es más: juguemos con las tonterías y con las malas reinterpretaciones.

Ante aquellos que criticarían el recurso al psicoanálisis por un supuesto nulo fundamento científico, me gustaría retomar aquí las palabras del inteligentísimo médico psiquiatra y psicoanalista Manuel González Molinier (excantante, letrista y principal compositor, también, del grupo Hazte Lapón):

> Cuando el psicoanálisis [surgió], tenía todas las características de la ciencia de la época. Responde al empeño de un médico neurólogo en descifrar el misterio de las neurosis, que hasta entonces eran enfermedades que generaban un gran rechazo en la comunidad médica y a cuyos pacientes se les acusaba de ser simuladores.
>
> Hoy, sus descubrimientos (a saber: que existen procesos mentales inconscientes; que la infancia es una época crucial en la elaboración del mundo simbólico y los vínculos del futuro adulto; que existen traumas de índole sexual que dejan una huella sintomática en el adulto; y, sobre todo, que el hecho de

hablar puede ser algo terapéutico y curativo) son incuestionables. Cuando Freud las formuló, a principios del siglo XX, todas estas teorías (hoy completamente asumidas) fueron ferozmente criticadas. [...]

Muy posteriormente, ya avanzado el siglo pasado, la medicina y la psicología entraron en una fiebre positivista, muy empujada por el mundo anglosajón, que tuvo sin duda su utilidad, pero, llevada al extremo, también tiene sus riesgos; de modo que se redujo el concepto de ciencia a aquello que podía arrojar resultados mesurables. El psicoanálisis demostró resultados, por supuesto, pero el escollo que no pudo superar –porque es imposible de superar sin faltar a lo que el psicoanálisis es– es la estandarización y manualización de la técnica. De este modo, la psicología científica, que es principalmente de origen conductista, fue copando las universidades de psicología con el argumento de que era la única técnica científicamente validada, sobre todo porque era la que más empeño ponía en su estandarización y cuantificación.

Hoy, sin embargo, el conductismo y el cognitivismo también se han visto obligados a reformularse, porque los conflictos psíquicos tienen el feo detalle de resistirse a ser solucionados de forma simplista y esquemática. Aun así, esta corriente (que naturalmente tiene interés en seguir siendo hegemónica) sigue argumentando que es la única técnica empíricamente demostrada. En cualquier caso, el psicoanálisis defiende la cura terapéutica como un proceso singular, único para cada sujeto, y si eso se sitúa fuera de la ciencia –esa que pretende una técnica única, estandarizada y mesurable–, entonces el psicoanálisis hace bien en situarse fuera de la ciencia.

Retomemos, después de este inciso, el hilo inicial. He establecido, apoyándome en la obra de una historiadora, un terreno de juego histórico. Ya tenemos un montón de piezas que nos llevan a la realidad actual: hay discursos médicos que harán pensar al lector no solo en el neoplatonismo de género mencionado, sino también en el muñeco de paja construido en redes sociales llamado «transgenerismo queer», presuntamente obsesionado con los «cerebros rosas y azules», empleando a su vez un supuesto neolenguaje para proceder al «borrado de las mujeres» en forma de *lobby* trans; hay posturas, como la que habla de un «sexo psicológico» profundamente arraigado en el ser humano, que quizá recuerden a esos preciosos y contraproducentes eslóganes centrados en el *Born This Way*: la naturalización de la existencia queer (tanto gay como lesbiana, bisexual o trans) en contra de una supuesta elección como método para justificarse legalmente y obtener reconocimiento ante las instituciones. ¿No podemos ya empezar a divertirnos, no tenemos suficientes piezas, no hay ya mimbres para dilucidar unas cuantas líneas estructurales? Ni de lejos.

¿Por qué no? Bueno, por varios motivos: no tenemos una definición, lo primero, de lo que son la masculinidad o la feminidad, o el ser mujer y el ser hombre, o el ser macho y el ser hembra; no sabemos, tampoco, nada de lo que constituye ese sexo psicológico. Y hemos obviado la pieza fundamental, lector, que da estructura y coherencia al género como concepto... incluso antes de que el susodicho concepto aparezca o adquiera la relevancia que ahora tiene a nivel académico, teórico y de uso cotidiano en contextos como el nuestro o como el anglosajón.

Nos hemos embalado en la explicación de una perspectiva histórica y teórica que ni siquiera parte de los debates o discusiones en torno a lo trans que se están dando ahora mismo en el ámbito español y que son el motivo de escritura de este ensayo. Si quisiera continuar, complejizaría ahora la relación entre el psicoanálisis y lo trans aludiendo al prefacio de Lacan a la edición inglesa de su cuarto seminario (pese a que uno de los epígrafes que abren este libro, de hecho, procede de una cita al susodicho prefacio): ¿cuál es el interés de eso, lector? Calmémonos: cada cosa a su tiempo. *Después de lo trans* no es, tampoco, un manual de divulgación o un argumentario para que tú te quedes en casa y descubras qué es lo que tienes que decirle a tus amigos o camaradas sobre el concepto de lo trans. No quiero hacer una explicación de segunda sobre cómo surge el concepto de género o cuál es la historia medicalizada de la transexualidad: lo habrán hecho ya otras personas, con más rigor y profundidad de lo que yo puedo permitirme en este espacio. No vamos por ahí. Permitámonos la deriva, las divagaciones: no jugaremos con esos juguetes viejos.

Esbozar una definición del género

Siguiendo a Shailer Upton Lawton, partidario de la teoría de la bisexualidad humana, e inspirado en 1953 por el caso de Christine Jorgensen, «los padres son más importantes que las propias glándulas de la naturaleza en otorgar la masculinidad a nuestros hijos y la feminidad a nuestras hijas»; existe, más allá de la biología, una correa de transmisión, una herencia, una marca de género que debe ser imbuida y educada, aprendida de la misma manera en que se aprende una lengua. El paradigma que negaría la existencia del género para hablar de una realidad puramente biológica no es sostenible, como tampoco lo sería uno que igualara estrictamente el concepto *sexo* con el concepto *género*. Pero hablar de la transmisión que los padres hacen del género a sus hijos hace poco más que abordar una única dimensión de un problema poliédrico. La realidad es que la noción de género es una noción sumamente compleja. Para definirla, retomemos la enumeración sistemática que hace Judith Lorber del género en tanto que institución social y situación individual.

Como institución social, el género estaría compuesto por:

> *Las situaciones de género*: los géneros reconocidos socialmente en una sociedad y las normas y expectativas para su representación comportamental, gestual, lingüística, emocional y física. La evaluación de las situaciones de género depende del progreso histórico de una sociedad particular.
>
> *La división generizada del trabajo*: la asignación de trabajo productivo y doméstico a miembros de diferentes situaciones de género.
>
> *El parentesco generizado*: los derechos familiares y responsabilidades de cada situación de género. Los estados del parentesco reflejan y refuerzan el prestigio y las diferencias de poder entre diferentes géneros.
>
> *Los guiones sexuales generizados*: los patrones normativos del deseo y del comportamiento sexual, tal y como se prescriben para diferentes situaciones de género. Los miembros del género dominante tienen más prerrogativas, y los miembros de un género subordinado podrían ser sexualmente explotados.
>
> *Personalidades generizadas*: la combinación de rasgos, según el modelo de las normas del género, que rige cómo miembros de diferentes situaciones de género deben sentir y comportarse. Las expectativas sociales frente a los demás en cada interacción refuerzan constantemente estas normas.
>
> *El control social generizado*: la aprobación formal e informal y la recompensa a comportamientos que se ajustan a la norma y la estigmatización, aislamiento social, castigo y tratamiento médico de aquellos comportamientos que no lo hacen.
>
> *La ideología de género*: la justificación de las situaciones de género; particularmente, de su evaluación diferencial. La ideología dominante tiende a suprimir las críticas, lo que hace que estas evaluaciones parezcan naturales.

> *Las imágenes del género*: la representación cultural del género y la encarnación de este en el lenguaje simbólico, y las producciones artísticas que reproducen y legitiman las situaciones de género. La cultura es uno de los principales apoyos de la ideología dominante de género.

Para un individuo, el género estaría compuesto por:

> *La categoría sexual* asignada al nacer según la apariencia de los genitales. Con exámenes prenatales y sexuación por tipos, la categorización es prenatal. La categoría sexual puede cambiar posteriormente a través de cirugías o en la reinspección de genitales ambiguos.
>
> *La identidad de género*: el sentido que tiene el individuo de su ser generizado como trabajador y miembro de la familia.
>
> *La situación generizada marital y reproductiva*: el cumplimiento o no cumplimiento del emparejamiento autorizado o no autorizado, impregnación, embarazo, roles en el parentesco.
>
> *La personalidad generizada*: los patrones de emociones socialmente normativas internalizados según la estructura familiar y la enseñanza paterna.
>
> *Las creencias de género*: la incorporación o resistencia a la ideología de género.
>
> *La exhibición del género*: la presentación como un tipo concreto de persona generizada a través de la ropa, los cosméticos, los adornos y unos marcadores corporales permanentes o reversibles.[6]

Esta división de Judith Lorber no está exenta de sus propias problemáticas: la posición de la autora es mucho más constructivista que la de cualquier feminismo psicoanalítico o incluso de otras corrientes como el feminismo de influencia marxista. En otros momentos de *Paradoxes of Gender*, la autora considera que «el cuerpo físico es siempre un cuerpo social» o que «las conclusiones de los análisis de la interacción entre la liberación de hormonas y las situaciones sociales parecerían sugerir que la situación influye tanto en los niveles hormonales como los niveles hormonales influyen en la situación».[7]

La situación influye, y es lo que nombrábamos anteriormente en clave epigenética, pero el envoltorio conceptual de Lorber otorga una preponderancia absoluta al contexto al concebir que, si el género se mantiene, no es por una mezcla de factores difíciles de determinar, sino simplemente por su utilidad como mecanismo de dominación de la clase que conforman las mujeres. Considero que una aseveración más justa sería la aceptación de la incertidumbre, aunque momentánea e históricamente pasajera, que tenemos en cuanto a la interacción entre el entorno y la genética.

En lugar de suscribir que el género se trate (de forma exclusiva) de un proceso de estructuración social y de una construcción absolutamente cultural, la respuesta más sensata a la pregunta sobre la influencia de la biología en el género queda resumida en la respuesta que da Fausto-Sterling cuando se pregunta si podemos atribuir a los efectos de la testosterona prenatal en el cerebro y la exposición a altos niveles de andrógenos algunas diferencias en el comportamiento al jugar de niñas con hiperplasia suprarrenal congénita (una anomalía genética que hace que los cuerpos con cromosomas XX se androgenicen): «más o menos, quizá, posiblemente».[8] Y estas consideraciones sobre el origen del género nos interesan para tratar la cuestión de las existencias trans.

Se puede conciliar la evidencia científica con el género como estructura social y cultural, apoyándonos también en estudios sobre las diferencias en el metabolismo cerebral entre hombres y mujeres, o sobre los parecidos a nivel biológico entre algunas regiones de los cerebros de mujeres trans y hombres trans con mujeres cis y hombres cis. Que la exposición del cerebro a una cierta cantidad de testosterona prenatal influya en el desarrollo de una identidad de género masculina puede ser un hecho, pero no estrictamente una determinación; las diferencias en el volumen de materia gris regional o en el número de neuronas del sistema límbico en población trans son datos: su existencia como tal no implica que construyan determinaciones estrictas. La mayor receptividad de algunos sujetos a ciertos mensajes y a una internalización de roles, que lleva a la elaboración inconsciente de la identidad, no está solo mediada por lo sociocultural, sino que en muchos casos también participan de manera difícilmente cuantificable la biología y genética.

Si para la construcción de los roles del género es necesaria una enseñanza basada en modelos y repetición, podemos hablar de que existe una adquisición del género o adquisición de la diferencia sexual. Desde ahí: ¿cómo analizarla y cómo analizarla en coordinación con el concepto de lo trans, con la estadística exponencial que describe la cantidad de personas trans en el mundo? Bueno, quizás exagero: estoy bastante segura de que no se trata de una tendencia exponencial, aunque sí al alza si la comparamos con hace veinte años. Postulo: ni es casualidad ni se debe a un voluntarismo. La adquisición del género o el aprendizaje de esos códigos, el proceso por el cual aprendemos a hablar la lengua del género, tendría un vínculo directo con la etapa histórica que atraviesa en un momento dado ese idioma, con cómo se comporta y bajo qué códigos se rige en unas circunstancias determinadas. No estoy de acuerdo con la tesis según la cual siempre habrían existido las personas trans, pero solamente ahora nos estaríamos dando cuenta de su existencia: lo que sucede es que los códigos del género, y, por lo tanto, su sistema de aprendizaje, han pasado por un proceso de relajación; podemos decir, incluso, que se han banalizado.

La imposibilidad conceptual de la autodeterminación

La proliferación de personas trans, en nuestro marco occidental y bajo nuestras normas concretas, no puede darse si no existe un acercamiento de la feminidad a la masculinidad y viceversa, si no se produce una androginización de nuestras sociedades que repercute en la disolución de las diferencias a través de las cuales antes se reificaba el lenguaje del género. Esta disolución, por supuesto, está ligada a la incorporación de la mujer al mercado del trabajo, a una mutación de su rol en la sociedad,[c] a momentos diferenciados del desarrollo

c Momento en el cual el desarrollo tecnológico y capitalista llevaría a una separación del sexo de lo reproductivo y, posteriormente, a una cierta insistencia en el placer y en lo puramente sexual (sin reproducción, sin engendrar estirpe o prole): si la mujer se desvincula relativamente del hogar y deja (insisto en el *relativamente*: la crítica acerca de cómo las mujeres siguen siendo responsables de los cuidados y del trabajo doméstico no-valorizado ha sido, con razón, impulsada por muchas feministas en la actualidad) de ser la criada de los hombres, todo el ordenamiento del género cambia. Lo hace, aunque no solo, con un vínculo muy claro a la guerra y a la necesidad de mayor mano de obra en un momento en el que los hombres no podían satisfacer esas necesidades del mercado. Coincidirá, también, con lo que Eva Illouz llama la «modernidad emocional», realizada plenamente después de los años sesenta, cuando la elección de una pareja sexual basada en el placer y los afectos de las sociedades capitalistas y de las democracias liberales y a la adquisición de derechos por parte de las personas LGTB en general.

En consonancia con algunas tesis que se han propuesto, asumo perfectamente el argumento según el cual ciertas existencias, cuerpos o personas que otrora habríamos denominado, por ejemplo, como lesbianas *butch* (y, por lo tanto, sin entrar en un debate wittigiano, como un tipo de mujer, o esquema sexual subyacente mujer), hoy encuentran otra forma perfectamente aceptable de existir en tanto que hombres trans. Esto es tan solo un ejemplo, pues las mismas circunstancias pueden darse con una existencia marica y una existencia en tanto que mujer trans.

La cuestión de si una persona trans colocada en otro momento histórico seguiría siendo una persona trans es parecida a los debates entre John Boswell y David M. Halperin sobre la homosexualidad y la pederastia en la Antigua Grecia: afirmando lo que aquí afirmo, que no es otra cosa que la historicidad de las identidades, me coloco decididamente del lado de Halperin. Es parecida, pero no igual: los elementos que conforman el género como tecnología lingüística en un momento dado difieren en las distintas épocas; si no es posible ni siquiera que una «mujer», catalogada como tal hace diez siglos, se comportara como esperamos que se comporte una «mujer» en el siglo XXI, difícilmente lo será que una persona trans lo hiciera tanto entonces como ahora. Habida cuenta de las importantes variaciones en ese mismo código lingüístico en periodos históricos mucho más breves, como el que hemos analizado

se convierte en algo legitimado culturalmente. En un debate que tuvimos en el Círculo de Bellas Artes, Ernesto Castro ligó el conflicto entre un supuesto feminismo performativo y un supuesto feminismo radical (pues eran esos los términos en los que nuestro moderador introdujo la cuestión) a esta precisa desvinculación, hablando de cómo se separa lo reproductivo de lo sexual e insistiendo en la importancia que tuvo la lavadora, por ejemplo, entre otros electrodomésticos, para los desarrollos posteriores del género. Es gracioso pensar que toda esta discusión sobre lo trans esté posibilitada, precisamente, por el desarrollo de la lavadora, paradigmático electrodoméstico de la República Democrática Alemana, y eso es lo que me motiva a escribir esta nota a pie de página; gracias por la reflexión, Ernesto.

aquí, la afirmación coincidente con la hipótesis de Halperin (sobre cómo un individuo de la Antigua Grecia que catalogaríamos como «heterosexual» no sería necesariamente «heterosexual» si lo colocáramos desde su nacimiento en nuestro momento histórico) puede extrapolarse para admitir las variaciones entre lo trans y otras divergencias en el guion generizado y sexual. Y estos ejemplos me llevan a enunciar que encontrar no es elegir. El encuentro de una identidad no es una elección: cualquier debate que entre en lo trans o discuta sobre el concepto de lo trans debe tener en cuenta que no se trata de una decisión voluntarista, y es por esto por lo que me chocan, dentro del discurso trans que escuchamos habitualmente, tesis como las de la autodeterminación.

Una de las figuras que más ha difundido este discurso en redes sociales, en el ámbito español, es la mujer trans no binaria Rosa María García. Tomemos sus palabras como ejemplo: «El género propio siempre es autodeterminado, tanto en las personas trans como en las cis, lo que muestra el hecho de que las personas trans no tengamos derecho aún a afirmar el nuestro, y vivir y ser reconocidas en él es que existe una cisnorma»; repite las mismas nociones en un artículo para *El Salto* al enunciar que «lo que llamamos el «género vivido» es el resultado de una amalgama de componentes de distinta clase –biológica, social, histórica y biográfica– que se definen en una persona y la sitúan como hombre, mujer u otras posibilidades. De esta manera, el género, tanto en personas trans como en personas cis, es siempre autodeterminado».[9] No creo en tal cosa como una autodeterminación del género: me leerás repetir esto o llegar a esta conclusión una y otra vez a lo largo de este ensayo, a través de distintos argumentos, en diálogo con distintas posiciones; creo firmemente que a una tesis fuerte se tiene que llegar por diversos caminos, que se pueden emplear distintas herramientas para construir marcos conceptuales equivalentes. Permíteme explicarte parte de mis porqués.

Como dice la psicoanalista Patricia Gherovici en su libro *Transgender Psychoanalysis: A Lacanian Perspective on Sexual Difference*, que hace de ello su tesis principal, «lo trans no es una experiencia del *tener*, sino una estrategia del *ser*».[10] Lo desarrolla al hablar de cómo, para Lacan, la expresión *tener un cuerpo* «muestra precisamente que uno «no es un cuerpo»: examinemos el contraste en la comparación entre «tener un cuerpo» [donde hay una desvinculación entre el cuerpo y el sujeto], mientras que la frase «ser un cuerpo» requiere un proceso de asunción del cuerpo que se habita».[11]

Gherovici nos ofrece una definición de la adquisición del género o de la diferencia sexual sucinta y particularmente clara: «desde una perspectiva psicoanalítica, la identidad sexual no está determinada por la biología ni por ningún factor innato: es aprendida a través de un lenguaje (lo simbólico) y de las identificaciones (lo imaginario); la identidad se construye en torno a una pérdida, de una pérdida que es dada en el momento inaugural en el cual se nos asigna un sexo; para el psicoanálisis, la elección inconsciente no tiene nada que ver con un libre albedrío voluntarista».[12]

Te había prometido, lector, que muchos capítulos serían más breves, menos densos, más divertidos..., y, no obstante, aquí me tienes: desde el principio lanzando teorías sobre la adquisición de la diferencia sexual, sobre el proceso a través del cual una persona llega a ser trans, y encima fundamentándome en interpretaciones contemporáneas del psicoanálisis lacaniano. Entendería que desconfiaras de mí de ahora en adelante: incluso intento fomentar que en nuestra relación haya buena parte de desconfianza. Dos puntos hacen una línea: permíteme expresar de otra manera cómo y por qué creo incoherente la autodeterminación del género como instrumento teórico.

Afirmo, en contra de la defensa de la autodeterminación del género por parte de algunos sectores de lo trans, que el género propio nunca es autodeterminado, sino marcado decisivamente por una determinación ajena al sujeto que encuentra su origen en la sociedad y la familia, en primera instancia, y que después se ve sometida a una internalización que está muy lejos de constituir en ningún caso un proceso autoconsciente. Esta internalización y determinación (y aquí me alejo relativamente de Gherovici) sí puede tener un componente biológico en cuanto a la receptividad de los mensajes (es decir, cómo de predispuesto esté el individuo para aprender unos elementos dados de un cierto lenguaje y proceder a una cierta identificación); seguiremos analizando esta posibilidad, que ya hemos tratado brevemente, al examinar algunas explicaciones y observaciones de la bióloga Anne Fausto-Sterling.

Contestar la articulación estándar o común en torno a la noción de identidad de género me parece algo legítimo. El hecho de que exista una cobertura legal ya establecida para nociones como la autodeterminación del género (tal como la resolución del Tribunal Europeo de Derechos Humanos en el caso Van Kück contra Alemania de 2003, según la cual la identidad de género sería una de las áreas más íntimas de la vida privada de las personas, que toma como modelo la definición de la identidad de género recogida en los Principios de Yogyakarta como experiencia interna e individual del género de cada persona) y que la identidad de género se vea definida de una cierta manera en algunas propuestas de términos jurídicos internacionales no implica que, conceptualmente, la noción se convierta en algo sobre lo cual no podamos debatir.

La reducción del género a la consideración que de él tenga un individuo, por ejemplo, me parece profundamente problemática, al tratarse (también e insoslayablemente) de una relación dentro de un sistema y de una jerarquía social, y comprendo a la perfección los argumentos según los cuales definir el género en tanto que sentimiento llevaría a ignorar tácitamente estructuras de dominación inherentes al sistema del género (y a replicar en esto, parcialmente, la teorización según la cual la diferencia sexual no sería una diferencia entre iguales o entre dos clases arbitrarias, sino simplemente una estructura de dominación en la cual la mujer se ve colocada, en el orden simbólico, en la posición de aquella que es dominada frente a la clase dominante de los hombres: esta conceptualización, sumada a otras exposiciones anteriores, constituye un híbrido entre el análisis marxista y el análisis de los feminismos psicoanalíticos).

No obstante, si bien estas nociones son problemáticas, mi crítica principal no se dirige en ningún caso ni al ordenamiento jurídico ni a los estándares internacionales de protección. Creo, como también ha verbalizado en algunas ocasiones Miquel Missé, que la autodeterminación del género a nivel jurídico, y nada más que a nivel jurídico, se trata de un concepto profundamente problemático, pero al cual aún no le hemos encontrado un sustituto lo suficientemente funcional. Si se trata de algo a lo que todavía vamos a tener en cierta medida que aferrarnos, y para lo cual no puedo proponer (pues no soy especialista) una alternativa, habremos de utilizarlo incluso sabiendo que no se sostiene conceptualmente. Y lo que tengo ahora la intención de elaborar es una crítica desde lo teórico o lo conceptual.

El sujeto, su imagen y la virtualidad

Cuando se adquieren los roles de género y la capacidad de imaginarse a uno mismo, de dotarse de una imagen, de identificarse con algo, no se hace por una elección entre una lista de modelos posibles, como quien construiría (pienso, claro, en *Los Sims*, o en algún RPG particularmente moderno) un personaje dentro de un videojuego con herramientas de personalización elaboradas: la imagen que uno tiene de sí mismo es, con frecuencia, producto de toda una cadena de deseos que no se es enteramente capaz de controlar, si acaso de deconstruir y conducir en otras direcciones. Pero el individuo no se piensa o se determina mujer y, por ende, como consecuencia de su decisión de serlo o de su autodeterminación,[d] resulta ser una

d Hablaremos más tarde sobre el acto de habla en sí mismo de enunciarse como hombre, mujer o sujeto no binario. Comentando a Butler, Sara Ahmed afirma que su decirse lesbiana es, precisamente, un efecto de ser lesbiana, y también un propagar la palabra. Yo postulo que es así, muchas veces, en el caso de los hombres y las mujeres: decirse como tal es un efecto de serlo por causas exteriores a la afirmación posterior, y también reificar incluso involuntariamente el mismo género en el acto de mencionarlo. Por polémico que quizá resulte, hay que afirmar que nadie es nada por decir que lo es o por voluntad.

mujer: es mujer porque su identificación imaginaria se ha desarrollado de tal manera, incluso a pesar del individuo; y lo es, también, porque exteriormente, y sobre la base de una relacionalidad, se le ha construido como tal: se ha elaborado una sujeción (aquí Althusser y Foucault hablarían de *assujetissement*, como Butler habla de *subjection* en *Mecanismos psíquicos del poder*) que hace, precisamente, del individuo un sujeto constituido, sometido a una serie de determinaciones que construyen su subjetividad: el sujeto ha internalizado toda una serie de comportamientos que encajan en la norma del género y dan lugar, en buena parte y en tanto que componentes de una estructura social, a lo que Lorber denominaba «guiones sexuales generizados» y «personalidades generizadas», que pasan a constituir para el individuo la orientación sexual, la personalidad generizada y la exhibición del género... que, en última instancia, dan lugar, en suma, a la identidad.[e]

La imagen de *Los Sims* o del creador de personajes no es en absoluto inocente. Se ha dado, en la actualidad, una mutación del proceso de construcción de la identidad de género, si interpretamos la identidad de género como algo equivalente a la elaboración imaginaria de una imagen de uno mismo, cual avatar o *alter ego*, dentro de los códigos de un sistema lingüístico aprendido. Así, el rol predominante de los medios de comunicación en la transferencia, diferenciación y difusión de los roles del género a partir de cierta

e Un análisis en profundidad de qué posibles mecanismos pueden llevar al sujeto a la elaboración de una identidad discordante con relación a la identidad que la sociedad le asigna en un principio (a través del proceso inicial de sexuación, realizado en el nacimiento) escapa sobremanera de los objetivos y posibilidades de este ensayo, pero sería un trabajo bien interesante. Animo a cualquiera que quiera tratarlo desde una perspectiva psicoanalítica, por ejemplo, a examinar el rol que pueden tener la forclusión y, por ende, la exclusión del Nombre del Padre en el imaginario del sujeto psicótico ordinario en relación con la construcción de la identidad de algunos casos de mujeres trans, así como a investigar y trazar otros discursos, adquisiciones y explicaciones posibles que vayan mucho más allá de la noción de lo perverso (por ejemplo, cómo se conjuga la pregunta del sujeto neurótico con la pregunta trans sobre la identidad). La lectura de Gherovici es muy recomendable para todas estas cuestiones.

edad (pues en primera instancia y en una primera sedimentación, este proceso es realizado por la infancia y en un ambiente doméstico: véase la tabla que elabora Anne Fausto-Sterling en *Sex/Gender: Biology in a Social World*, en la cual examina, entre otros factores, la influencia del tamaño, el desarrollo sensorial, las creencias generizadas de los padres, el trato a los bebés con diferenciación por género desde un primer momento, la emergencia de la capacidad para discriminar voces masculinas de voces femeninas; una primera identidad de género no-verbal se puede ubicar de manera relativa a los treinta meses del nacimiento del bebé, aunque es a partir de los veintitrés cuando comienza la imitación de comportamientos y actividades segregados por género)[13] se ha visto sustituido, en un proceso procedimental de corrupción por copia, por lo que hoy día es la existencia virtual, de carácter a veces meramente enunciativo.

Hagamos un breve inciso para profundizar en esto. No debe extrañarle a nadie la proliferación de personas trans en las redes sociales o en comunidades virtuales en las que se ha podido históricamente proceder a través del anonimato, como los videojuegos de rol multijugador masivos en línea (en los cuales, con frecuencia, se puede elaborar un personaje del género que el jugador desee, indistintamente de cómo se perciba este en la calle o en la realidad según la relacionalidad) o los foros. El hecho de poder construir un segundo (o cuarto, o quinto...) contexto de relacionalidad modifica también la relacionalidad primaria, que es la de aquello que identificamos con la no-virtualidad. La vivencia del género se modifica si a través de un mero acto enunciativo o a través de la construcción de un *alter ego* virtual el sujeto puede alterar cómo es tratado por los demás, aunque sea solamente dentro de ese juego del lenguaje. La multiplicación de referentes culturales de otros contextos geopolíticos, debidos a la globalización, también modifica la adquisición del género y diversifica sus potencialidades, complejizándola y haciendo menos trazable su raíz.

No suscribo un pensamiento que identifique estos comportamientos simplemente con una nueva manera de darse cuenta el sujeto de aquello que es (al mismo tiempo que no niego la importancia de los primeros años en la relación que el sujeto tiene con el género y en la imagen que pueda construir de él mismo); pues la identidad de género no es algo innato a ser desvelado, sino que se construye también en el momento en el que se revela y se convierte en verdad del sujeto, en el instante en el que se manifiesta. La vivencia del género del sujeto se ve alterada por su vivencia de la virtualidad y su relación con ella, en el caso de que la tenga, y esta misma virtualidad se convierte en un nuevo marco posible de experimentación y juego con el género, particularmente reseñable en el caso de comunidades de chicas trans jóvenes. Yo también, como tantas otras, estuve muy cerca de acabar en el mismo estereotipo de chica trans informática que concreta la serie de televisión *Sense8*, de las hermanas Wachowski, en el personaje de Nomi Marks: si seguimos este camino lógico de lo posible, ese destino o cercanía de las mujeres trans a la informática y la virtualidad sería algo natural, pues es precisamente esa cercanía lo que permite, de alguna manera, una adquisición del género corrupta, alterada o *glitcheada,* como puede adquirirse por otros mecanismos, que no se corresponde necesariamente con el sexo asignado al nacer y que tampoco se identifica con el género de lectura en la relacionalidad cotidiana.

El hecho de que esta identidad virtual o digital pueda «autodeterminarse» no implica tampoco, en ningún caso, que provenga de un voluntarismo o de una elección plenamente libre. Pero sí es evidente que, si hacemos una definición negativa de la libertad (no tener restricciones, no tener impedimentos u obstáculos; ser libre de aquello que apresaría al individuo), hay varios de los obstáculos de la vida real que se disipan al tratarse de sujetos virtuales. Es mucho más fácil adaptar la imagen de sí y modificarla en el mundo de esos juegos y contextos específicos que someter el cuerpo a unas modificaciones dadas, reguladas además dentro de un sistema capitalista y social, que tendrán consecuencias mucho más graves para el sujeto. Tampoco la imagen que el sujeto se dé a través de esas herramientas estará exenta de determinaciones: si el sujeto se piensa como se piensa, eso es, precisamente, porque ha llegado a descubrirse de esa manera a través de una economía política muy concreta y de relaciones geopolíticas precisas (véase el *soft power* de la cultura nipona y su influencia en la construcción de sujetos femeninos virtuales, además del rol de lo *afeminado* en esa subdivisión cultural).

Cerramos el paréntesis: volvemos a un examen más clásico de la feminidad, de la sujeción. De forma más global, la única libertad que tiene el sujeto, en relación con su género, es la de analizar aquello que lo ha constituido y conocer sus determinaciones, pero no posee la libertad de escapar de ellas; incluso la toma de conciencia de que sus determinaciones lo determinan constituye un proceso probablemente predeterminado por toda una serie de circunstancias sociológicas e históricas: el sujeto no tiene la libertad de ser quien quiera ser, sino solamente la libertad de reconocerse y encontrarse, de comprender quién es y, si acaso, aunque no sea la regla, qué lo ha llevado a ser aquello que es.

Un primer programa político: devenir sujeto

No puedo sino oponerme, por mi concepción del sujeto y de sus determinaciones, a algunos aspectos de la revalorización de la feminidad que han sido propuestos por pensadoras trans como Julia Serano en el libro *Whipping Girl: A Transsexual Woman on Sexism and the Scapegoating of Feminity*. No me parece que la feminidad contenga un componente peligroso para con la masculinidad, que las armas de la casa del amo sean las herramientas a utilizar para destruirla. No detesto mi feminidad, desde luego que no: estéticamente he aprendido a actuar inconscientemente con sus códigos, he desarrollado sin pensarlo un gusto por ciertas prendas particulares o por actuar de un modo y no de otro con las personas, he interiorizado maneras de ocupar el espacio; pero, desde un punto de vista estrictamente político, nunca elegiría ser una mujer, ni puedo concebir que se elija serlo.

No hay una elección voluntarista que lleve a alguien a tomar con los brazos abiertos la rutina de sentirse en peligro volviendo a casa sola por calles estrechas, de saberse menospreciada y sexualizada, de ocupar un rol secundario, de florero o de cuota: si pudiera no ser mujer, no lo sería; resulta, por motivos que se me escapan, que yo no he escogido, que la única forma viable en la que soy capaz de imaginarme habitando en la sociedad en la que habito es en tanto que mujer, y que sería incapaz de levantarme de la cama si tuviera que vivir el resto de mis días como si fuera un hombre.

No puedo conocer cuáles son exactamente los procesos que anteceden a mi identificación imaginaria; al igual que antes planteaba la imposibilidad de saber qué proporcionalidad corresponde a factores genéticos, hormonales y biológicos y cuánto es una cuestión de entorno y de contexto, también habremos de reconocer que todo proceso de reconstrucción de la historia personal de un individuo con tal de justificar su existencia trans en un presente constituye un ejercicio de escritura ficcional; la realidad detrás de los relatos que empleemos para explicarnos es imposible de atrapar, porque desconocemos la mayor parte de las variables que han influido en ellos. No puedo conocer todos y cada uno de los factores que me llevan a mí hasta aquí: paradójicamente, puedo analizar más las cosas tal y como son en tanto que sistema que las cosas tal y como a mí me han afectado y funcionan conmigo; volvemos, en cierto sentido, al origen y punto de partida de este capítulo.

Ante la negación de la posibilidad de identificar cómo y qué me lleva a saberme menospreciada o en peligro volviendo a casa sola por calles estrechas, a ocupar el rol dominado en la dicotomía de la diferencia o dominación sexual, sí que puedo analizar qué es lo que se ha de aprender para existir de esta manera. La existencia como mujer, dentro de la sociedad de consumo, es ante todo una existencia en tanto que producto para el espectador/consumidor masculino; lo certifica Eva Illouz al citar estudios sociológicos sobre la mirada que concluyen «que las mujeres son comprendidas *a priori* como un conjunto dispar de partes corporales, mientras que los hombres son comprendidos de manera holística, como un todo».[14] Ser mujer es, *primo*, ocupar una posición dada en el mercado sexual, ser valorada como objeto de consumo por el culo, las tetas, las piernas: qué otra posibilidad que concluir que el aprendizaje del modelo de existencia de la mujer (la *hexis*, podríamos decir, o bien aquello que Lorber identificaría como guion sexual generizado e imaginario y exhibición sexuales) es el de constituirse en tanto que objeto del deseo masculino. He aquí un programa político: negar (y es enorme la importancia de la negación) aquello que se ha aprendido e internalizado y constituirse, a su pesar, como sujeto, ya no en el sentido que le asignábamos en un primer momento, que era en relación con sus *sujeciones* o *determinaciones*, sino reclamando una agencia a pesar de la libertad que le ha sido negada; volvemos aquí a la definición que Butler hace de la agencia como «una relación que puede darse la vuelta contra sí misma, ser reformulada, ser resistida».[15] Y no hay escapatoria o devenir sujeto si no hay intersubjetividad o comunidad: el devenir sujeto más allá de la objetificación solo funciona, paradójicamente, si tomamos conciencia de ser de forma exclusiva en virtud del otro, para el otro y por el otro, y si concebimos también al otro como sujeto.

Origen, así, de un tipo de conciencia feminista: como el ser mujer no es una elección, como se construye como una inevitabilidad, la respuesta necesaria está en la reformulación de esa categoría. No quiero, por ser mujer, tener que renunciar al poder, a la relevancia, a la autoridad o, incluso, a la seguridad: como no quiero, el trabajo colectivo por reestructurar la dicotomía de la opresión se convierte en una necesidad, y asumo mi parte en el militantismo por cambiar esas normas lingüísticas, ese sistema de códigos y símbolos; lo asumo, también, porque soy consciente de que se trata de una convención histórica, y de una convención histórica que yo he absorbido y de la cual soy, de algún modo, su víctima. Querría ver un mundo en el cual mis hijas, si acaso las tuviera, no guardaran el hábito de pedirle a sus amigas (y recibir la misma petición en reciprocidad) un mensaje al llegar a casa después de salir de fiesta; no querría imaginar un futuro en el cual lo que permanece es la presunción del peligro, de la amenaza, de la posición de víctima de violencia. Y no puedo desearme ni a mí ni a nadie vivir en ese mundo en el lado de quienes lo sufren: como formo parte de ese bando, la aspiración ha de ser cambiarlo; nuestra aspiración ha de ser reformular el lenguaje del género.

Para eso, tenemos que ser conscientes de nuestro punto de partida, de cuáles han sido las circunstancias que nos han conformado, de por qué somos sujetos (y qué nos sujeta), y de cómo se ha intentado explicar todo esto. Lo que he expuesto aquí puede aplicarse a cualquier persona: los mecanismos de adquisición del género son, fundamentalmente, los mismos. El lector me preguntará, con razón, por la especificidad de las personas trans; si va más adelantado, me pedirá que defina *qué* es una persona trans. En el capítulo siguiente daré algunas pistas, que no todas: recorrer todos los círculos posibles alrededor del concepto de lo trans, lector, es el objetivo de este libro.

Política identitaria,
la izquierda y lo trans

La posición identitaria en el discurso

«No apelo al análisis, no apelo a la estrategia, no apelo a lo político. Apelo a la demostración de amor entre mujeres que estamos estampando en la cara del sistema», dice Alana Portero.[16] Transformando sus textos en algo analizable –algo a través de lo cual supura una *ideología* o visión específica de lo trans– traiciono el propósito mismo de lo que ella escribe. Con todo el aprecio que le tengo a Portero, creo que su discurso ejemplifica, de manera paradigmática, algunas contradicciones fundamentales en cuanto a lo trans, y favorece así la proliferación de tabúes y cuestiones sobre las cuales se puede pelear y pontificar, pero nunca discutir. No todo son críticas: también explora un punto de origen del pensamiento –el de una mujer trans, ahora en los cuarenta, que empieza su transición de manera «tardía»– que no tenemos con frecuencia el privilegio de leer en el panorama español. Interprétese mi cuestionamiento, pues, como un paso al lado que no invalida toda esa demostración de amor entre mujeres: amor, porque me parece tan digna de análisis ella y lo que dice como lo que dicen otros tantos de mis interlocutores en este libro, y porque me permite avanzar algunas de las tesis y afirmaciones más interesantes que podré plantear con este texto.

Empiezo justificándome: sé de antemano que los textos de Portero no son textos esencialmente académicos o teóricos; son columnas periodísticas o relatos de urgencia. Pero creo que a partir de todo texto puede derivarse un pensamiento y una ideología, y el que surge de lo que dice Portero es pertinente y digno de análisis.

¿Combatiría Portero mi tesis? En muchos de sus artículos parece que se excluye radicalmente la posibilidad de que lo trans sea objeto de debate intelectual o filosófico, de cuestionamiento conceptual: Portero menciona las circunstancias u ocasiones, refiriéndose a ella misma y al colectivo de mujeres trans, en que «[la] identidad [de una mujer trans] como mujer es puesta en duda constantemente desde cualquier frente», o «es objeto de discusiones científicas, sociológicas, estéticas o filosóficas»,[17] con lo que excluye toda posibilidad de desarrollo teórico. No quiero renunciar a la ciencia, la sociología, la estética o la filosofía de lo trans; me apetece, más bien, no tener que renunciar a nada, y esa es la condición de cualquier análisis o debate serio.

Perdemos algo muy profundo cuando nuestra forma de interpelar al otro se reduce a una sucesión de renuncias. El séptimo aforismo de Wittgenstein no delimita en sí mismo cuáles son las nociones que podemos o no tratar en la plaza pública. «Wovon man nicht sprechen kann, darüber muss man schweigen» es la formulación original de las últimas palabras del *Tractatus*; Wittgenstein habla de lo ético dentro de una región mística y, en consecuencia, inefable. Nuestro objetivo aquí no es ni siquiera mínimamente elaborar una propuesta ética de cuáles deben ser ciertos modos de vida en común; no es, tampoco, la prescripción de preceptos o normas morales. Debato, y nada más, sobre cómo podemos definir ciertos conceptos y definir algunas relaciones del orden social. Pero el *Man* del que habla Wittgenstein, que traducimos al castellano ligándolo a lo impersonal a través del pronombre *se*, no hace referencia alguna a la situación personal del sujeto, a su subjetividad diferenciada: la prohibición impuesta del silencio no difiere según quién sea el productor del discurso, el emisor de la palabra.

¿Quién habría de hablarnos de lo trans? Tendría incluso a bien decir, si me tiraran de la lengua, que la nueva exigencia que aparece hoy en día en nuestros debates es la otra cara de una máxima aún más terrible, más mezquina. Resumámoslo en la siguiente fórmula: sobre lo que no define la subjetividad propia, hay que callar. Si el campo de los interlocutores sobre lo trans se reduce a aquellas subjetividades que hemos definido como trans, la consecuencia directa también es que esas mismas subjetividades se verán precisamente obligadas a dedicar todas sus posibilidades discursivas a esa cuestión: no podrán hablar si no es a través de una reafirmación de la diferencia presente en su subjetividad, también, precisamente, porque el único discurso que de ellas se espera es el discurso que reafirme, sostenga y refuerce esa misma diferencia fatal.

Cualquier lector atento comprenderá que esta línea argumentativa se aplica a una amplia multiplicidad de debates y no únicamente a aquellos en relación con el género. Paradójicamente, una de las claves para devolvernos a las subjetividades marcadas por la diferencia (a los subalternos que deseamos hablar) la posibilidad de la palabra y el discurso es permitir a aquellos que no comparten esta misma diferencia hablar sobre ella. Y hablarán desde lo trans, desde luego, con una perspectiva prejuiciosa: igual que la mía, que no es más verdadera que ninguna otra simplemente por haberlo experimentado. En mi escala de valores, tanto la experiencia real de una cosa como su ausencia absoluta constituyen dos prejuicios, dos sesgos contaminantes: hay que asumir la radical subjetividad del *yo* que enuncia, desde luego, pero no por ello concluir que el único discurso posible sobre una cuestión procede de la misma figura que lo ha experimentado.

Realidades materiales y neomaterialismos

Escribe Alana que «la condición trans no es una opinión, no es una corriente teórica, no es discutible y solo es peligrosa para las personas trans debido a estas falsas dicotomías y debates envenenados».[18] ¡Claro que no es una opinión! Pero estas páginas se construyen *en oposición a* esos postulados: no deseo tomar la realidad de lo trans como algo que deba ser cuestionado, porque esa realidad, como demostraré más tarde, es algo que escapa al concepto o categoría con que intentamos atraparla; realidad que existe siempre más allá de su concepto o ahí donde el concepto no está. ¡Qué absurdo, cuestionar aquí la realidad de las cosas en sí mismas! ¡Ni que estuviéramos ante un ensayo de ontología o metafísica! Más bien querría elaborar a partir de esa realidad el concepto de lo trans, debatirlo, tensarlo y ver si aguanta la tensión.

La reducción de lo trans a «una realidad material»,[19] como Portero lo denomina, conlleva la esterilidad absoluta de debates futuros sobre el género y erige la existencia trans como concepto Dios (o significante Amo e incuestionable, elija usted su jerga filosófica o psicoanalítica favorita) de una metafísica generizada. Es decir: como un tabú casi religioso que excluye toda posibilidad de debate e impone el silencio, y coloca lo trans detrás de un cristal de seguridad al cual el acceso nos es imposible. Lo que podamos decir sobre el género queda, si seguimos por ahí, reducido a barbecho, y adiós: ¿ha oído usted hablar de nuestro concepto salvador «lo trans», sin pecado concebido?

Esta es la primera consecuencia inmediata, pero hay otra que, en sus efectos prácticos, puede resultar todavía más grave: la denominación de lo trans como «realidad material» es una muestra del mismo fetichismo en relación con lo «material» que vehicula buena parte de la reacción transexcluyente y de las tendencias que identifico como más nocivas para la izquierda, y que orbitan, desde hace algunos años, en torno a ensayos como *La trampa de la diversidad,* del periodista Daniel Bernabé. Se trata de una izquierda que, sin salir estrictamente del marco del reformismo, del eurocomunismo, de la socialdemocracia o incluso del socioliberalismo (como hemos visto con el asentimiento de partes del PSOE o del PSC), se pretende heredera de un marxismo más clásico y preocupado por las «cuestiones materiales»:

> El cambio del que hablamos, de la acción colectiva al individualismo y de lo material a lo simbólico, llega sobre todo una vez que se ha conseguido persuadir a una gran parte de la sociedad de que los bienes representan valores más allá de los propios que poseen inherentemente y que, a través de la adquisición de esos bienes-valores, es posible aspirar a formar parte de una categoría satisfactoria en la que todo el mundo es desigualmente importante y específico, diverso.[20]

No es cuestión aquí de emprender un pormenorizado análisis marxista que trate distintos componentes de la teoría del valor-trabajo o introduzca matices en la diferenciación entre valor y valor de cambio, o pasarnos páginas de este ensayo haciendo un estado de la cuestión de la crítica de la economía política marxiana posterior a Marx. Para atajarlo brevemente, analicemos el comentario que hace César Ruiz Sanjuán al libro de la filósofa Clara Ramas San Miguel *Fetiche y mistificación capitalistas: la crítica de la economía política de Marx*:

> [Clara Ramas San Miguel] comienza con la forma de fetichismo más elaborada teóricamente por Marx, el fetichismo de la mercancía (pp. 69-87). En base a dicha exposición se muestra que el fetichismo no es una forma de falsa conciencia, que como tal podría superarse con una comprensión correcta del estado de cosas correspondiente. Sino que el fenómeno del fetichismo es el resultado necesario del modo de funcionamiento de la sociedad capitalista, en la que la mediación material de las relaciones sociales hace que las relaciones entre las personas se transfieran ineludiblemente a relaciones entre las cosas, de modo que estas parecen poseer propiedades sociales por la naturaleza. Que las cosas tengan propiedades sociales no es ninguna apariencia falsa, sino que es así como funciona efectivamente la sociedad capitalista, atravesada en todos sus niveles por el intercambio generalizado de mercancías. Lo que resulta falso es la apariencia de que esas propiedades sociales las posean las cosas por naturaleza, independientemente del contexto en que se encuentran. En la sociedad capitalista son las cosas efectivamente las que tienen una relación social inmediata, mientras que las personas tienen tal relación de manera mediata, a través de las cosas. La consecuencia de ello es que se produce un proceso correlativo de «personificación de las cosas» y de «cosificación de las personas». En la

particular inversión que implica este estado de cosas ubica Clara Ramas con gran precisión todo aquel conjunto de términos de Marx que gravitan en torno al campo semántico de lo espectral o fantasmagórico, en tanto que algo sensible adquiere al mismo tiempo una dimensión suprasensible. [...]

[En su lectura de *El capital*] ofrece asimismo una visión global de crítica marxiana de la economía política que permite al lector comprender cuáles son sus puntos nodales y hacerse cargo del sentido teórico de la «crítica» que realiza Marx, al mostrar la distancia irreductible que la separa de la economía política burguesa. Se pone claramente de manifiesto que mientras la posición empirista de esta la lleva a tener un enfoque meramente cuantitativo, regido por la cuestión de la magnitud del valor o cantidad de trabajo incorporado en las mercancías, el enfoque de Marx es eminentemente cualitativo, dirigido a sacar a la luz la constitución del carácter social del trabajo en una forma de sociedad en la que los individuos están objetivamente obligados a intercambiar los productos de sus trabajos privados para que puedan formar parte del trabajo social global. En el contexto del estudio que realiza la autora de la teoría del valor para mostrar su interna vinculación con la teoría del fetichismo, es de destacar el riguroso análisis de la «forma de valor», uno de los estratos más profundos de la teoría del valor de Marx y de mayor importancia para la correcta comprensión de la misma, pero que suele ser ignorado en la mayor parte de las exposiciones de la teoría del valor, con el consecuente déficit teórico que ello supone.[21]

Podemos extraer que la consideración de que los bienes poseen unos valores más allá de «los propios que poseen inherentemente», como decía Bernabé, no se trata de un engaño propio del sistema capitalista o de una conspiración neoliberal o globalista, sino de una consecuencia del funcionamiento mismo del susodicho sistema y de una conclusión a la que es posible llegar desde una perspectiva marxiana. Las cosas no poseen unas propiedades sociales dadas por naturaleza, no *significan* o poseen un sentido dado por su naturaleza o método de elaboración, sino también por una cierta convencionalidad. Así, en un primer momento, la asimilación que hace Bernabé de los bienes-valores es tramposa y no constituye un ejemplo de una lectura particularmente afinada de la crítica de la economía política de Marx. Que la lectura de Bernabé no sea particularmente afinada no debería en ningún caso sorprendernos; también mezcla en otros puntos conceptos sin mucho sentido, como al asimilar la «revolución neoliberal» a una «restauración victoriana». Observemos otro fragmento de *La trampa de la diversidad*:

> Una de las ventajas de escribir un libro desde la aproximación periodística y no desde la pretensión académica es que nos podemos permitir la conjetura. Una de las ventajas de la conjetura es que, en ocasiones, es útil para señalar algo sin necesidad de demostrarlo, ahorrándonos energías y tiempo en cuestiones secundarias y a menudo indemostrables.
>
> Conjeturemos pues. Si bien se intuye una intención loable en los primeros teóricos del posmodernismo por superar un marco de análisis social y filosófico que había tendido en el campo occidental a la institucionalización y en el soviético hacia la burocratización, si bien había motivos históricos de peso para cuestionar el proyecto de la Ilustración, del liberalismo y el socialismo, también se intuye un protagonismo mediante la diferenciación, en un periodo en el que había hambre de gurús por parte de los movimientos sociales y la juventud, y en el cual el alto sistema educativo francés requería de nuevos líderes tras la conmoción de Mayo del 68. O, dicho de forma más sencilla, quizá no tuvieron más remedio que diferenciarse, pero lo estaban deseando.

> Algo que todo académico e intelectual de peso debería tener claro es que cuando se inicia un proceso de derrumbe, por muy controlada que se pretenda la voladura, siempre hay víctimas de por medio. De la intención original de estos teóricos al rastro final que dejaron media un abismo. De sus textos, voluntariamente crípticos, farragosos e ilegibles, a lo que se entendió o se quiso entender media un agujero negro.

¿Nos interesa aquí debatir con los postulados de Bernabé? Difícilmente puede interesarle a la teoría tomar como interlocutor serio a quien prefiere la «conjetura» a la argumentación, la «aproximación periodística» de la «literatura de combate» a la «pretensión académica» (que no es otra cosa que el debate serio y sosegado con conceptos y demostraciones). Lo interesante es la posición de Bernabé y la bastardización de los términos *material* y *materialista*, convertidos en fetiche para una cierta rama de la izquierda disconforme con las «políticas identitarias», en las que verían un reflejo de la lógica cultural de un «posmodernismo» que no saben muy bien cómo definir. Si se me permite (¡a mí!) la conjetura, veo también una exhibición de cierto miedo y reaccionarismo generacional: individuos intentando aferrarse a sus poltronas, a su posición ostentada, a etapas anteriores en las que la izquierda tenía un supuesto mayor esplendor y estaba concienciada de la importancia de apelar a la clase trabajadora. Si las cosas fueran así de fáciles o si la clase trabajadora votara automáticamente a quien a ella apelara, siendo consciente de sí misma y de sus intereses para sí misma, y la izquierda o los partidos de izquierda se portaran como perfectos evangelistas o teólogos, dispuestos a desvelarle al individuo la verdad de su opresión y de sus condiciones materiales, de las cuales el individuo hasta la susodicha iluminación sería un completo ignorante, persuadiéndole, en el proceso, de la necesidad de la revolución y del cielo en la tierra socialistas, Bernabé *podría* tener razón.

Examinemos lo que dice Richard Rorty en su *paper* «The End of Leninism» para explorar cómo y por qué no la tiene:

> Hay muchas fantasías que se pueden sostener por sí mismas sin ser rodeadas por algún enorme objeto conceptual. Son las fantasías familiares compartidas por los doctos y los indoctos, por nosotros, intelectuales de clase media en las universidades europeas y estadounidenses, y por la gente que vive en chabolas a las afueras de Lima. Son fantasías concretas sobre un futuro en el cual todos puedan tener algún trabajo del que se derive satisfacción y por el cual se les *pague decentemente,* y en el cual estén a salvo de la violencia y la humillación. Nosotros, los intelectuales, hemos suplementado, y lo hemos hecho desde Platón, estas fantasías concretas, locales y banales con fantasías más grandes, más borrosas y más sofisticadas. Entre Platón y Hegel, estas fantasías ligaban las fantasías pequeñas y concretas con una historia sobre la relación de los seres humanos con algo ahistórico, algo como Dios o la naturaleza humana o la naturaleza de la realidad científicamente conocible. Después de Hegel, y particularmente después de Lenin, cambiamos la historia a una que versaba sobre la relación de los seres humanos con la historia. La historia en sí misma, reificada en algo con forma y movimiento, tomó el lugar de un poder atemporal. Pero seguimos explicando que las pequeñas fantasías no se han llevado a cabo porque justificamos que su cumplimiento depende de obtener una relación más cercana con algo mayor y más poderoso que nosotros mismos. Decimos, por ejemplo, que nuestros esfuerzos hasta hoy han fallado porque el «momento histórico correcto» no ha llegado.
>
> Nuestra creencia en estas explicaciones ha hecho que nosotros, los intelectuales, sintamos que podemos ser útiles a los no-intelectuales si les decimos cómo pueden conseguir lo que

> quieren, lo que haría falta para que algunas de las pequeñas fantasías que todos compartimos se hicieran realidad.[22]

Bernabé no tiene razón, pues la realidad no se la da: discursos como el de Bernie Sanders en las primarias demócratas de 2020 hacían apelaciones tanto a las minorías como a las necesidades de la clase trabajadora, sin caer en las «políticas identitarias» tan criticadas (y espero que, tras leer algunos de los párrafos iniciales de este capítulo, tampoco se me pueda acusar a mí, precisamente, de ser de forma alguna identitaria o identitarista), y resultó que esas apelaciones no eran suficientes; el ganador de las primarias demócratas fue Joe Biden. Si la explicación a dar a ese fracaso fuera insistir en que Bernie Sanders hacía demasiadas apelaciones a las minorías, estaríamos dibujando una hoja de ruta para un proyecto político, desde luego, pero que a nivel moral difícilmente podría ser asimilado como de izquierdas: la estructuración de un programa económico de proteccionismo con medidas para atajar la desigualdad social y económica a la vez que se deja de lado a las minorías por miedo a que una imaginaria clase trabajadora pueda, supuestamente, ser misógina, homófoba o racista. El problema con el discurso de Bernabé no es que se sirva de ello una parte de la izquierda: es que acabe, incluso a su pesar, haciéndole el juego a Orbán y a las nuevas reinvenciones de la derecha. La izquierda, a mi juicio, ha de bajar de su torre de marfil, espacio ideal para pontificar sobre cómo posee las verdades y macroexplicaciones para todas las opresiones imaginables. El texto entero de Rorty es matizable y abierto a crítica (él, en fragmentos que aquí no cito, reclama el abandono casi total de la noción de progreso histórico: ¿de verdad podemos renunciar a una noción con tanta capacidad para vehicular esperanzas y deseos?), pero en lo que respecta al *tono* y la *forma* de la izquierda heredera de los marxismos tiene absolutamente razón.

Vamos a escuchar un discurso contra las políticas identitarias que está mejor formulado que el de Bernabé y que precede a *La trampa de la diversidad* en veinte años. Es, otra vez, el de Richard Rorty, esta vez en *Achieving Our Country,* en el capítulo «A Cultural Left», que contiene algunos de sus párrafos más citados y célebres:

> La izquierda reformista [en Estados Unidos, en el siglo XX] esperó que el maltrato de los débiles por los fuertes, en general, y la discriminación racial en particular, fueran un efecto colateral de la injusticia económica. Vieron en la sádica humillación de los americanos negros, y la de otros grupos, un ejemplo del egoísmo que prevalecía en una economía capitalista sin reformar. La izquierda anterior a los años sesenta asumió que el prejuicio desaparecería gradualmente una vez que descendieran la desigualdad económica y la inseguridad. [...]
>
> Con la sustitución parcial de Freud por Marx como fuente de teoría social, el sadismo, y no el egoísmo, se convirtió en el principal objetivo de la izquierda. Los herederos de la Nueva Izquierda de los años sesenta han creado, dentro de la academia, una izquierda cultural. Muchos miembros de esta izquierda cultural se especializan en lo que llaman «políticas de la diferencia», o «de la identidad», o «del reconocimiento». Esta izquierda cultural piensa más en el estigma que en el dinero, más en las motivaciones psicosexuales profundas y escondidas que en la avaricia superficial y evidente.
>
> Este cambio de foco sucedió al mismo tiempo que los intelectuales se desencantaron de los sindicatos, en parte debido al resentimiento con su fracaso a la hora de apoyar a George McGovern frente a Richard Nixon en 1972. Simultáneamente, el fermento izquierdista que se había centrado, antes de los sesenta, en las facultades de ciencias sociales se movió a las facultades de literatura. El estudio de la filosofía –y, sobre todo, de

la filosofía apocalíptica francesa y alemana– reemplazó el de la política económica como preparación para la participación en iniciativas izquierdistas. [...]

Contemplar [un mundo posible en el cual la globalización produzca una economía global en la que cualquier intento por parte de un país para prevenir la miseria de sus trabajadores resulte en la privación de empleo; en el que domine una clase alta cosmopolita sin sentido de comunidad con los trabajadores, y en el que se distraiga a los proletarios de su propia miseria a través de pseudoeventos mediáticos centrados en hostilidades étnicas y religiosas y en batallas sobre costumbres sexuales] invita a dos respuestas por parte de la izquierda. La primera es insistir en que las desigualdades entre naciones han de ser mitigadas; particularmente, que el hemisferio norte debe compartir su riqueza con el hemisferio sur. La segunda es insistir en que la responsabilidad primaria de cada estado-nación democrático es con sus propios ciudadanos más desaventajados. Las dos respuestas están, obviamente, en conflicto la una con la otra. En particular, la primera respuesta sugiere que las viejas democracias deberían abrir sus fronteras, y la segunda, que tendrían que cerrarlas.

La primera respuesta es a la que llegan naturalmente los izquierdistas académicos, que siempre han tenido una perspectiva internacional. La segunda es natural para los miembros de sindicatos y para los trabajadores marginales que pueden más fácilmente ser reclutados por movimientos populistas de derechas. [...]

[Según Luttwak, que sugiere que el fascismo podría ser el futuro americano, los miembros de los sindicatos y los trabajadores no-cualificados sin organización se darán cuenta de que su gobierno no está intentando prevenir que los salarios bajen o que se exporten los trabajos, y de que los trabajadores urbanos de cuello blanco no van a permitir que se les suban los impuestos para dar beneficios sociales, y es en ese momento cuando algo se romperá]. El electorado no-urbanita decidirá que el sistema ha fallado y buscará a un hombre fuerte al cual votar, alguien que les asegure que, una vez elegido, los burócratas, los abogados engañosos, los comerciantes de bonos de altos salarios y los profesores posmodernos no dictarán sus políticas. [...]

Algo que pasará con probabilidad, entonces, es que los logros alcanzados en los últimos cuarenta años por los estadounidenses negros y mestizos y por los homosexuales serán borrados del mapa. Las palabras *nigger* o *kike*[f] volverán a escucharse en los lugares de trabajo. Todo el sadismo que la izquierda académica ha intentado que sea inaceptable para sus estudiantes volverá en tronada. Todo el resentimiento que los estadounidenses no-educados sienten cuando personas graduadas en la universidad les dictan sus modos de comportamiento encontrará una salida.

Pero una renovación así del sadismo no alterará los efectos del egoísmo. Pues, después de que mi hombre fuerte imaginario tome el poder, hará las paces rápidamente con los ricos internacionales, como Hitler hizo la suya con los industrialistas alemanes. Invocará la gloriosa memoria de la guerra del Golfo para emprender aventuras militares que generarán prosperidad económica a corto plazo. Será un desastre para el país y para el mundo. La gente se preguntará por qué hubo tan poca resistencia a su ascenso inevitable. ¿Dónde, se preguntarán, estaba la izquierda americana? ¿Por qué fueron derechistas como Buchanan los que hablaron a los trabajadores sobre la consecuencia de la globalización? ¿Por qué la izquierda no pudo canalizar la rabia de los nuevamente desposeídos?[23]

f Las dos palabras citadas por Rorty son insultos racistas contra los negros y los judíos, respectivamente.

Lo que quiero hacer, al colocar este discurso de Rorty como un elemento fundamental de lo que para mí deberían ser los debates contemporáneos, no es solo señalar su lucidez a la hora de predecir buena parte de los fenómenos a los cuales hoy nos enfrentamos, mucho más allá del auge y caída de Donald Trump en Estados Unidos: hoy es fácil, también en nuestro contexto europeo, imaginarnos que el futuro de Europa será el fascismo. Esto es así, fundamentalmente, porque hay varias intuiciones en las cuales quienes han situado el marco de lo político como un conflicto entre globalistas y nacionalistas o patriotas tienen razón. La respuesta de Rorty ante estos fenómenos podría sorprender a algunos de nuestros contemporáneos, aunque no a sus lectores: sugiere dejar de lado la escolástica filosófica del posestructuralismo, abandonando la teoría en un lugar secundario e imponiendo sobre ella incluso una moratoria; por otra parte, y es esta su tesis más importante, reclama que la izquierda intente movilizar lo que queda de un cierto orgullo patriótico, preguntando a su público cómo conseguir lo que él llama «el país de Lincoln y Whitman». Me parece que una izquierda razonable no puede sino asentir ante esta noción, aunque debamos adaptarla a nuestro país respectivo; la patria, y aquí adelanto otra noción de Rorty que también veremos después, puede constituir una lealtad mayor alrededor de la cual articular acciones. Es necesaria la corrección de las desigualdades económicas, es necesaria la redistribución, es necesaria la justicia social: es igualmente necesario que los trabajadores no-cualificados no sientan que entre ellos y los teóricos media un abismo insalvable y que nunca podrían formar parte de un mismo grupo. Para reunir una izquierda que pueda ganarle la carrera al fascismo posible o imaginario, al ascenso de los hombres fuertes, tenemos que conseguir un sentimiento común de pertenencia a algo superior; no podemos dejar a quienes sufren las consecuencias de la globalización a merced de su miseria posible, porque vendrán quienes prometan ocuparse de esas situaciones; en muchos casos, ya están aquí. Rorty nos propone tanto el análisis de su situación como ciertas hipótesis para encararla y hacerle frente, que pueden o no aplicarse a nuestro contexto y que pueden tener mayor o menor efectividad, pero que merecen ser valoradas, cuestionadas y analizadas en detalle.

En cambio, el discurso de Daniel Bernabé, al mismo tiempo «conjetura» y «no-análisis-teórico», no ofrece este tipo de salidas o respuestas: es mucho más servil con lo que podrían ser los intereses de aquellos hombres fuertes. Y, desgraciadamente, su discurso es fuente de inspiración de esta izquierda aparentemente «neomaterialista» (que, no obstante, no comprende conceptualmente lo que es el verdadero «materialismo»), para la cual el «análisis materialista» pasaría a significar «el análisis de las cosas tal cual son percibidas de una forma aparentemente objetiva», o «el análisis de los cuerpos como si no existiera una dimensión supramaterial o simbólica de fenómenos sociales», o «el análisis de la realidad simplificado hasta pasar del análisis a la conjetura», supuesto fruto de la razón y del estudio; en una última definición, digamos que este supuesto «análisis materialista» postula que las cosas son «así tal cual las toco y las veo»: es, curiosamente, la expresión máxima del subjetivismo, según el cual no hay crítica posible de la subjetividad o de la percepción. A mí no me tiembla el pulso a la hora de reivindicarme, tal y como me describía una vez Joan Burdeus, como parte de «una izquierda más materialista que cultural, con gotas de estalinismo zoomer, que reivindica la autoridad vertical del Estado». Considero, como Rorty, que la izquierda tiene que movilizar ciertas cuestiones que a lo mejor a ciertos académicos o izquierdistas tradicionales no les gustan mucho. Lo hago porque pienso el materialismo y la redistribución en términos de infraestructura y de superestructura (¡aunque sea crítica con el marxismo!), de análisis teórico, de modos de significación y de producción discursiva: pienso las cosas desde el marco de la reflexión y la posibilidad, y no desde el marco de la «conjetura». Y esto me permite darme cuenta de que quienes se reivindican hoy en día como seguidores estrictos del «materialismo» frente a los malvados «posmodernos» no son más materialistas que yo, ni menos dados a argumentar en función de sus emociones, caprichos y sentimientos, tan reprochados una y otra vez a quienes defienden una postura más o menos cercana a la mía: sencillamente, tienen menos pudor a la hora de manipular las palabras y conceptos para que signifiquen lo que les dé la gana; es lo que tiene, a fin de cuentas, la «conjetura materialista», tan paradójicamente relativista: que todo lo permite, pues no está sometida a lógicas de argumentación racionales, a contrastación académica o a la historia de los conceptos manejados.

Una bella demostración del poco sustento teórico de algunas formulaciones «neomaterialistas», frente a las genuinas preocupaciones y problemas expuestos en Rorty, es la que hizo Juan Luis Nevado Encinas, periodista del medio de izquierdas *El Salto*, al ofrecerle a esta «izquierda neomaterialista» su propio escándalo Sokal, colándole al diario digital *Nueva Revolución* (cuyo director, Daniel Seixo Paz, es uno de los representantes de esta corriente materialista, que marca la línea editorial del medio) un artículo paródico titulado «El (post)hospital de Ayuso: paradigma de un hospital posmoderno», bajo el seudónimo de Gerardo Rivas, que fue borrado unos cuantos días después al desvelarse el engaño. El artículo paródico reflejaba muy bien su léxico y semántica:

> El hospital de Ayuso es un síntoma: una manifestación del estado actual de las cosas en nuestro país y en Occidente. Una decadencia hacia una vulgaridad despolitizada en donde todo movimiento social es sustituido por un simulacro, una «hiperrealidad» (como diría Baudrillard), en donde el mercado de la diversidad (Bernabé *dixit*) ofrece a gusto del consumidor toda

> una variedad de movimientos de activismo donde sublimar el ego. La realidad científica, el hecho objetivo, las condiciones materiales denunciadas por el marxismo y recogidas en las leyes de la historia son «olvidadas», sustituidas por una ficción complaciente con el sistema capitalista. Todo es sentimiento, identidad, libre elección individualista: elige tu color, tu sexo, tu familia, tu mercancía, tu hospital... [...]
>
> ¡Viva lo fluido!, gritan les activistas. ¡La identidad no es algo fijo, no la determina la biología!, afirman restaurando el idealismo más burdo. Para su jolgorio, el posthospital cumple sus necesidades simbólicas: ¡un centro sin paredes! Tú eliges cómo quieres que sea el hospital, al igual que tú eliges tu género o tu sexo, da igual, es lo mismo: las palabras se usan y se intercambian al libre arbitrio, ¡no importa! El lenguaje crea la materialidad, eso nos dicen los Butler y los Marcuse (informante, en su momento, de la CIA). Si lo niegas eres Reaccionario y le haces el juego a la derecha. Nunca tanto necio tuvo tanto protagonismo mediático: ¡y luego dirán que no hay un interés por parte del mercado en potenciar este discurso![24]

Que este tipo de cosas se «cuelen» o que un engaño así pueda pasar el filtro de un diario digital representativo de esta deriva de la izquierda no significa, claro, que la izquierda supuestamente «materialista» esté absoluta y completamente compuesta por demagogos malintencionados y analfabetos conceptuales. Ojo: incluso en el caso de que lo estuviera, sería un error garrafal tratarlos con soberbia, menosprecio, condescendencia. La izquierda alternativa o cultural también maltrata sin sentido, por su parte, todas las palabras que derivan de la noción de materia. Algunas de estas ideas (según las cuales la culpa de todo y de todos los males de la izquierda está en los malvados queers, agentes de la diversidad neoliberal) pueden resultar tremendamente seductoras a gente muy inteligente: lo son, porque ofrecen soluciones aparentemente simples a problemas bastante complejos. También pueden, sencillamente, apelar a los miedos e inseguridades de una parte de la población, que ve (con error o sin error) que se habla de los derechos de las minorías o de la utilización de pronombres mientras sufre un desahucio. Pensemos en la noción de Richard Rorty de la justicia como lealtad a un grupo superior, pues esta explicación me parece una clave de análisis mucho más útil que el simple análisis en torno a hablar o no hablar de la clase obrera:

> Si estuviéramos en búsqueda y captura por la policía y le pidiéramos a nuestra familia que nos escondiese, todos esperaríamos ser ayudados. La mayoría de nosotros ofrecería la susodicha ayuda incluso sabiendo que nuestro hijo o nuestro pariente resulta ser el autor de un crimen sórdido. Muchos de entre nosotros estaríamos dispuestos a perjurar para darle al susodicho hijo o pariente una coartada falsa. Pero si una persona inocente estuviera equívocamente condenada como resultado de nuestro perjurio, nos encontraríamos atravesados por un conflicto entre lealtad y justicia.
>
> El susodicho conflicto solo podemos sentirlo en tanto que podamos identificarnos con la persona inocente a la que hemos hecho daño. Si la persona es un vecino, el conflicto será probablemente muy intenso. Si es un extranjero, particularmente alguien de una clase, raza o nacionalidad diferente, podría ser más débil. Debe de haber *alg*ún sentido en el que él o ella sea «uno de nosotros» antes de que nos atormente la pregunta de si hicimos o no lo correcto al cometer perjurio. Por lo tanto, podría ser más apropiado describir que estamos atravesados por lealtades en conflicto (la lealtad a nuestra familia y la lealtad hacia un grupo lo suficientemente grande como para incluir a la víctima de nuestro perjurio), en lugar de hablar de lealtad y justicia.

> Nuestra lealtad hacia tales grupos más grandes, sin embargo, se debilitará o desvanecerá cuando las cosas se pongan duras. Entonces las personas que una vez consideramos como parecidas a nosotros serán excluidas. Compartir la comida con gente empobrecida de nuestra calle es natural y correcto en tiempos normales, pero quizá no en medio de la hambruna, cuando hacerlo supone una deslealtad a la familia propia. Cuanto más se compliquen las cosas, más fuertes se harán los lazos de lealtad con aquellos que tenemos más cerca, y más débiles se harán los que compartimos con los demás.[25]

Lo que Rorty identifica en la versión no-kantiana de la moralidad, mientras discute entre Walzer y Habermas, es que «la identidad moral está determinada por el grupo o los grupos con los que uno se identifica; el grupo o los grupos a los cuales uno no puede ser desleal y seguir siendo uno mismo». Si concebimos que hay un cierto grupo, aunque por ahora se trate de un grupo imaginario, que se ha conceptualizado como «la clase obrera» (aunque sepamos que no implica dentro de sí a la totalidad de esta: debe el lector contener momentáneamente sus réplicas), que tiene unos intereses económicos dados que quiere ver satisfechos, se siente ignorado cuando se le da prioridad a los intereses de otro grupo (que llamaremos aquí, en espectro amplio, «la diversidad» y podría incluir tanto a las mujeres y a los derechos relacionados con las mujeres como a las minorías sexuales), entenderemos en parte qué es lo que puede motivar a alguien a comprar los discursos de la trampa de la diversidad y la necesidad del regreso a lo material.

Vamos a volver a nuestro hilo principal por un camino distinto. Un discurso muy parecido al que hemos tratado en cuanto a «la clase obrera» y «la diversidad», fundamentado en las lealtades mayores de Rorty, podría elaborarse con un grupo «mujeres» y un grupo «LGTB» o «trans», de supuestos intereses enfrentados y no-convergentes, con identidades morales que se van separando. En este sentido, la única propuesta de reconciliación o resolución de las tensiones entre estos grupos tiene que ser una que no pase por la metodología de la burla o del insulto, sino por la construcción de puentes y la cura de las heridas anteriores. Entiendo que, para círculos y entornos muy pequeños, los errores que una persona pueda haber cometido sean suficientes como para traer en consecuencia su cancelación inmediata, o que nos salga a todos la carcajada cuando vemos que alguien se burla de la jerga de esos «neomaterialistas» que tan mal nos caen y que nos tienen bloqueados en Twitter. Lo nocivo es que esta risa, como cadena que enlaza y estructura los grupos, nos afianza como afines a nuestros allegados, cierra aún más las fronteras de nuestro grupo y nos condena a mirarnos entre iguales cada vez más parecidos entre sí, pero más excluyentes.

En política, en diversas ocasiones, es mucho más útil afianzar la identidad de un grupo e intentar que se construya sobre bases más sólidas que intentar elaborar un grupo más amplio y permeable a otras visiones e inquietudes. El hecho de que Pablo Iglesias, como vicepresidente segundo, ministro de Derechos Sociales y Agenda 2030 y secretario general de Podemos, presentara en sociedad *La distancia del presente*, errático ensayo de historia reciente de España, es clara muestra de la parcial degeneración de los referentes intelectuales de un espacio político. Ese grupo de voces a escuchar, que hace un tiempo estaba compuesto de personas con algo que decir, o simplemente con cierta *gravitas*, hoy se ha metamorfoseado en una banda zalamera y aduladora que recupera la carroña de una coalición de partidos que se descompone. Pero es preocupante que, al mismo tiempo que la izquierda parece unida en sacrosanto matrimonio gubernamental, estemos tan ocupados en decepcionarnos los unos a los otros y querer arrancarnos las cabezas. Yo puedo compartir ciertas tesis con Bernabé, claro: ya he exhibido los hilos que me unen a él a través de Rorty, que tiene ideas más elaboradas, más serias, menos chirriantes. Pero la batalla por las ideas no puede convertirse en una serie de vendettas personales o en un debate en el cual ciertas posiciones queden excluidas por ser apriorísticamente inaceptables.

La única solución y camino, tanto para los problemas de la izquierda como para el feminismo y lo trans, pasa por un sentimiento de lealtad compartido. Si vemos una nueva ola de transfobia desde sectores feministas en los que antes la susodicha no podía plantearse, es, en parte, precisamente porque el subgrupo de las feministas ahora puede ser desleal al subgrupo trans sin sentir que está cometiendo una traición: el vínculo que existió entre ambos se está resquebrajando. Conllevará un recorrido más duro, desde luego, pero la única manera de salvar esos vínculos es a través de la pedagogía y del diálogo... incluso entre posiciones irreconciliables. No todos los intentos de conocer al otro e intercambiar pareceres con él tendrán sus frutos, y tampoco exijo que toda persona participe de ellos: habrá quienes, con razón, se sientan demasiado dolidos como para querer tener enfrente a alguien que haya ejercido violencia contra ellos. Pero creo que es importante la labor de quien quiera y pueda tender puentes: creo que necesitamos con urgencia a personas que quieran y puedan tender puentes, y escapar de la tentación de clasificar esos intentos como ejercicios de deslealtad o equidistancia.

Podría cerrar el libro aquí o, incluso, quedarme solo con estos últimos párrafos: me parece que diré pocas cosas más importantes que las aquí dichas. No obstante, resulta fundamental tratar la aparición de estos supuestos pensamientos «materialistas» dentro de las tensiones entre el feminismo y lo trans, más allá de la simple aportación de soluciones, explicaciones o caminos. Y volveremos, para ello, al análisis de los artículos de Alana Portero.

Introducción al feminismo transexcluyente

Los relatos de Portero exhiben la exclusión silenciosa, o rechazo, por parte de un sector del feminismo hacia las mujeres trans, pero también el cambio y la transformación de esta situación a lo largo del tiempo. Así, se califica al feminismo como «un movimiento que todavía no acaba de abrazar [a las mujeres trans]», y que exige de estas una «justificación diaria de la legitimidad [de las vidas trans] con un torrente de información y datos como si [su] existencia fuera sospechosa».[26] Más allá de los ejemplos que puedan surgir de esta relación problemática entre lo trans (y, muy concretamente, las mujeres trans) y el feminismo, con sus tensiones para todos visibles y a la orden del día, es curioso que buena parte de este conflicto surja a partir de la importación en España de debates y conceptos anglosajones: como ejemplo, un texto de Emi Koyama, dentro de su *Whose Feminism Is It Anyway?*, a propósito del Michigan Womyn's Music Festival, un festival para «mujeres-nacidas-mujeres», en el cual problematiza no solo el festival en sí, sino también la postura de un grupo de mujeres transexuales blancas de clase media que apoyaban la aplicación de una doctrina «sin-penes» en el festival que les permitiera a ellas acceder y excluyera a mujeres trans que no habían pasado por una operación genital.

Querría hacer un desvío aquí para exponer a qué me recuerda ese histórico grupo de mujeres transexuales y qué complicidades se repiten hoy como ayer: estoy hablando, claro, del Grupo de Mujeres Reasignadas. Copio aquí unas declaraciones de Marta Reina, su líder y primera agente trans de los Mossos d'Esquadra, para el diario *El Español*:

> No hablo en nombre de todas las transexuales. Hablo de las que nos hemos ido uniendo para marcharnos del colectivo LGTBI. Las que quieran quedarse allí, que se queden. Las que no, que se vengan con nosotras. De transexual a mujer reasignada. Nosotras nos largamos del colectivo. Nos vamos porque hay un *lobby* trans debajo de la letra T de LGTBI que no nos representa. Nosotras somos mujeres y feministas. [...] Somos mujeres, binarias y feministas.[27]

La noticia se puede encontrar bajo el título «Los transexuales que renuncian a la T de LGTBI: «Estamos más cerca de Lidia Falcón que del *lobby*»». ¿Qué quiere decir «estamos más cerca de Lidia Falcón que del *lobby*»? Digamos que, de la misma manera (aproximadamente, relativamente, tangencialmente) en que Portero alzó la voz, indignada, contra un artículo de la jurista Paula Fraga (publicado en el diario *Público* el 25 de noviembre de 2019,[28] en el cual hacía de la teoría queer el principal enemigo del feminismo actual):

> Leía ayer, Día contra la Violencia de Género, un artículo de teoría ficción escrito por Paula Fraga sobre la amenaza que la teoría queer supone para el feminismo™. Una agradecería rigor

> en textos que pretenden adentrarse en vericuetos teóricos, algunas citas, ciertas cabalgaduras teóricas que te lleven al lugar al que quieres ir con un poco de estilo, no sé, algo más que una barahúnda de terrores anales y odios personales revestida de salvavidas feminista en tiempos de oscuridad transexualista. La elección de ese día, y no otro, para publicarlo, también escama; o bien estás pasando por encima de las protagonistas del día, las mujeres maltratadas, y ensuciando un día de especial visibilidad; o estás relacionando una cosa con la otra, lo cual sería una jugada propia de la Iglesia de Westboro.[29]

Lidia Falcón, fundadora del Partido Feminista de España y militante feminista de referencia perseguida durante el franquismo, había llegado, años antes, a dedicar su columna del ocho de marzo a impugnar el empleo del término *TERF* («trans-exclusionary radical feminist»: es decir, «feminista radical transexcluyente») y entrar en el debate, por no decir la americanada, del uso de cuartos de baño femeninos por parte de mujeres trans... y la amenaza fantasma de un ejército de pedófilos disfrazados de mujeres.[30] Como sucede en una enorme cantidad de los debates menos interesantes que en la actualidad nos ocupan, el origen está en la mediocridad de quienes pertenecerían a la «intelectualidad» española, en su incapacidad para generar ideas y conceptualizaciones propias y en su mera réplica carente de cuestionamiento crítico de la hegemonía intelectual. El conflicto no surge de una causa orgánica dentro del movimiento LGTB ni del movimiento feminista español, con sus particularidades, sino que se construye artificialmente y crece a partir de polémicas del ámbito anglosajón.

Si volvemos a la cuestión del Michigan Womyn's Music Festival, podremos apreciar que los antecedentes de las tensiones entre lo trans y el feminismo están presentes ya desde la segunda ola, con libros como *The Transsexual Empire*, de la feminista radical Janice

Raymond, publicado por primera vez en 1979. El debate sobre si las mujeres trans debían o no ser consideradas mujeres es uno cuya presencia en el feminismo no supone un fenómeno en absoluto nuevo: es, como analizaré después, una toma de posturas acerca de la relación entre el sexo y el género. Me permito, antes de entrar a plantear algunas tesis o propuestas, hacer un breve estado de la cuestión desde aquello que vehicula el feminismo transexcluyente. En un capítulo posterior del libro haré un análisis más detallado, al cual este fragmento sirve de anticipo. Examinemos algunas de las cosas que dice Raymond en su introducción a la edición de 1994 y veamos cómo puede servirnos el análisis de sus argumentos para responder a algunas de las tensiones más actuales:

> Tal y como lo veía entonces y como lo veo ahora, el transexualismo entra en la cuestión de qué es el género, de cómo cuestionarlo y de qué refuerza los estereotipos de género en una sociedad definida por roles. Hay preguntas que han aparecido en el contexto de debates recientes alrededor de la nueva terminología «transgénero». Se dice que el transexualismo es un desafío radical a los roles de género que rompe los límites del género y transgrede sus rígidas líneas. Pero si el transexual meramente cambia un rol de género por otro, si los expertos médicos y psiquiátricos solicitan que el transexual viva bajo el rol de género opuesto antes de proceder a la cirugía, y si el resultado del cambio de sexo refuerza una feminidad que, para muchos transexuales, se convierte en una caricatura de aquello que las feministas han rechazado en cuanto a la feminidad construida por los hombres, ¿dónde está el reto, la transgresión, la ruptura con frontera alguna?

Si queremos articular una respuesta coherente a este tipo de cuestionamientos, que pueden llegar a tener cierta legitimidad, quizá deberíamos dejar de lado el argumento de la ruptura y la transgresión como fundamentos de la legitimidad del hecho trans y aceptar que puede haber existencias trans que, más allá de ser nulamente subversivas, sean incluso conservadoras: afirmar, en definitiva, que el hecho trans no tiene nada de subversivo en sí mismo, y que lo trans puede (o no) suponer un reto a los esquemas del género, adaptados en tanto que proceso para su modificación. Lo trans debe o puede aceptarse como hecho en sí mismo, más allá de que sea revolucionario o no; y que sea o no revolucionario no constituye en ningún caso un aliciente para aceptarlo: se da en la realidad de forma no voluntarista, no escogida, no autodeterminada, y, por lo tanto, se debe lidiar con ello de la forma más humana posible.

> Muchos críticos dijeron que, aunque atacara la conformidad con el género, estaba al mismo tiempo esencializando la conformidad con el género. Esto me sorprendió, pues dedico todo un capítulo a la crítica de las teorías de un cierto esencialismo biológico que situaban las raíces del transexualismo en la biología (por ejemplo, en hormonas prenatales o factores genéticos). [...] El esencialismo del que se me acusa tenía más que ver con el hecho de que yo me negara a aceptar que los hombres pudieran convertirse en mujeres «de verdad». Al repudiar la afirmación de que los hombres se convierten en mujeres a través del tratamiento y de la cirugía, se me acusó de promover un esencialismo de género en lugar de destruirlo. [...]
>
> Escribí que el transexual no cambia de sexo [puesto que no cambia de cromosomas]. Pero esto no significa que el género sea inmutable; significa que los hombres no pueden convertirse en mujeres mediante hormonas y cirugías. Creo que el transexual «de-hombre-a-mujer» es una «mujer fantástica», la encarnación de la fantasía masculina de sentirse como una mujer atrapada en el cuerpo de un hombre, la fantasía hecha carne por una

> fantasía masculina posterior de convertir quirúrgicamente el cuerpo de un macho en el cuerpo de una hembra. Estas fantasías están fundadas en la imaginación masculina, no en la realidad de las mujeres. Es esta realidad de las mujeres la que no posee la mujer construida quirúrgicamente, no porque las mujeres lleven consigo una esencia de la feminidad, sino porque los hombres no han tenido que vivir en un cuerpo femenino con toda la historia que eso implica. Es esa historia la que es básica para la realidad de las mujeres; y, sí, la historia, hasta cierto grado, se fundamenta en la biología femenina. [...]
>
> En muchos sentidos reales, la biología femenina da forma a la historia de las mujeres (una historia que los hombres no pueden tener en razón de su sexo), que incluye la historia de la menstruación, la historia del embarazo o la capacidad de quedarse embarazada, la historia del parto y del aborto, la historia de ciertos ciclos corporales y cambios vitales, y la historia de la subordinación femenina en una sociedad dominada por el hombre. [...] La biología femenina no confiere una feminidad esencial; confiere una realidad histórica sobre lo que significa nacer con unos cromosomas XX.

Tenemos que constatar, primero, que la crítica de Janice Raymond está mucho mejor construida que gran parte del argumentario que encontramos en redes sociales hoy en día para justificar la exclusión de las mujeres trans de la categoría de «mujeres». Esto es una deriva natural. Por más que después se aventure a decir que «todos los transexuales violan los cuerpos de las mujeres al reducir la forma real de las hembras a un artefacto, apropiándose el cuerpo para sí mismas; la feminista-lesbiana construida transexualmente viola, también, la sexualidad y el espíritu de las mujeres», y sostener que «la violación, aunque normalmente sea realizada por la fuerza, también puede llevarse a cabo a través del engaño», afirmaciones que en la actualidad le parecerían a una mayoría (a causa de un nuevo y amplio consenso social) auténticas barbaridades, existen argumentos sobre los cuales apoya las cosas que dice. Son argumentos que han sido profundamente criticados desde hace cuarenta años y que quizá no deberían ser los empleados en el debate actual, pero resulta que una parte de los argumentos que ella asigna a sus críticos, como la ubicación del hecho trans en la biología a través de hormonas prenatales, siguen estando parcialmente a la orden del día en algunos discursos en torno a lo trans. Podría ser que ambos discursos se retroalimentaran mutuamente, y que la única manera de librarnos del más nocivo de ellos fuera librándonos de los dos: no desaparecerá la razón de ser de la reacción transexcluyente más violenta hasta que desaparezca igualmente el discurso que fundamente lo trans en un hecho mayoritariamente biológico.

La problemática fundamental del discurso de Janice Raymond es que confunde varios aspectos de lo que constituye el género y los mezcla entre sí. Hemos visto, en el capítulo anterior, que el género podía analizarse en tanto que sistema y estructura social y en tanto que vivencia individual de esa estructura social. Si seguimos con la división propuesta por Lorber, podemos hacer el siguiente análisis del discurso sobre lo trans: existe una confusión entre la ideología de género y la creencia en el género; una confusión entre las imágenes del género y la exhibición del género; y una confusión entre el control social del género y los procesos del género.

Vamos a desarrollar esto parte por parte. Tendremos, para ello, que recordar las definiciones de cada uno de esos apartados del género, que ahora mismo estamos empleando simplemente como categorización, sin preocuparnos por el contenido representado en cada una de ellas, pues ese contenido será, precisamente, la cuestión que trataremos en un momento posterior de este capítulo. Recapitulemos algunas de las definiciones de la categorización de Lorber. Esta vez podemos hacerlo estableciendo un paralelismo todavía más claro entre algunas categorías del género como institución social y otras del género como situación individual. Así, puede compararse lo que Lorber denomina *control social generizado*, constituido por la aprobación formal e informal y la recompensa a comportamientos que se ajustan a la norma, además de la estigmatización, aislamiento social, castigo y tratamiento médico de aquellos comportamientos que no lo hacen, con la *personalidad generizada*, los patrones de emociones socialmente normativas internalizados según la estructura familiar y la enseñanza paterna. De igual manera tenemos, por un lado, la *ideología de género*, en tanto que justificación de las situaciones de género y de su evaluación diferencial, que tiende a suprimir la disidencia y naturalizarse; por el otro, las *creencias de género*, compuesta por la incorporación o resistencia a la ideología de género. En un último lugar, para el ejercicio comparativo que ahora nos ocupa, estarían las *imágenes del género*, construidas a través de la representación cultural del género y de su encarnación en el lenguaje simbólico, sirviendo de apoyo a la ideología de género a través de producciones artísticas que la reproducen y legitiman; del lado individual, tendríamos la *exhibición del género*, la presentación como un tipo concreto de persona generizada a través de la ropa, los cosméticos, los adornos y unos marcadores corporales permanentes o reversibles. Muchos de los discursos críticos con la existencia de las personas trans confunden la personalidad generizada con la ideología de género o el control social generizado. Lo hacen al considerar que el hecho de tener ciertos rasgos o emociones normativamente estructurados y asociados a uno de los géneros implica una justificación y evaluación positiva del género en sí mismo como estructura. Del mismo modo, se acusa de forma errónea a las personas trans de «replicar los estereotipos del género» a través, precisamente, de lo que Lorber denominaba «la exhibición del género», cuando esa exhibición a través de la ropa (y de los guiones de comportamientos generizados) es una repetición e iteración de comportamientos que el sujeto interioriza y que hace, en la mayor parte de los casos, sin premeditación. No es lo mismo la «exhibición del género», o la teatralización inconsciente del género, que «las imágenes del género» o «el género como representación cultural», que sí constituye uno de los principales apoyos de lo que Lorber denominaba «la ideología de género» El discurso antitrans desde el feminismo establece relaciones causales que no tienen necesariamente razón de ser; al mismo tiempo, acusa a los individuos de actuar en función de intenciones que no tienen un fundamento en la realidad o en la descripción que el mismo individuo haría de sus comportamientos, que, en la mayoría de los casos, sería banal y sin conciencia política, sino en toda una estructura social de la cual el sujeto, si bien participa, no puede ser consciente todo el tiempo. Lorber era muy crítica con lo trans, como otras feministas que hemos examinado, pero el marco teórico y las herramientas que nos ofrece no llevan necesariamente a una tesis o conclusión transexcluyente. El camino para llegar desde su postura a una exclusión de lo trans implica, sin excepción, una confusión entre los fenómenos sociales y estructurales y sus consecuencias en los individuos, ya que asigna al libre albedrío y a la voluntad unos poderes, en suma, exagerados, y acusa sin conocimiento a colectivos enteros de actuar a partir de intenciones que poco tienen que ver con los motivos por los cuales esos mismos individuos dirían estar actuando. No se trata de un mecanismo incomprensible ni de un salto lógico inefable. Es más fácil y mucho más agradecido acusar a quienes se ven atravesados por un sistema de formar parte de una especie de conspiración, o de estar confabulando contra los intereses propios, que asumir que los criterios que permiten que ese sistema (el género, en este caso) siga en movimiento son complejos, múltiples y en operación constante. Resulta curiosa la criminalización de algunas «exhibiciones del género» y no de otras, y cómo desde algunos feminismos se moraliza para legislar sobre quién, al llevar cierta ropa, maquillarse de cierta manera o comportarse de otra, está o no reforzando los «guiones generizados», que también podríamos llamar estereotipos. Las «feministas» más interesadas en la criminalización de ciertos comportamientos si son realizados por algunos cuerpos en concreto no parecen tener mayor problema si otros cuerpos, como los de aquellos que ellas consideran como mujeres, «performan» la feminidad, se maquillan y mantienen su pelo largo sin aparente subversión al sistema patriarcal; dependiendo del cuerpo que lo lleve, un mismo decorado basculará entre la irrelevancia más absoluta y la burla intolerable a la opresión de las mujeres.

El lector ya tiene aquí algunas de las claves para responder a ciertos debates de actualidad. Si quiere seguir por esa senda y encontrar articulaciones precisas en este sentido, me toca dirigirle al sexto capítulo de este ensayo. Vamos, ahora, a tratar algunas nociones de corte más general sobre el género, desatándonos (relativamente) de la discusión y el examen de los argumentos más manidos.

El género como sistema y el género como proceso

Alana Portero se centra en la conflictiva relación de pertenencia a la categoría no solo social y política, sino también vivencial y existencial, de la mujer. Discurre en torno a aquello que *separa* a su autora de una asimilación completa con ese «ser una de las chicas», en varios sentidos, ya se trate de la exclusión por parte de sus mismas compañeras o de factores estructurales. Particularmente interesante, a la hora de desmontar algunos de los clichés que se lanzan constantemente sobre lo trans, es uno de los mensajes lanzados al final del texto. Portero sigue hablando, en sus textos, de la «realidad palmaria de la exclusión laboral de las [mujeres trans]» y cómo esta niega «la emancipación, principio fundamental del feminismo».[31]

El análisis de Portero adolece de los mismos defectos que gran parte del columnismo cuyos temas han girado alrededor de las personas trans: análisis simplistas que, en pocos trazos, intentan pintar una imagen de lo trans que poco tiene que ver con la realidad. Reduce a las mujeres trans a un rol unívoco: el de víctimas y sufridoras. Estas víctimas se ven revalorizadas dentro de la economía capitalista, precisamente, por su sufrimiento. No creo que esta revalorización sea lo que buscan quienes describen su supuesta situación actual, pero sí es su consecuencia.[g] En lo que desembocamos es en la mercantilización de una imagen de las mujeres trans como un colectivo vendible por el solo hecho de que el consumidor medio de información o de entretenimiento puede ofrecerles algo de caridad o compasión; incluso, si hilamos con argumentos que sostendré después, de tolerancia. Con el espacio que un ensayo permite (a diferencia de una columna), vamos a complejizar el significado de *ser* una mujer trans, de lo trans o, mismamente, del *ser* una mujer.

Partamos momentáneamente del postulado (por más que luego lo desmontemos) de que lo trans podría, alternativamente, ejercer función de sustantivo (ser una realidad conceptual independiente y analizable por sí misma: es decir, podemos hablar, dentro del género, de que se es o, con mayor propiedad, se ocupa una posición catalogada como trans; es una realidad o categoría que tiene un sentido autónomo) y de adjetivo (ser una realidad conceptual dependiente que modifica una categoría anterior: ser una mujer trans implica ser una mujer, pero no es lo mismo ser una mujer trans que ser una mujer, puesto que la primera categoría se ve modificada por la segunda

g El mismo efecto se produce, por ejemplo, cuando el periodista Rubén Serrano cita en su ensayo *No estamos tan bien* una frase recogida en el libro *Vidas trans*, antología de textos publicada en 2019, y la eleva a enunciado objetivo y descripción firme de la realidad. Así, el simple hecho de decir que «las mujeres trans son un grupo social sometido a tal grado de violencia que su esperanza de vida apenas llega a los cincuenta años» es base suficiente para afirmar la veracidad del enunciado, sin atención a la especificidad de cada país, a qué muestren los datos estadísticos o a quién sea realmente el objetivo de esa violencia. Yo soy blanca, no vivo en la precariedad, me llaman *madame* o *mademoiselle*: ¿de qué grado de violencia se está hablando cuando se me incluye a mí también en esa categoría hipotética de *mujeres trans que no llegan a los cincuenta años*?

Rubén Serrano recoge la importancia de la interseccionalidad y de tener en cuenta factores como el contexto histórico, el trabajo, la migración o la racialización; sin embargo, considero que el uso de un enunciado tan categórico y tan poco fundamentado desvirtúa el intento de enmendarlo que se pueda hacer después.

y esa modificación se produce en ese orden). Con este marco, la pregunta sobre *qué significa ser mujer trans* me parece menos interesante que esta otra: ¿qué significa entrar en la categoría (podríamos atrevernos incluso a llamarlo *clase*, pero no procedemos con una metodología estrictamente marxiana, no se sobresalten ustedes) de mujer trans, si es que esta categoría existe? Si en este uso *trans* se emplea en tanto que adjetivo, pues está modificando una realidad dentro del sistema de género que ya existía con anterioridad (la de mujer), habremos de hablar primero, aunque sea brevemente, de lo que implica entrar en la categoría mujer.

A mí, aquí, no me interesan las identidades ni las identificaciones, o lo sentido como personal e inviolable de cada uno en relación con su género: me parece que el debate se enriquece y gana sustancialmente si examinamos, primero, cómo opera el género en tanto que sistema social complejo; cómo percibimos a los demás, cómo nos perciben a nosotros; cómo actuamos (en sus distintas acepciones: las acciones y la responsabilidad que tenemos por ellas y, también, el rol que interpretamos), cómo nos comportamos, cómo participamos en este sistema lingüístico que hemos denominado género. Es un sistema que procede de una identificación, en tanto que construcción imaginaria de las imágenes posibles del sujeto, pero aquí interesa más bien poco el identificarse o el ser en tanto que identificación (y, como ya hemos aclarado, esta identificación poco tiene que ver con algo parecido a la autodeterminación): me centraré exclusivamente en su ser social.

El debate sobre la categoría mujer es todavía otra variación más de la diferenciación entre esencia y sustancia y de la diferencia entre sexo y género. Si con género nos referimos a todo un sistema de comportamientos, normas de conducta y relaciones de poder y comunicación aprendidas, el sexo habría de referirse a una realidad material subyacente a estas normas. Ya sé, lector, que en momentos anteriores hemos llegado, no sin esfuerzo, a definiciones más complejas: permíteme insistir para llegar a lo posible a través de caminos distintos. Siguiendo estas suposiciones, inmediatamente nos viene a la cabeza la realidad biológica, y es sobre esta realidad biológica inmediata sobre lo que discutiremos aquí. El problema de asumir la existencia, en el sexo hembra, de una esencia inherentemente femenina es el carácter inevitablemente problemático de la categoría de sexo hembra.[h] «La biología es más que una metáfora», dice Haraway; en una línea crítica con la noción de sexo, podemos tomar a Cynthia Kraus, traductora de Butler al francés (que iría emparentada con Bleier, Lambert, Fausto-Sterling y Birke), y afirmar con ella lo siguiente:

> 1. Que hay diferencias biológicas entre los sexos,
> 2. pero estas diferencias no son significativas,
> 3. porque las diferencias en el seno de un mismo sexo pueden ser tanto o más importantes que aquellas entre los dos sexos,
> 4. para concluir que la biología del sexo es mucho más plástica que la política del género.[32]

Maticemos estas afirmaciones. Lo que podemos interpretar aquí es que la biología del sexo, en tanto que recopilación de datos objetivos, es plástica y cambiante, pues diversas variaciones pueden darse en el seno de una categoría que identificáramos con un solo sexo: cromosómicas, hormonales, en relación con los caracteres sexuales secundarios, etcétera. Se trata de una categoría compuesta por múltiples variables complejas. Yo, no obstante, prefiero hablar de lo objetivo en tanto que cuerpo, en lugar de como sexo: el cuerpo es lo que es objetivo, pues el cuerpo (y no me refiero aquí a la experiencia

h Partiendo de una supuesta opinión o del sentido común, interpreto aquí el sexo hembra como figura imaginaria homogamética, con órganos sexuales que se considerarían normalmente femeninos y características sexuales también identificables como femeninas: construyo un concepto hipotético, imaginario, para, después, problematizarlo.

del cuerpo que pueda tener el sujeto, sino al cuerpo en sí mismo, a la materialidad del cuerpo), por más que luego se vea sometido a un proceso de inteligibilidad social, sí que existe como hecho objetivo, dado, preexistente en la realidad, mientras que el sexo opera mediante una construcción de asociaciones y convenciones sociales (la misma que Fausto-Sterling intentaba evidenciar con ironía en su polémico experimento mental de los cinco sexos). Si bien puede darse esta variación en los cuerpos, la inteligibilidad dentro del marco epistémico obliga al reconocimiento social de unos pocos esquemas sexuales disponibles dentro de la relacionalidad, ligados sobre todo a la expresión de caracteres sexuales secundarios y otros símbolos sociales (vestimenta, gestualidad, voz, comportamientos, ocupación del espacio). Pero esta inteligibilidad más rígida ya opera dentro de los modos del género, y es eso lo que debemos entender por política del género: esa sedimentación de códigos y de posibilidades.

La realidad de la categoría mujer se encontraría, entonces, del lado del género. Según Oudshoorn, «la realidad naturalista del cuerpo no existe como tal, sino que es creada por la ciencia como objeto de sus investigaciones»; esta realidad naturalista del cuerpo, creada por la ciencia (pero no solo: también se da como objeto de especulación política en la redefinición de una epistemología que tiene su impacto mucho más allá de lo científico, de la academia o de la investigación) sería lo que hemos tenido a bien denominar *sexo*. Reagruparíamos, dentro de la categoría mujer (género), y estando de acuerdo por una vez con Paula Fraga, «los roles sexuales», pero sin asumir el apéndice que ella añade (y que constituye una de las bases fundamentales del feminismo radical): «que el feminismo pretende abolir».[33] De esta noción (la abolición del género) hablaremos más adelante, pero no es ahora la que nos interesa.

En nuestro marco occidental y en nuestro esquema de inteligibilidad concreto, nos encontramos con dos situaciones o clases del género a examinar: los hombres y las mujeres. La categoría mujer está definida por ser aquello que queda relegado, como un *pero* más allá de la subjetividad exclusivamente masculina: es a una conceptualización parecida a la que se refiere Irigaray al exponer cómo la diferencia sexual no es, primordialmente, sino una estructura de dominación sexual (en la cual la mujer queda definida por ser el sujeto dominado). Quien piensa es un hombre. Quien actúa es un hombre. El sujeto humano por excelencia es, siempre, un hombre. El sujeto mujer parte de la posición de ser un no-sujeto construido y posterior al ejercicio de la dominación conceptual sobre el mundo, y, por tanto, no puede existir como concepto independiente de lo masculino o de la categoría hombre. La categoría mujer sería, así, histórica y cambiante, pues no podemos decir que signifique exactamente lo mismo en todo momento o que implique los mismos roles y construcciones. Está definida por aquello que no es y que no puede ser. No implica lo mismo, por más que siempre esté determinada por la relación que tiene con la categoría hombre, ser mujer hoy día que haberlo sido hace veinte años: ni a nivel jurídico ni a nivel existencial, porque hace veinte años no se podían construir ni las mismas cosas ni las mismas existencias.

Dentro de esta concepción histórica sí que parece necesario situar el origen de la dicotomía (hombre/mujer), al menos a nivel social y político (pues no entramos todavía en lo imaginario o en lo simbólico), en la división sexual del trabajo y, por ende, en la capacidad gestante adjudicada históricamente a este sujeto mujer, asociado a una cierta biología hembra..., que es, como ya hemos dicho, una construcción erigida a partir de la diferenciación biológica entre distintos cuerpos, que es diferenciación sin ser realidad naturalista del cuerpo o esencia de la cual participar. Difícilmente puede explicarse el origen del patriarcado si no atendemos a su vinculación con una división primera entre los sexos.

Dentro de este no-ser realidad naturalista del cuerpo, cabe también concebir que, en el desarrollo histórico de la opresión de la categoría mujer, el hecho de que esa categoría mujer ocupe el lugar menos privilegiado o el lugar dominado de la dicotomía es (en un primer momento, sin intervención *correctora*) inevitable: acaece por necesidad, que exige que aquellos cuerpos (a partir de los cuales se construye toda una serie de convenciones, normas y símbolos) que tienen una capacidad *re*productora (en contraposición a aquella dirigida puramente a la producción o creación) queden relegados a esa *re*producción de mano de obra y de capital humano.

La emancipación o liberación de la mujer, si es que esa liberación puede darse, tiene necesariamente que ser posterior, pues la mujer no puede existir en una dirección de emancipación si no está determinada por aquello de lo cual emanciparse, esto es, el conjunto formado por lenguaje, estructura, convención y norma social e institucional, que denominaremos género, y a través del cual opera el sistema normativo del patriarcado.

Hemos hablado del origen histórico del género, pero no hemos tratado la cuestión de su origen individual o cultural, esto es: cómo el sistema y la convención del género logran reproducirse y perpetuarse a lo largo del tiempo. Toda una serie de aparatos y dispositivos de construcción y reproducción cultural obedecen a las convenciones y normativas del sistema de género. No solo existe un proceso de aprendizaje dentro del esquema de la familia que después reverbere en toda la sociedad, una primera asimilación interna de cada una de las estructuras, por importante que sea, sino que también se dan una multitud de tecnologías que construyen e introducen las nociones del género en cada individuo. Por poner algunos ejemplos: la escuela, las redes sociales, la televisión, Internet, la cultura en general, la distribución del espacio en la vida cotidiana y las relaciones de poder y micropolíticas en cada interacción (que ya están generizadas: femenino es lo dominado y masculino es lo dominante, volviendo a dicotomías aristotélicas o incluso pitagóricas). Es la absorción de códigos y mensajes, diferenciada según aspectos psicológicos, biológicos y de representación (de construcción de la subjetividad del individuo en relación con el imaginario y con la humanidad en general), lo que articula la producción innata del género y constituye buena parte de la noción de performatividad que encontramos en Butler y que ella toma de los «actos de habla» de Austin en *Cómo hacer cosas con palabras*.

Atención, pues que la biología sea una determinación no implica que sea una determinación ineludible: «la biología no es destino». Un cuerpo que se categorizara normativamente como hembra tendría más posibilidades de, y en la mayoría de los casos llegará a, asimilar una socialización femenina, pero esto no significa que todos los cuerpos que se categoricen como hembra procedan a la misma socialización. Dentro de una misma socialización también se da una diferencia (incluso, y en muchos casos, *différance*, si nos ponemos quisquillosas)[i] de mensajes captados.

Remito, para un examen en mayor profundidad de la adquisición de la diferencia sexual o de la identificación de género, al primer capítulo del libro. Y dejemos claro también, para evitar malas lecturas de Butler (como veremos, por ejemplo, en el capítulo que discute con el llamado feminismo filosófico o feminismo ilustrado), la diferencia existente entre lo performativo y lo performático: la mala comprensión de estos dos conceptos es la causa de muchas críticas según las cuales el género sería algo a cambiar o a reescribir por capricho. El género no es, para Butler, una *performance*, y menos dentro de desarrollos posteriores a *Cuerpos que importan*: el género es performativo, pues construye la misma realidad en la que

i Para Derrida, la *différance* es una fuerza, casi un motor verbal: hace un movimiento *en diferido* en tanto que pospone las cosas, las deja abiertas, no las finiquita ni las cierra; también hace un movimiento *de diferenciación* en tanto que expone los huecos entre conceptos diferentes, los diferencia; la *différance* no puede ser idéntica, no puede replicar exactamente; de la misma manera, en la construcción del género, siempre hay modificación. La copia de la copia no da un resultado del todo similar, sino desplazado, desencajado con relación a su referente. Algo similar a este proceso hemos analizado en relación con la construcción de una imagen de uno mismo por parte de los sujetos en la era contemporánea.

opera cada vez que se participa de ello. Los actos comunicativos, como se describe en el prefacio de *The Transgender Studies Reader*, se inscriben en lo agonístico, e implican la toma de posiciones y, con esta, la construcción de una relación entre sujetos y de las reglas de esta relación entre sujetos. Esta mala comprensión de Butler está detrás, también, de muchas de las barbaridades que se han dicho sobre las personas trans y su relación con el género. Siguiendo a Butler, cada una de estas manifestaciones del género (partiendo de la performatividad) reifica ese sistema y pertenece, en parte, a él, y es inevitable estar constantemente participando de este lenguaje y estas convenciones.

La percepción en la violencia y el deseo

El origen del género es material, pero el género en sí mismo no lo es: el género surge por necesidad de una materialidad primera, por una determinación ciertamente biológica (que parte de una realidad del cuerpo a partir de la cual construir la ficción, a él relativa, del sexo), y entra inmediatamente en el terreno de lo simbólico, lo lingüístico, lo convencional: se desliga y desvincula de la realidad material que lo precede y provoca. Una mujer no es violentada en la calle por tener vulva: una mujer es violentada en la calle por la imaginación, la mirada que se proyecta en ella y la imagina como ese sujeto receptor y pasivo. Como ejemplo posible para esta argumentación, podemos citar aquí las reflexiones de Merleau-Ponty en *La fenomenología de la percepción* sobre el cuerpo sexuado:

> En una persona normal, un cuerpo no es solamente percibido como un objeto cualquiera, sino que esta percepción objetiva está habitada por una percepción más secreta: el cuerpo visible

> se sustenta en un esquema sexual, estrictamente individual, que acentúa las zonas erógenas, diseña una fisionomía sexual y llama o solicita los gestos del cuerpo masculino, integrado él también a esta totalidad afectiva.[34]

Comprenda bien mi lector que la cita no implica un asentimiento ante las tesis de Merleau-Ponty, y permítame la problematización: creo que, si algo reflejan, es la proyección erótica de un mundo sexual que es el del régimen de la heterosexualidad, y que nos sirven para entender cómo una mujer en general, si es percibida como tal, si es esa la imagen que tenemos de ella, es objeto de una violencia específica.[j] No se trata de que el cuerpo en sí mismo solicite esos gestos del cuerpo masculino, sino de que una cierta subjetividad, un esquema sexual estrictamente individual (pero heredado de un sistema de símbolos e imaginación colectivo) interpreta así ese cuerpo y le otorga, en consecuencia, un sentido.

---

j Mi primera lectura de *Fenomenologías queer*, y de la obra de Sara Ahmed, estuvo precisamente motivada por el deseo de encontrar una aplicación de algunos conceptos de la fenomenología a las teorías queer o a los estudios de género. A mí me parecía tan evidente el lugar que habían de tener las aportaciones de fenomenólogos como Husserl o Merleau-Ponty en estas teorías, o incluso la concepción de la mirada y el sujeto en Sartre con su influencia posterior en Lacan, que me chocó ver cómo la cuestión de la fenomenología tomaba una dirección absolutamente distinta en Ahmed: lo importante no era en la mayoría de los casos el Otro o su mirada, o la manera de ser en el mundo o de ser para el Otro, sino la orientación dentro de un mundo y un espacio.

El análisis del espacio y de la orientación es una cuestión, desde luego, fundamental para la fenomenología (probablemente mucho más importante que aquello que a mí me interesa en estos textos, y más vinculado con la clásica reducción fenomenológica), mientras que lo que yo extraigo de Merleau-Ponty no es más que un apéndice en su obra, una página menor en la que trata un tema para él secundario (como lo es y lo ha sido para la mayoría de los filósofos, subjetividades masculinas, la diferencia sexual). Creo que estos apéndices son importantes, y lo son porque nos acercan al mundo: nos acercan a las cosas, a las realidades, al análisis minucioso, al análisis de la realidad.

La filósofa tiene que salir del extraño solipsismo que la lleva a escribir sobre su posición ante el escritorio y su orientación en su cuarto: la filósofa ha de contemplar cómo las personas se miran entre sí en la calle. El ser humano es *ζῷον πολιτικόν*, ¡nos diría Aristóteles!

¿Cómo encajan en esta conceptualización las mujeres trans? Incluso a una mujer trans con pene se la conceptualiza o se la puede conceptualizar, en muy diversas ocasiones, *como si tuviera vulva,* por lo que sería así receptiva a lo que Merleau-Ponty llama «el esquema sexual» sobre el cual se sustenta el cuerpo visible, aunque provocara un desajuste o *glitch* dentro de este sistema. En el caso de los hombres trans, podemos interpretar un proceso relativamente inverso, con sus evidentes excepciones.

Recordar algunas nociones de Lorber puede ayudarnos a elaborar una categorización de la violencia. Lorber definía el control social generizado, como ya hemos visto, como «la aprobación formal e informal y la recompensa a comportamientos que se ajustan a la norma y la estigmatización, aislamiento social, castigo y tratamiento médico de aquellos comportamientos que no lo hacen». Vamos muy brevemente a examinar cómo puede operar este control social generizado en un sistema fundamentalmente basado en la percepción humana, y en qué dos subtipos podemos clasificar la violencia en función del género. Esta cuestión nos será de un interés particular si queremos, por ejemplo, responder a la tesis según la cual la opresión de las mujeres estaría fundamentada en la realidad biológica y visible del sexo, útil como categoría jurídica al ser fácilmente comprobable en un examen de la realidad. Nuestra respuesta, claro, tendrá que tener el carácter de un desmentido.

La existencia trans contemporánea se debe a un momento histórico dado y a una coyuntura política y geográfica dada que ha permitido en unos individuos la absorción de unos mensajes concretos. Estos mensajes van destinados a cuerpos generizados, sí, pero el distanciamiento con respecto al materialismo primero al que nos referíamos antes (la instancia en la que el género se construye a partir de la capacidad gestante de la hembra) implica que este materialismo primero ha sido olvidado inconscientemente o apartado como un *resto.* La violencia y opresión del sistema de género, es decir, el aspecto inherentemente dominante dentro de su lenguaje de todo lo masculino, no se ejerce porque el hombre o el componente masculino de esta dialéctica recuerde constantemente que el origen de la explotación de la mujer proviene de su capacidad gestante, sino por pura convención y banalidad, por internalización de los mensajes que conllevan una posición de superioridad del hombre dentro de la escala social.

Así, y en contra de lo que propondría la parte transexcluyente del feminismo, la opresión de las mujeres no vendría por la materialidad del sexo hembra o su capacidad gestante, por más que sigan existiendo aparatos de control de esta capacidad, que se verán indudablemente modificados por desarrollos tecnológicos y que siguen constituyendo e implicando una vía necesaria de la lucha feminista. La opresión tendría lugar como efecto de una convención histórica que permite que una pluralidad de cuerpos sea generizada de manera que ocupe la categoría mujer; es decir, que toda una pluralidad de cuerpos visibles se sustente para un individuo dado o para un sujeto dado en un mismo esquema sexual, que diseña una fisionomía íntegra, que no tiene por qué ser necesariamente similar o parecida al cuerpo objetivo (o desnudo) del individuo que se observa.

Esta concepción del género o de los esquemas sexuales según la cual los susodichos reposarían en buena parte en la mirada del otro nos permite explicar de forma más sutil y exacta los mecanismos del deseo y de la orientación sexual, y comprender que, en algunos casos, ese esquema sexual o fisionomía íntegra al cual el individuo asigna unos cuerpos visibles y al cual trata de acomodarlos puede no corresponderse con la realidad, y que la respuesta de distintos sujetos a esa no-correspondencia puede ir desde el rechazo a la aceptación. Sería heterosexual el hombre cuyo esquema sexual o fisionomía íntegra subyacente a los cuerpos visibles que percibe y por los cuales se siente atraído se corresponde con la imagen construida socialmente por la convención de lo que es ser mujer (y, en muchos casos, específicamente, mujer heterosexual), que puede o no incluir la genitalidad para el individuo; podemos repetir la misma tesis, adaptada, para el resto de las orientaciones.

Uno de los debates más curiosos que se han planteado en la actualidad es el de si una mujer lesbiana, por poner un ejemplo, estaría incurriendo en un acto tránsfobo al rechazar a una mujer trans que pudiera en un primer momento haberla atraído. La noción del esquema sexual subyacente que hemos desarrollado a partir de Merleau-Ponty sirve particularmente para dar una respuesta a este tipo de casos. Así, sería absolutamente lógico que se pudiera presuponer de una mujer trans un esquema sexual subyacente que incorporara todas las características que la sociedad identifica con el sexo hembra, incluyendo la presencia de una vulva; el rechazo se produciría al descubrir que la genitalidad no coincide con el esquema sexual que se había presupuesto en un principio.

La genitalidad no es solo de tremenda importancia en la construcción del esquema sexual: también lo es, en muchas ocasiones, dentro de la definición de las orientaciones sexuales, que para deshacerse de prejuicios y odios sociales anteriores han procedido a la reificación e insistencia en los órganos sexuales (con lo que tanto la vulva, en el imaginario lesbiano, como el pene, en el imaginario de los hombres homosexuales, ocupan lugares muy señalados).

A nivel social, es evidente que el rechazo que partiría del descubrimiento de que los genitales de una persona no coinciden con los esperados tiene mucho que ver con la incapacidad para concebir desde un primer momento la existencia de las personas trans o, más bien, de cuerpos no asimilados dentro del estándar. Deconstruir estos presupuestos es complicado, pues son internalizados incluso por las propias personas trans. La genitalidad no es lo único que construye la orientación sexual y menos el deseo, que puede darse de muchas maneras que no la impliquen; veo particularmente estéril cualquier debate que insista, por ejemplo, en que toda mujer lesbiana habría de deconstruir su rechazo a los penes o a la genitalidad que típicamente se ha asociado con el sexo macho. El hecho de que se vea atraída por un esquema sexual subyacente identificado con la mujer que incluye una vulva no hará, tampoco, que el objeto de su deseo incluya necesariamente a hombres trans cuyo esquema sexual subyacente observable sea el identificado con lo macho: el funcionamiento de estos mecanismos es, como podemos ver, bastante complejo.

Creo que es una cuestión que se resuelve, más que otra cosa, con la visibilización de aquellos cuerpos que no encajan en las nociones preconcebidas, que difieren de ese sistema inicial. Por lo tanto, no se es menos o más heterosexual u homosexual por sentir deseo por una persona trans o acostarse con ella, pues lo fundamental en la orientación del deseo sería, predominantemente, hacia qué esquema sexual subyacente nos sentimos atraídos y con qué esquemas sexuales (que no son inmutables y pueden variar de sujeto a sujeto, igual que varía la internalización del género) se elabora el deseo del sujeto, sea cual sea su orientación. Esta misma orientación o direccionalidad del deseo tampoco se erige como algo inmutable: es, de hecho, algo que puede cambiar a lo largo del tiempo y adaptarse según circunstancias dadas. La modificación de aquellos cuerpos que son marcados como deseables no constituye un programa político que afecte exclusivamente a las generaciones venideras, sino que también nos incumbe a quienes ya estamos aquí, definidos como sujetos o cuerpos deseantes.

Si es así en el caso del deseo, aparecen algunos mecanismos parecidos en el caso de la violencia, pues son dos ámbitos que frecuentemente van enlazados. Si asumimos la existencia de los esquemas sexuales y de las «interpretaciones» o «lecturas» que un sujeto puede hacer de otro, tendremos entre manos un sistema en el cual la ambigüedad está hoy en día más presente que hace algunos años. Pero no toda violencia se debe a la ambigüedad o a la incapacidad para interpretar cómo se ubica una persona según los roles generizados o en función de ciertos esquemas. Propongo separar la violencia del género en dos categorías: por una parte, la violencia estructural; por otra, la violencia correctiva. La presencia de la palabra *estructura* no significa, claro, que el segundo tipo de violencia trate casos aislados sin relación entre ellos. Vamos a aclarar las cosas y elaborar estos conceptos. Para ello, trataremos un caso histórico de una (mala) formulación conceptual de la violencia.

Según una crítica de la Alianza Contra el Borrado de las Mujeres, la modificación propuesta por Catalunya en Comú-Podem a la ley catalana sobre violencia contra las mujeres «destruye la base de las leyes específicas de protección a las mujeres de la violencia sexista». Esto sucedería porque la introducción de «conceptos indeterminados» en las leyes (lo cual es un debate legítimo que abordaremos en el sexto capítulo de este ensayo) borraría la concreción y especificidad del sujeto jurídico, y crearía inseguridad jurídica «sobre la base del negacionismo del sexo de las personas» al considerar el sexo «como algo constatable» y, por lo tanto, como categoría clave del derecho antidiscriminatorio.

El problema fundamental es que la categoría del «sexo», como ya hemos examinado antes, no es una realidad objetiva como la del cuerpo ni se trata de una simple imagen sin sesgos. Afirmar que la discriminación se ejerce por razón del sexo es ofrecer una respuesta bastante difusa: no sabemos si se refiere a lo cromosómico, a las gónadas, a los genitales o a las características sexuales secundarias. Si se refiere a lo cromosómico, resulta absurdo que, antes de discriminar o no, la discriminación estructural pida a sus discriminadas una prueba de su distribución cromosómica; en el caso de los genitales, difícilmente puede darse de forma generalizada una discriminación por algo que los seres humanos, en nuestro contexto, tenemos la tendencia a ocultar debajo de múltiples capas de ropa; el caso de los caracteres sexuales secundarios es insatisfactorio, por ambiguo y por insuficientemente diferenciado entre distintos desarrollos sexuales. Finalmente, si a lo que se refieren como «constatable» es a la categoría jurídica de ser, en términos registrales, «hombre» o «mujer», resulta particularmente ridículo considerar que algún tipo de discriminación pueda ejercerse según lo que ponga en un documento oficial y no según toda una serie de causas y efectos sociales que existen mucho más allá de la burocracia. Dejemos atrás el absurdo: lo fundamental, en la discriminación, es que se trata de una relación, de un vínculo entre discriminador y discriminado, que, a su vez, forman parte de ciertas estructuras. Lo importante en este enlace es, con frecuencia, si bien no siempre, la percepción, y lo fundamental en la percepción es el esquema sexual o fisionomía.

Podemos declarar que hay una primera categoría de opresión, discriminación o violencia analizable a través del género, que es la categoría de la violencia estructural, y que se manifiesta como la violencia contra las mujeres. El motivo por el que denomino a esta relación como «estructural» es porque se rige según la estructura en sí misma del género y su funcionamiento como sistema: si bien, a través de distintos desarrollos, el género como lenguaje puede emanciparse de gran parte de sus violencias, su base y su fundamento sigue siendo la dominación masculina sobre las mujeres, y, por lo tanto, se trata de un tipo de violencia que fortalece la estructura ya presente de ese sistema del género. También es aprendido, por ende, en forma de ideología estructural, y no se ejerce contra individuos o hacia casos aislados: forma todo un entramado que induce a los sujetos a concebir a las mujeres como inferiores o subordinadas a los hombres y a tratarlas como tal, o a percibirlas en tanto que objeto de deseo. En el esquema sexual subyacente que pueda llevar a un hombre a violar una mujer, estará, en la enorme mayoría de los casos, una representación de genitales convencionalmente femeninos. Pero esto no implica que ese sea el sexo de la mujer violada... y el hecho de que sus genitales difieran de aquellos que se supondrían por el esquema sexual de su violador no hace que su violencia deje de ser una violencia estructural que fundamenta el mismo sistema del cual forma parte. Sí que introduce un matiz: una región en la cual esta violencia y la violencia correctiva se solapan.

Podemos afirmar que la violencia correctiva es aquella que no tiene necesariamente su fundamento en la división entre hombres y mujeres como relación inherentemente violenta, sino en el hecho de que algunos individuos (en proporciones no excesivamente minoritarias) se desvíen de los guiones y esquemas que deberían seguir en tanto que hombres y mujeres, y llegan a sufrir así lo que se ha denominado como «control social del género». En el caso de una mujer trans violada, pueden solaparse la violencia estructural (aquella de la dominación de las mujeres por los hombres) y la violencia correctiva, pues se busca doblegar y retorcer aquello que se ha desviado de la norma o que, incluso, la ha degenerado, al tratarse de un cuerpo que «tendría que haber sido» masculino y perceptible como tal, y sentirse el violador como engañado y con motivo suficiente para aumentar aún más la intensidad de su violencia. La violencia correctiva, no obstante, no se manifiesta solo en estos casos, y es por ello por lo que podemos distinguirla de la violencia estructural, aunque también entre en un funcionamiento sistémico: bajo este término se reagruparían también las agresiones, microagresiones y distintas formas de maltrato contra lesbianas, homosexuales, bisexuales, mujeres excesivamente masculinas, hombres excesivamente femeninos o incluso, y simplemente, aquellas personas que se atrevan a divergir de aquello marcado como la norma en nuestro momento histórico. No hay una conspiración detrás para mantener en pie estas estructuras: nadie está moviendo los hilos de forma global para que continúen estas violencias; en muchos casos, los gobiernos, por más que las repliquen en su mismo seno, intentan con buena fe corregirlas, remediarlas e incluso prevenirlas. Pero lo terrible de las violencias que encuentran su base en el género es su banalidad: son el fruto de un aprendizaje y de unos roles que contenían en ellos mismos las semillas de los actos violentos, el producto de sociedades que se han dirigido hacia la corrección a través de la violencia y la conservación incluso de lo nocivo. No es en ningún caso ilegítimo clasificar tanto la violencia estructural como la violencia correctiva dentro del paraguas de la violencia de género; más allá de esto, el apego que a veces se exhibe a la categoría «mujer» hace que, más que parecer la descripción de un grupo mayoritario de la población foco de unas violencias específicas, se asemeje a una identidad codiciada y valiosa, lo que hace del feminismo (que tendría que buscar la transformación de esa identidad, y del género en general, para reducir las violencias) un identitarismo en ciernes. Y esta postura identitaria en el feminismo me parece muy criticable.

Si estas dos categorías útiles para examinar la violencia tienen su origen en el género como sistema, vamos a analizar también cuál es el proceso que permite la existencia de ese sistema.

Historicidad y contexto de lo trans

La generización constituye la adquisición de la diferencia sexual, en una ampliación del término habitualmente empleado, pero también la imposición de esa diferencia sexual: no como una imposición que se sucede una sola vez, sino como una que se ejerce y se vuelve a ejercer de manera constante. La generización no es un proceso irrepetible: su condición es, precisamente, la de la repetición y la copia; o, en términos butlerianos, la *iteración*.[35]

No podemos estar de acuerdo, entonces, o al menos no desde esta perspectiva, con la aseveración de Portero según la cual «la condición trans es una realidad material que ha existido siempre, que necesita atención, que tiene una genealogía inmensa y que solo puede negarse desde una perspectiva supremacista, blanca y colonialista»;[36] tampoco podemos ignorar que no es Portero la inventora de este discurso, sino que reproduce la historia oficial propugnada por buena parte del movimiento LGTB asociado, en España, al PSOE. La condición *trans* que nos ocupa, situada en un contexto específico, no tiene una raíz trascendental en la búsqueda de una superación de un sistema de género global, sino en la absorción de unos códigos específicos dentro de un *dialecto del género,* que es el dialecto «hablado» en nuestro contexto europeo.[k]

No podemos emplear categorías que no nos pertenecen para hablar de lo que significa lo trans: es hasta más problemático, pues bordeamos la exotización y transformación en fetiche de culturas cuyo género, en tanto que tecnología o estructura lingüística, opera de forma distinta al nuestro. Si bien el género comparte un origen común, que ya hemos concebido anteriormente como una división sexual del trabajo dada, no lo podemos universalizar como si existiera una experiencia global, concreta y simultánea del género según los estándares europeos: no podemos asimilar expresiones de cómo el género opera en otras culturas, como se ha hecho con los dos espíritus de comunidades indígenas norteamericanas o con los *muxe* de la región zapoteca, a nuestro concepto de lo trans, que obedece a otras lógicas y que se encuentra ubicado en una existencia histórica de desarrollo occidental.

La noción de lo trans solo puede comprenderse en su medicalización y existencia histórica y medicalizada: lo trans es una herencia lingüística del campo anglosajón, en el cual *transexual* es un término popularizado por Harry Benjamin[37] en los años cincuenta, si bien encuentra un antecedente en el alemán *Transsexualismus*

k Comprendo que algún lector podría reprocharme no tocar, en este ensayo, ningún cuestionamiento crítico de la racialización de las personas trans. Insistiré después en que no creo que se tenga que sufrir una opresión para hablar de ella, pero prefiero no entrometerme hablando de la raza o la racialización cuando tantas otras podrían hacerlo mejor y con mayor legitimidad que yo, pues no hay motivo para hablar de absolutamente todo o postularse como todóloga. He conocido, más que otra cosa, a personas trans blancas; el contexto del que yo provengo ha tenido poco contacto (aunque alguno) con la cruda realidad de las mujeres trans racializadas que se veían otrora, e incluso en nuestros días, abocadas a la prostitución. No tengo intención alguna, pues, de hablar por ellas o usurparles la voz. Lo que admito aquí no es solo que las personas de un cierto grupo deban o puedan hablar sobre efectos estructurales de ese subgrupo: quiero decir, llana y simplemente, que no quiero hablar sobre aquello que ignoro o que no conozco demasiado.

de Magnus Hirschfeld[38] en los años veinte (pero cuya República de Weimar nos es infinitamente más lejana, a nivel de imaginario lingüístico y simbólico mayoritario, que los Estados Unidos), y aunque el origen de *transgénero* tiene lugar en los sesenta, cuando John Oliven lo propone como sustitutivo para la palabra *transexual*,[39] es a Leslie Feinberg a quien podemos adjudicar la extensión de *transgender* al terreno de lo adjetival.[40] Hablar de lo trans sin que las categorías de sexo o género aparezcan en la palabra de forma inmediatamente posterior es un fenómeno todavía más reciente: véase cómo han proliferado discursos que hablan alternativamente de «los trans», «las mujeres trans» o «los hombres trans», que construyen un curioso resto en el cuarto excluido «las personas no binarias».

Cuatro proposiciones sobre lo trans

La postura aquí expuesta se basa en una problematización y tematización particular de los postulados de Teresa de Lauretis, que se inspiran a su vez en la noción foucaltiana de la tecnología del sexo para construir una tecnología (o tecnologías) del género y permitir a este concepto ser operativo. El análisis de Lorber nos permitía dividir en distintos aspectos el sistema del género y su vivencia individual; lo que nos ofrece Teresa de Lauretis es una caja de herramientas para comprender ese mismo sistema que ya hemos categorizado y cómo interactúa en la realidad. Un ejercicio similarmente exhaustivo, en comparación con el de De Lauretis, habremos de emprender en relación con lo trans para que el concepto se nos desvele o bien inservible o bien funcional; citamos aquí, pues, y en una traducción propia, las cuatro proposiciones que De Lauretis presenta en su ensayo *Tecnología del género*:

> (1) El género es (una) representación –lo cual no quiere decir que no tenga implicaciones reales o concretas, tanto sociales

como subjetivas, para la vida material de los individuos. Al contrario,

(2) la representación del género es su construcción–, y, en el sentido más simple, puede afirmarse que todo el arte y la alta cultura occidental es el cincelado de la historia de esa construcción.

(3) La construcción del género continúa hoy con tanto bullicio como lo hizo en épocas anteriores, como la victoriana. Y no exclusivamente en aquellos lugares donde uno se lo esperaría –en los medios de comunicación, en las escuelas privadas y públicas, en los juzgados o cortes; en la familia nuclear, extendida o monoparental–: prosigue, para resumir, en lo que Louis Althusser llamó «los aparatos ideológicos del Estado». La construcción del género continúa también, quizá de forma menos evidente, en la academia, en la comunidad intelectual, incluso, en las prácticas vanguardistas y teorías radicales, y, de hecho, especialmente en el feminismo.

(4) Paradójicamente, la construcción del género es también efectuada por su deconstrucción; es decir, por cualquier discurso, feminista u otro, que lo descartaría cual tergiversación ideológica. Pues el género, como lo real, no es solo el efecto de la representación, sino también su exceso, lo que queda fuera del discurso como trauma potencial que puede romper o desestabilizar, si no es contenido, cualquier representación.[41]

Vamos, para concluir este capítulo, a realizar un ejercicio propositivo similar:

(1) Lo trans supone un movimiento simbólico –lo cual no quiere decir que no tenga implicaciones reales o concretas, tanto sociales como subjetivas, para la vida material de los individuos. Al contrario,

(2) el movimiento descrito por la palabra *trans* supone una modificación de la construcción del género–, y, en este sentido, puede hablarse de movimientos o trayectorias trans en un espectro mucho más amplio que el perteneciente al paso de una clase o componente de la dicotomía hombre-mujer a la otra, mediante medicalización o tratamiento en búsqueda de reconocimiento.

(3) Los movimientos o flujos de lo trans se suceden hoy de una forma específicamente histórica y que hemos de tematizar históricamente, pues las tecnologías del cuerpo y las posibilidades de modificación (ciertamente biopolíticas) no se dan de la misma manera que en otras épocas. Los sujetos trans son también sujetos de la misma construcción estándar del género, y su proliferación (la proliferación de las subjetividades trans) debe ser interpretada como una relajación o difuminación de los códigos de definición del género, que se desligan en un momento dado de ciertas nociones de genitalidad y cuyas estructuras de reproducción o *aparatos ideológicos* transforman las subjetividades de sujetos que inicialmente no tenían intención o capacidad de transformar: un cuerpo sexuado de tal forma que lo consideráramos macho y que debería recibir una socialización masculina para adquirir una identificación sexual o identificación de género (términos jurídicamente utilizados de manera intercambiable) puede adquirir una socialización, digamos, «femenina» por efecto diferencial de los medios de comunicación, las escuelas privadas o públicas, la legalidad vigente, la familia nuclear, extendida o monoparental.

(4) Paradójicamente, la construcción del género en el caso de sujetos que han efectuado un movimiento, que es lo máximo que lo trans puede llegar a adjetivar como concepto, es también efectuada por su deconstrucción; es decir, por los mis-

> mos discursos en torno a lo trans o a lo no binario que buscan socavar o abolir esta noción del género a través de una desidentificación con los roles pautados por una época y que determinan cómo y de qué maneras deben comportarse los sujetos identificados bajo uno de los dos grandes componentes de la lógica del género. Pues el género, como lo real, no es solo el efecto de la representación, sino también su exceso, lo que queda fuera del discurso como trauma potencial que puede romper o desestabilizar, si no es contenido, cualquier representación; esta desestabilización de la representación posible no es una abolición o desaparición, sino que estira y moldea de una forma distinta ese sistema del género sin llegar nunca a liberarse de él, pues la tecnología lingüística o tecnología del género tiene una enorme capacidad de adaptación a la resistencia, particularmente en el caso de las democracias liberales representativas capaces de asumir a sujetos *capaces de deconstruir* como sujetos válidos, integrados y plenamente asimilados. En definitiva: no hay nada fuera del género, ni prácticas ni comportamientos que no signifiquen.

Todas esas proposiciones merecerían un desarrollo de extensión bastante mayor; por el momento, nos conformaremos con colocarlos aquí, con la certeza de que la circularidad o semicircularidad de este libro nos permitirá posteriormente volver a ellos o incluso llegar a las mismas conclusiones a través de otros caminos, de senderos distintos. Emplear las palabras de Alana Portero, Janice Raymond, Daniel Bernabé o Richard Rorty y construirme contra (y con) sus postulados me sirve aquí, en este texto concreto, para establecer una diferenciación, para definirme de forma negativa por aquello que no soy: aquí sí que vamos a tomar como nociones de debate los conceptos de lo trans, de la clase, de la mujer, y vamos a hacer el muy abstracto e incluso tremendamente peligroso ejercicio de debatir con los fundamentos mismos que sustentan vidas, que padecen sufrimientos. Debatiremos empleando aquello que para algunas personas, y con razón, pues es imposible negar su dolor, no es debatible: su vida misma, su existencia, la categoría a través de la cual podemos categorizar su existencia; la conceptualización, incluso, de su dolor.

Lo haré con el respeto de quien comparte ciertos rasgos comunes, ciertas similitudes, pero eso no me exime de la torpeza, y no me exculpa: lo haré igualmente. Habrá quienes consideren que abrir esos debates es cruzar una línea roja: ya he explicitado por qué son necesarios; si no tocara esas teclas, no habría libro, no tendría un ensayo, sino que solo podría elaborar un panfleto; los panfletos o las sentencias no me interesan. Si eso no ha quedado ya lo suficientemente claro, aseguro que lo estará después de las páginas que siguen.

Contra la tolerancia y la estadística

Hay un momento particularmente brutal de la escritura (y no hablo aquí de toda, sino exclusivamente de algunos casos concretos) en el cual te das cuenta de que no escribes por placer. Tuve la suerte de no vivir nada parecido con *Reina*: es ese un libro que escribí gustosamente, enamorada de mí misma, presa de la propia materia efervescente que trabajaba; sí me sucede con *Después de lo trans*. Que no interprete nadie mis palabras como la exhibición de una falsa modestia: no, no, nada de eso; no es que crea tener poco que decir sobre las cuestiones que tienen que ver con los conceptos del sexo, del género, de lo trans. Creo que puedo aportar bastante a esos debates contemporáneos concretos, apuntar en algunas direcciones a las que no se está apuntando lo suficiente, añadir matices, tensar las cuerdas. Pero no tendría por qué hacerlo; o, al menos, no yo. Escribir este libro es dar argumentos a las mismas personas de las que me quejaba en las páginas que lo abren; es someterme, lo quiera o no, a las mismas lógicas reduccionistas que van a hacer de toda mi producción una producción trans, una producción lesbiana, una producción femenina, una producción comercializable: follo ('soplar con el fuelle', es decir, dar fuelle, según la RAE; o, también, 'formar o componer en hojas algo'; o 'talar y destruir'; quedará claro, en mi crítica a Paul B. Preciado, que yo no voy a emplear el significado que queda) al mercado y el mercado me folla de vuelta, entendámonos; doy alas a esta lamentable, cof, cof, lógica identitaria que nos apresa.

Si critico esta reducción identitaria, también ofrezco argumentos a quienes perniciosamente buscan munición de la cual valerse contra los discursos más activistas o los individuos más involucrados: mi existencia y mi rechazo de lo trans o mi insistencia en que *no hago otra cosa que no sea escribir, yo tan solo escribo, yo preferiría ser exclusivamente considerada como escritora*, les servirán de argumento contra los mismos que defienden, justicia en mano, que sujetos como yo tenemos derecho a existir. Si no critico esta reducción identitaria, el libro queda cojo, porque no digo nada que merezca la pena, nada que cambie.

Estoy condenada, haga lo que haga: porque la voz que aquí habla *ya está condenada de antemano*. Y, a propósito de esta condena, me gustaría retomar, como si las hiciera también, o al menos en parte, mías, las palabras de Pasolini en su corto tratado pedagógico, en el «Gennariello», contenido en las *Cartas luteranas*:

> La tolerancia, y debes saber esto, es siempre puramente nominal. No conozco ni un solo ejemplo ni un solo caso de tolerancia real. Porque la «tolerancia real» implicaría una contradicción en los términos. El hecho de «tolerar» a alguien es igual a «condenarlo». La tolerancia es una forma más refinada de la condena. Decimos, en efecto, de aquel a quien «toleramos» –consideremos al Negro que tomábamos antes como ejemplo–, que puede hacer lo que le plazca, que tiene pleno derecho

> a seguir su naturaleza, que su pertenencia a una minoría no es en absoluto signo de inferioridad, etcétera. Pero su «diferencia» –o, más bien, su «error de ser diferente»– sigue siendo la misma a ojos de quien ha decidido tolerarla y de quien ha decidido condenarla. Ninguna mayoría podrá nunca borrar de su conciencia el sentimiento de la «diferencia» de las minorías. Será siempre consciente; eternamente, fatalmente consciente. Así, en consecuencia, el Negro podrá ser negro, es decir, vivir libremente su diferencia, incluso fuera del «gueto» físico, material, que le habíamos asignado en las épocas de la represión. Por supuesto.
>
> No obstante, la imagen mental del gueto sobrevive y es indestructible. El Negro será libre, podrá vivir nominalmente sin obstáculos por su diferencia, pero quedará para siempre encerrado en una especie de «gueto mental», y desdichado sea si decide salir: no podrá salir si no es bajo la condición de adoptar el punto de vista y la mentalidad de aquellos que viven fuera del gueto, es decir, de la mayoría. Ninguno de sus sentimientos, de sus gestos, ninguna de sus palabras habrá de tener el «color» de la experiencia específica vivida por alguien cuya subjetividad está encerrada en los límites asignados a una minoría (es decir, en el gueto mental). Debe renegar de sí mismo por completo, y hacer parecer que la experiencia que lleva consigo es una experiencia normal: es decir, mayoritaria.[42]

Vuelvo a insistir sobre ello, retomando prácticamente las mismas palabras del prólogo. Resulta que a la gente LGTB que hacemos cosas (aunque tenga más importancia el hecho de que seamos LGTB que las cosas que hacemos) se nos presta atención en un momento muy concreto, igual que sucede con las mujeres y la «escritura femenina», celebrada nada más llega cada año el ocho de marzo, momento en el cual el mundo parece darse cuenta de que existe la susodicha mitad de la población, como si el resto del tiempo estuviera desaparecida viendo más o menos cómo se seca la pared; esta atención llega, claro, en las fechas del Orgullo. Concedía entrevistas en 2020: me preguntaban, a lo largo de los meses, sobre la literatura queer, la literatura LGTB, mis opiniones sobre lo trans, la última polémica con el feminismo radical, etcétera.

Me he planteado dejar de conceder entrevistas en las que hable de estos temas.[1] No, obviamente, cuando salga este libro: ahí tendré que hablar de lo trans, está claro; pero eventualmente negar cualquier respuesta, no hablar, callarme: adoptar, qué remedio, la apariencia del punto de vista y mentalidad mayoritaria, de los normales, camuflarme, asimilarme; ¿qué hacer con esta diferencia si me rehúso a vivir una vida que esté por ella marcada, si quiero aspirar a más que a ser una representante de una pluralidad, si quiero remarcar principalmente la diferencia que me separa del resto de los individuos y me convierte a mí en *individuo*; olvidar aquello que hace de las distintas identidades o grupos sociales a los que pertenezco categorías identitarias, diferenciadas, diferenciables? Supongo que el lector habrá captado que estaba mintiendo al decir que no habría diálogo en mis disquisiciones: seguro que se ha dado ya cuenta, no obstante, de la fundamental diferencia de

1 Ernesto Castro me replicó que quizá el motivo por el cual la gente no paraba de preguntarme sobre lo trans reposaba precisamente en el hecho de que yo no dejaba de definirme por la negación, es decir, que yo insistía una y otra vez en el hecho de que lo trans no era lo que me ocupaba. Ernesto, claro, no era consciente de que yo, apenas unos meses después, sacaría este libro, y que dentro del sistema mercadotécnico que es hoy en día el mundo editorial el autor se ve también abocado a ejercer la profesión de publicista: negar el interés que tiene lo trans para mí apenas meses antes de sacar un libro sobre lo trans es, sobre todo, plantar las semillas necesarias para que ese libro tenga éxito. La táctica que Castro me propuso, que consistiría en hacerme la tonta y no responder, es lo que yo aquí (antes de que él me dijera nada) ya describía en detalle: cambiar de tema, no responder, no hablar, negar cualquier respuesta, callarme. El propio Ernesto reconoció su *mansplaining*; yo podría resumirlo con la fórmula de Chenoa: «Cuando tú vas, yo vengo de allí. / Cuando yo voy, tú todavía estás aquí».

tono. Barthes, a mi parecer, dice en sus últimas clases en el Collège de France, al comenzar el curso de *La construcción de la novela*, algo que evoca las palabras de Pasolini, apenas unos años después de la muerte de este y a pocos de la suya propia:

> Y, en el caso de [los periódicos gais de Nueva York], el código es incluso más evidente, pues se ocupa de deseos no conformes, al pertenecer al mundo de la homosexualidad. Creo, en efecto, que el hecho mayor de la homosexualidad en nuestra sociedad contemporánea es que la homosexualidad es implacablemente y sin cese recuperada por un código interno a sí misma. En cierto sentido, el código, que es movilizado por los homosexuales en sí mismos, es superior y extensivo a la ley. La ley empuja la homosexualidad al margen, pero en este mismo margen la homosexualidad recrea un código que funciona en su interior como una segunda ley.[43]

No sé para quién estoy escribiendo, pero pocos textos me ha costado tanto producir: con lo que trabajo aquí es con un material árido, áspero, en el cual no encuentro placer, no encuentro instancias de *jouissance*; lleno de cosas que tengo que decir para que mi palabra sirva de algo, pero que no puedo enunciar sin exponerme o sin colocar encima de mí una diana. En fin: allá vamos.

Más del 80 % de las personas trans están condenadas al paro, según las asociaciones LGTBI. Escucharás, lector, esta cifra en todas partes: un ochenta por ciento, ocho de cada diez. La repetirán políticos (Irene Montero, en declaraciones a *Los Desayunos* de La 1, diciendo que los datos «nos hablan de que un 80 % de las personas trans no pueden acceder a un empleo por su condición de ser trans»), la repetirán periodistas (transmitida, incluso, en una nota de la agencia EFE, el verano de 2019, en las fechas del Orgullo), la repetirán divulgadores,[m] la repetirán escritores y la repetirá absolutamente todo el mundo. Pero no es una cifra congruente.

m Sigo encontrándome con nuevas apariciones de esta estadística mientras reviso lo que será el texto final de *Después de lo trans*. El grueso del libro (salvo el capítulo sobre la Veneno, añadido a finales de octubre) quedó finiquitado en agosto de 2020; han pasado dos meses de revisiones y todavía encuentro las mismas referencias en textos publicados en octubre. Así, Rubén Serrano enuncia en *No estamos tan bien* que «a falta de cifras del Instituto Nacional de Estadística, el 85 % de las personas trans está en el paro, según datos de la FELGTB». ¡Qué desolación comprobar que aquella cifra surgida *ex nihilo* hasta ha aumentado desde que empecé a escribir el ensayo! Lo que pido sigue siendo, en definitiva, algo más de rigor.

Declaraciones así son, además, incongruentes con otros momentos o testimonios del libro de Rubén Serrano, como cuando la mujer trans y activista salvadoreña Valeria declara en una entrevista poder realizarse en España como persona independiente y tener «la vida que cualquier ser humano se merece». Es evidente que la discriminación y la violencia siguen existiendo (y que no estamos tan bien), pero un país no puede al mismo tiempo ser baluarte del respeto a la igualdad y la libertad y mantener una tasa de exclusión social como la que exhibe la presunta estadística del 85 %.

El 27 de octubre la organización Médicos del Mundo organizó una campaña con la misma línea argumental: que el 80 % de las mujeres trans (ojo: ¡ya no las personas!) están excluidas del mundo laboral. El 20 de octubre me contactaron para que ayudara en la campaña con algunos mensajes en redes sociales. Respondí que, aun estando de acuerdo con el fondo de la campaña, el mensaje y la intención, no podía difundir algo que insiste en un dato estadístico sin fundamento alguno, surgido de ninguna parte, y les deseé el mayor éxito del mundo.

Recibí una respuesta de Médicos del Mundo el 13 de noviembre en la cual me explicaban que el dato del 80 % estaba basado única y exclusivamente en un diagnóstico participativo de 2018 limitado a un número reducido de personas. Encontré, investigando un poco, un artículo que detallaba algo más las características de ese «diagnóstico participativo»: se trataba de un trabajo de dos años realizado por 33 chicas trans en Barcelona. No es mi intención menospreciar su trabajo, sino simplemente subrayar que, a partir de una muestra de 33 mujeres trans, se ha realizado una extrapolación que no tiene relación alguna con la realidad.

El otro estudio realizado en España sobre la cuestión afirmaba que la población «transexual» de España estaría, en 2009, en alrededor de 2292 personas; en concreto, 1362 mujeres y 660 hombres, y que aumentaría en 67 personas cada año, aunque, según otras estimaciones, el número estaría más bien entre 7000 y 9000. Una muestra de 110 mujeres transexuales y 43 hombres transexuales, estudiada por la Universidad de Málaga, y en la cual un 25 % eran personas extranjeras, arrojaba una tasa de paro «de más del 35 %». El mismo estudio menciona que la Federación Estatal de Lesbianas, Gais, Transexuales y Bisexuales afirma que la tasa rondaría el 70 %, pero esta afirmación tampoco tiene un verdadero fundamento estadístico. Podemos concluir que, según el estudio realizado con mayor muestra, y aunque este mismo sea criticable, la tasa de paro que estadísticamente tendríamos que manejar estaría, en 2009, más cerca del 35 % que del 80 %, y por condiciones socioeconómicas podemos también suponer que esta tasa de paro habrá descendido.

Si antes dije que lo trans solo puede tener sentido como marco adjetival, ahora he de aportar algunos matices: la noción de lo trans no puede describir a un colectivo demográficamente o sociológicamente coherente; no existe una equivalencia entre las personas trans mayores que viven en la calle y la juventud trans que se puede asimilar a una relativa normalidad, que alcanza una estandarización o *passing*. La estadística según la cual el 80 % de las personas trans están condenadas al paro es falsa: surge de la nada como instrumento argumentativo a través del cual construir unas víctimas. Según el informe *Being trans in the European Union: Comparative analysis of EU LGBT survey data*,[44] la mitad (en toda la Unión Europea, insisto) tienen trabajo y una de cada cuatro personas trans es estudiante. Una de cada ocho personas trans está en paro y un pequeño segmento hace trabajos no pagados, voluntariado o está jubilada. Hay una pequeñísima diferencia entre decir que ocho de cada diez personas están condenadas al paro y decir que una de cada ocho personas está en paro; es, también, la diferencia entre la estadística más o menos real y la imaginación.

Problematicemos todavía más, ya que tenemos el estudio entre manos. Según el desglose de las subidentidades dentro de las personas trans que respondieron a la encuesta, un 16 % se consideraba transgénero, un 18 % transexual, un 6 % mujer con pasado transexual, un 3 % hombre con pasado transexual, un 8 % *gender variant*, un 10 % travesti, un 15 % queer y un 25 % *otro*.

Me encantaría que alguien me explicara la congruencia sociológica y estadística de incluir a todas esas personas en un mismo saco, sin entrar ya en lo que he establecido como diferencias dentro de una única categoría de lo trans.

Me encantaría, también, que alguien me justificara cómo puede producirse una variación tan brutal en relación con los supuestos datos españoles que hablarían de ese 80 % de paro entre las personas trans, y de qué personas trans estamos hablando, y en qué encuesta de identificación han participado, y qué porcentaje de la población se calcula que es trans, y qué entra en esa definición de lo trans.

Me encantaría poder preparar un ensayo con toda esa información: no la tengo, así que no puedo hacerlo; sí que puedo, no obstante, criticar los sinsentidos que estructuran decenas de artículos.

¿Nadie ha buscado estos datos en Google? ¿Nadie se ha preguntado por las metodologías? Por cierto: según el mismo estudio, el índice más alto de apertura (en el sentido de apertura en relación con el hecho de ser trans, de haber contado el hecho de ser trans a compañeros, amigos, familia) en la esfera profesional se encuentra, entre otros países, en España. Que alguien intente relatarme la congruencia entre todos estos enunciados.

Me parece de una crueldad supina este rodillo conceptual interesado: es una manera de aparentar una supuesta igualdad entre todas las personas presuntamente reagrupadas por un mismo concepto que no existe. Es una manera de invisibilizar las estructuras de opresión de la clase, de la raza, del género, de la edad. Y no puedo tolerar que alguien nos diga a mí y a una mujer trans de sesenta años, torturada y malviviente, que ambas estamos condenadas a figurar dentro de la misma estadística, que las dos entramos en un colectivo que tiene una tasa del ochenta por ciento de paro, que matemáticamente conformamos una muestra coherente. Sé que la mayoría de quienes lo afirmen lo harán con buena intención: la buena intención de quien se despoja de la culpa aparentando compasión por los oprimidos. Volviendo a Pasolini, no necesito ni aspiro a la compasión, no necesito ni aspiro a la pena, rechazo visceralmente la posición de culpa: no quiero vuestra tolerancia ni en pintura, menos aún la hipocresía que detrás de ella se esconde.[n]

n En un capítulo posterior a este analizaré algunos textos del feminismo filosófico. Lo importante aquí es que en uno de esos textos se habla de una *identidad estratégica-mujeres* como sujeto del feminismo. Del mismo modo, si aquí considero que conceptualmente

Si tuviera que resumir el juego, nombrar sus modalidades o reglas, diría que consiste en un campeonato en el cual nos prohibís participar en las ligas mayores, en la competición seria, formal, en la copa; estamos quienes quedamos relegadas a mesa y menú infantiles, a trastear con el mismo tema una y otra vez, a ajustarnos a vuesas mercedes con sus voluntades mercadotécnicas, y luego están quienes escriben literatura o, más bien, Literatura con mayúsculas: los grandes temas, la experimentación formal, la trascendentalidad, el cielo de los nombres, la gloria, el sentido de lo universal revelado a través de lo particular.[o]

No perdonaréis que suscriba las malas palabras de la apócrifa Teresa de Jesús que construye Cristina Morales cuando afirma que «[irse] es vencer. Construir un monasterio sin permiso e [irse] a una celda sin colchones y con goteras es vencer»;[45] que debutara con un libro imperfecto cuyo interés reposaba única y estrictamen-

lo trans no es un marco válido, y en lo personal me gustaría estar cuanto más alejada mejor de ello, e incluso concibo que se trata de un mecanismo hipócrita de validación e inserción en el marco de las democracias liberales, sí que puede tener una evidente utilidad política emplear una *identidad estratégica-trans* para construir una coalición sin pies ni cabeza (a nivel teórico) que, sin embargo, mejore la vida de bastantes personas. Todas las identidades, no solo las estratégicas, son ficciones compartidas (por ende, convenciones) que la teorización o los conceptos no tienen por qué validar, sino, simple y llanamente, tomar como objeto de análisis. Lo trans no tiene, como concepto, la coherencia que a mí me gustaría..., pero eso, a nivel político, importa más bien poco. La hipocresía campará a sus anchas después de que saque este texto: ya sabemos, lector, que los libros no hacen nada y nada sucede nunca.

o Este es un párrafo relativamente tramposo, más que nada por su violencia: soy consciente de que no hay ningún culpable individual, y de que apelar a la conciencia de cada uno de los lectores es bien inútil. Los mecanismos del poder y del mercado operan sin actos voluntarios, de forma parecida a como lo hace el género: no podemos achacar el auge de la autoficción o el relativo éxito de algunas figuras de mujeres jóvenes escritoras en la actualidad a un contubernio judeomasónico, sino a una adaptación del mercado que busca mayor eficiencia. No hay tal cosa como una trampa de la diversidad: como ya he dicho en algunas ocasiones, incluso el escritor francés Michel Houellebecq construye sus novelas en torno a un identitarismo, y de un identitarismo muy brutal que permite su éxito; lo único particular es que es un identitarismo masculino, lo cual ya, para algunos pensadores sin muchas luces, lo despojaría de su identidad particular. Gran parte de la izquierda que se cree no-identitaria es igual de identitarista y gregaria que las demás: es la identidad del mono azul.

te en lo metaliterario, en el examen y construcción del libro en sí mismo; que no me reconozca en mi yo de 2016, ni de 2017, ni de 2018 ni de 2019, y ni siquiera en el de 2020; que no quiera ser cara visible de ningún movimiento, que lo trans para mí signifique una ligera desviación trimestral de la rutina, que aspire al trono universal y al mismo cielo de los nombres al que aspiran mis coetáneos masculinos; que prefiera la decisión individual, privilegiada e individualista del olvido; que no me importe, que me dé igual. Y esto es algo que tendrías que tener en cuenta mientras lees este ensayo, lector: gran parte del contenido aquí tratado me da igual.

Me produce interés como material teórico, como cuestiones a tratar: exactamente el mismo que si nos pusiéramos a hablar del concepto de angustia en Lacan y el miedo a la castración; quizás, incluso, un poco menos, porque a lo mejor me interesa un poco más Lacan (con todas sus generalidades) que la materia y el estudio de lo trans. Yo no sufro las discriminaciones que aquí relato.

Por darme igual, me da igual incluso el acoso en línea, sea desde sectores de la extrema derecha o por parte de grupos tránsfobos organizados: vivo feliz en París con mi pareja y pasamos, mientras te escribo, unos días idílicos de final de verano, que podrían perfectamente conformar las secuencias de alguna película perdida entre los cuentos morales de Rohmer. Escribo esto por un ejercicio de empatía y por cierta deuda histórica. Empatía con aquellas personas trans para quienes estas cuestiones sí son importantes, sí significan todavía en sus vidas, o incluso no podrán dejar de significar.

¿A qué me refiero con la segunda parte, con la deuda histórica? A un cierto sentimiento de *obligación*: tú quieres que escriba este texto, quieres leerlo, quieres saber qué opino yo, qué siento yo, qué pienso yo. En cuanto a lo de opinar, algunas opiniones tengo, y pienso muchas cosas que voy desgranando, que estoy desgranando todo el tiempo; sentir, sobre esto, no siento nada, porque mis sentires los ocupan otras cosas que me importan mucho más, que me transmiten mucho más, y que son la razón por la cual puedo contar las páginas de poesía que he escrito sobre la cuestión trans con los dedos de una mano.

Fíjate en lo ególatra que se tiene que ser como para afirmar que el mundo necesita tu texto, como para afirmar que el estudio del concepto de lo trans requiere que tú vengas aquí a poner orden: pues algo así, o, al menos, algo parecido, es lo que estoy afirmando sin querer afirmarlo. No creo estar diciendo nada novedoso ni tener una metodología de un rigor apabullante: simplemente he atado cabos en mi cabeza, he unido conceptos con otros, he pensado cosas en conjunto y he intentado no dejarme llevar por la tentación de la ortodoxia. He buscado un punto medio entre ser metódica y ser interesante; entre escribir algo serio, que contribuya a un debate y lo avive, y, al mismo tiempo, elaborar literatura.

Empatía y deuda histórica, sí. Pero aporto un matiz final: lo escribo, sobre todo, para que me dejes en paz. Escribo este libro para que, finalmente, no vuelvas a preguntarme, lector, ni tú ni nadie como tú, sobre lo trans, sobre mi concepción de lo trans, sobre mi parecer en mil debates que no me interesan. Lo escribo para poder, después, escribir libremente a partir de aquello sobre lo cual sí que quiero escribir. Ojalá lo consiga: podré decir entonces que el mismo texto que define mi condena es el que me otorga la libertad. Y volveré, en fin, a escribir por, para y buscando el placer.

Teología trans:
el evangelio de la Veneno
según Valeria Vegas
(y los Javis)

1

La primera imagen que vemos de la Veneno es la imagen de un mito maduro en el momento mismo de su génesis: la mirada de una jovencísima Valeria Vegas (antes de su tránsito, en el primer lustro de su vida) anticipa aquello que la Cristina entrevistada dentro del televisor todavía no es, en lo cual no se ha convertido, pero en lo que se transformará como consecuencia de su contexto y del discurso propagado a su alrededor; una referencia para su construcción imaginaria, una posibilidad, una estrategia del ser.

Kundera, en *El arte de la novela,* identifica el nacimiento de la novela occidental con la división de la Verdad divina en una multitud de verdades relativas, coincidente en el tiempo con los albores de la Edad Moderna. El ser humano busca juzgar antes que comprender, y funda así las religiones y las ideologías: al contrario que con la novela, no hay interpretación posible ni ambigüedad. En consecuencia, lo que Orwell dice en sus novelas «podría haber sido dicho igual de bien (o incluso mucho mejor) en un ensayo o en un panfleto»: la novela examina una incertidumbre del ser, explora la condición humana; pero no es texto religioso, mitología nacional, adoctrinamiento.

La vida es como el juego *Snake*: empezar chiquitito, comer, hacerse grande, observar cómo todo se vuelve más difícil, el espacio no cambia y un día ya no cabes (cuatro paredes: la cárcel del género, la diferencia sexual; el símil se vuelve explícito con la aparición mariana e inmediata, de espaldas e iluminada por las luces de un coche, en cámara lenta, de la Veneno). La realidad vuelve inmediatamente a su recorrido o posibilidad como imagen: una Valeria Vegas posadolescente empapela su pared con fotografías de la Veneno.

La distancia de las imágenes choca con la ternura en el tratamiento de la Faela Sainz de Lola Dueñas (envuelta, a su vez, en un pastiche de influencia almodovariana); todo lo que rodea a la Valeria Vegas de principios de los 2000, desde nuestro encuentro inicial con los ojos de un niño que observa el tabú, está construido para que veamos al personaje como quien observa a un corderito inocente, puro, exculpado (suena *Dreams,* de The Cranberries). Sigamos con la serie: démonos cuenta, apenas algunos minutos después del discurso sobre el jueguito y la serpiente, de que cada momento discursivo del capítulo avanza en una misma dirección. La problemática es que no se trata de una dirección narrativa, sino de un pensamiento o de una idea. El recurso está ya trillado: el discurso diegético es discurso extradiegético, es paratexto para el mito o historia que aquí se está narrando.

La profesora, que después ayudará a Valeria en la publicación de las memorias de Cristina Ortiz (alias la Veneno), cita la obra de Elisabeth Noelle-Neumann para explicar «la opinión pública como una forma de control social, en la que los individuos adaptan su comportamiento a las actitudes predominantes sobre lo que es aceptable y lo que no; la sociedad amenaza con el aislamiento a aquellos individuos que expresan posiciones contrarias a las mayoritarias». Si la pregunta que subyace a la verbalización de esa teoría política de la comunicación está relacionada con el papel de los medios al fabricar el discurso de la sociedad, podemos interpretar *Veneno* como una reformulación de aquello que los medios de comunicación hicieron con una persona en un momento dado de la historia. ¿Es acaso más cruel convertir a una muerta en diosa que hacer de una viva un bufón de corte? La Veneno, después de esta serie, no es humana, ni volverá a serlo: la emoción que sienta el espectador no será la emoción ante lo humano o el ser de lo humano, ante el dolor de su subjetividad, sino la representación y catarsis de unos pecados colectivos como sociedad hacia un subgrupo, una minoría, un colectivo. La Veneno muere por nuestros pecados. La Veneno se destruyó a sí misma por nosotras. La Veneno es la Madre de todas (¿quiénes somos todas?), es la magia, es el hada que se clava en la mirada: es una imagen en repetición, un virus, un ídolo (y el *eidôlon* griego: la sombra de una muerta, pues todos sabemos de antemano que la Veneno murió en 2016, pero también la forma de Platón de nombrar a las imágenes, en concreto a una réplica, una imitación, una copia).

El conflicto, en el primer capítulo, es la conversión o no de la Veneno en imagen mediatizada o *eidôlon*; Faela conserva la cinta que convierte a su objeto en objeto para los demás, para todos, para millones, en personaje público, en historia a contar; la cinta falsa, con la que da el cambiazo, es destruida por otro grupo de prostitutas (¿sería lo adecuado decir aquí travestis?) del parque del Oeste: «A ninguna de nosotras [se nos graba]». No es solo la aparición del margen: también es una oportunidad de conservar la intimidad y de escapar de la prisión de ser objeto. Nos encontramos frente a frente con la crueldad involucrada en hacer de un ser vivo (de una persona con *dignidad*, al fin y al cabo) una imagen, una proyección. La música, cuando se descubre que la cinta se ha conservado, que la Veneno podrá existir *para* la televisión, concede y explicita la victoria triunfal. Faela llega a su casa, observa a su familia: es nuestra heroína, porque es ella quien permite que el mito de la Veneno pueda contarse; es la primera narradora, el primer apóstol.

Valeria descubre que es Valeria. Las palabras que diga la Veneno (pues estos son sus evangelios), aunque problematizables, se asumen como la voz o la verdad de un referente: «Porque si tú lo eres, lo vas a ser siempre; porque esto se lleva dentro, desde que una nace». Por tóxica, mezquina, destructiva o mentirosa que ella fuera o llegara a ser, la divinidad externa consigue extirpar la responsabilidad moral. La serie nos ofrece un discurso y una idea (que no se discuten, que no se contraponen a otras nuevas) sobre lo trans: lo trans se lleva dentro, desde el nacimiento (¿será una cuestión de biología?); hemos de corregir, mediante el cuerpo, la discordancia en el alma. No hay pecado en que la Veneno pronuncie estos discursos: también dijo que era un hombre, y dudo mucho de que jamás empleara la palabra trans, que sí se pone en su boca en la serie; los mitos requieren anacronismos. El problema está en que no hay discusión: no hay otro discurso. A un instrumento de comunicación, y esta serie es uno, se le ha de exigir una cierta responsabilidad. He aquí lo trans, he aquí su historia, he aquí su mártir. Bienvenidos a *Veneno*; su caída servirá para elevarla más, gracias a todas las que la han cosificado, convertido en una imagen y construido un discurso a su alrededor. Y no olvidemos que la misma elaboración de la serie continúa ese proceso: de hecho, lo finiquita. Javier Calvo y Javier Ambrossi se ligan a sí mismos para siempre a la figura de la Veneno; más bien al revés, Javier Calvo y Javier Ambrossi ligan para siempre la figura de la Veneno a ellos mismos.

Resolvamos el primer capítulo, catarsis emocional mediante, con un despliegue triunfal de música de cuerdas, instrumentos de viento, empatía, luz, voz en *off*: la sororidad vencerá en pos del progreso y la superación histórica. La responsabilidad de una ficción basada en hechos reales está determinada por las cadenas de consecuencialidad que produce. El mensaje de *Veneno* hace de su icono, su emperatriz, su faraona, su ídolo, la responsable de la adquisición de derechos por parte de todo el colectivo trans. Si ella no lo hubiera sacrificado todo convirtiéndose en una imagen, quizá las demás no habrían nunca escapado de la marginalidad: la Veneno acabó en un sofá, llena de sangre, para redimirnos de nuestros pecados.

«A mí, desde luego, me salvó». Y, con esta serie, performativamente, nos salvará a todas.

2

Relación del discurso con la imagen: cuatro mil putas en la procesión del parque del Oeste. Como volverán a hacer después, el escenario (por tanto, el formato) en el cual se cuenta la historia se funde con el escenario mismo en el que tuvo lugar. La Veneno dice «mira» y apunta: nosotros, en consecuencia, observamos la realidad que describe. La mejor metáfora es bíblica; pero la Veneno es, a la vez, Jesucristo (en su dimensión de mártir, en su sacrificio para poder dar lugar a la cadena de consecuencialidad, en la necesidad de su caída, muerte, desaparición, resurrección); Espíritu Santo que habitará en todas las mujeres trans posteriores a ella, salvándolas, permitiéndoles existir; Dios, como objeto de culto, como origen de la palabra, como inspiración divina de la palabra; incluso Madre de todas, Virgen María, aparición rodeada de ángeles. En definitiva, la protagonista de un libro de ciencia ficción: una marciana.

Nació el 19 de marzo de 1964, la noche de San José, bajo el canto de una serenata. Los ojos abiertos, brillantes: «Este niño está destinado a conquistar con la mirada», dice su abuela mirando a cámara. Este niño perderá su humanidad: la mujer que de él nazca será para siempre una imagen; la función de su mirada es que nos demos cuenta de que somos nosotros quienes lo miramos.

¿Cuándo supiste que eras una mujer? «De toda la vida. Me ponía los vestidos de mi madre, me pintaba, me ponía los zapatos de tacón». El relato de la vida de las personas LGTB en el mundo rural es de una crudeza sobrecogedora (y vuelven, otra vez, los ecos almodovarianos); la única resolución posible es la huida a la ciudad, a un mundo mejor fuera de cuatro paredes demasiado estrechas en las que toda violencia está justificada. Como las palomas: exactamente como las palomas.

¿Cuál es la identificación posible entre una mujer maltratada por su madre, su pueblo, su mundo, y una mujer que se ve aceptada por la suya cuando afirma su identidad? ¿En qué son estas dos mujeres la misma mujer, cómo sufren juntas, cómo les duele el mundo en una primera persona del plural más allá del miedo de la segunda a ser o haber podido ser la primera? La crueldad de la sangre en el cuerpo es también la crueldad de la familia: la del tío que al fin fue feliz tras pasar treinta años sin vida; la sangre de quien se fue. Vete. Huye: Madrid será lo que siempre has soñado, la ciudad que te enseñe quién eres.

Y la llamada final, claro, es emocionante, por masticados, burdos o evidentes que resulten los recursos empleados (o, precisamente, a causa de ello: hace bien mi apreciado Pablo Muñoz al hablar de la vocación pavloviana en la emocionalidad de los Javis, que nos enseñan siempre unas maneras específicas de sacar la lagrimilla, sentir ternura o suscitar un nudo en el pecho): la Veneno llama a la casa de quien la salvó y se ocupó de ella cuando su madre, negligente, solo ejercía y replicaba la misma violencia del exterior; la persona a la que quería llamar ya está muerta, ya no existe: ha desaparecido la posibilidad del agradecimiento. Pero vuelan las palomas, vuela el Espíritu Santo... y resolvemos mediante otro clímax con música dramática. «Somos mujeres para las que el mundo es peligroso»: ¿lo son todos los mundos?

Ya sabíamos, con su acogida, que el proyecto de los Javis había resultado tremendamente exitoso. La serie, como *producto* audiovisual, funciona a las mil maravillas: sus directores, fuera del registro cómico que caracterizaba *Paquita Salas*, son igual de hábiles a la hora de accionar las teclas que emocionan al más amplio número de espectadores posible. El viaje de nuestras heroínas queda bien retratado, la solidaridad está presente, la transmisión generacional se anuncia como ficción asumida. Es lo que tienen los ultraprocesados.

3

La historia de Valeria Vegas es un cuento de hadas de aristas en ocasiones incongruentes. El discurso explícito sobre lo trans en la serie giraba en torno a la biología o la justificación por la genética, como algo que una lleva consigo desde la más temprana edad. Manteniendo esto en mente, observemos que se construye la identidad de la Veneno (aún adolescente) a través de su mirada dirigida al coito entre un hombre y una mujer (y cómo se imagina siendo conquistada por el hombre, siendo su objeto de deseo, siendo manipulada por él, follando con él, siendo penetrada por él), a través del coño que moldea en masa de pan. Observemos cómo, en contrapunto al discurso biológico o esencialista de lo trans, el personaje de Valeria cuestiona la necesidad u obligación de la vaginoplastia, criticando que los médicos den por hecho los procedimientos o lo que ella ha de desear. Curiosa diferencia con la realidad: Valeria Vegas, y esta vez no el personaje, sino la persona de carne y hueso, la periodista, escribe en su ensayo *Vestidas de azul*:

> Otro término, asimilado en nuestro país muy recientemente y que en ocasiones los medios emplean de manera incorrecta, es el de transgénero como sinónimo de transexualidad, al considerar erróneamente que este último resulta ofensivo o está en

> desuso. Lo que tienen en común es que la persona transgénero tampoco se siente acorde con su sexo biológico al nacer, pero no siente el deseo de pasar por una cirugía de reasignación sexual, y su orientación sexual es indiferente del sexo al que desea pertenecer. Es decir, no es cisgénero, al no estar conforme con su sexo asignado, pero no tiene necesidad de adentrarse en un proceso transexualizador a través de tratamientos hormonales o cirugías.

En este caso, la ficción sirve para construir ángeles. Sepa el lector *woke* que la deuteragonista de *Veneno*, Valeria Vegas, en carne y hueso, desaprobaría el rechazo criticón de su personaje a la palabra *transexual*, arguyendo que considerarla inadecuada o en desuso sería un error: la transexualidad, en la concepción que de ella tiene la auténtica Valeria Vegas, es un fenómeno bien diferenciado de lo transgénero, e implica necesariamente pasar por ciertos aros que la Valeria Vegas ficticia pone en cuestión dentro de la serie.

4

Cuando la Veneno le entrega un vestido a Valeria, reconstruye una correa de transmisión de la identidad fundamentada en el deseo masculino como ojo que fabrica a la mujer; y, muy concretamente, a la mujer trans. Asistimos a la misma repetición visual simbolizada al final del capítulo 3, *Acaríciame*: el momento de comunión y simultaneidad entre las dos sucede a través del sexo, el placer y el goce heterosexual con un hombre; la pantalla se divide para confundir a Valeria con Cristina, a la Veneno con Valeria. La misma Veneno a la cual el comienzo de su tránsito obliga a ejercer la prostitución (al perder su trabajo en un hospital) transmite tal idea en un tiempo futuro: las posibilidades de existir de una mujer trans estarán permanente ligadas a si resulta atractiva para los hombres o si puede comportarse ante ellos como un *putón*.

La escena del polígrafo de la Veneno es la segunda caída en desgracia de un personaje que no puede construirse a través de la dignidad o de la verdad. Un abismo imposible separa al mito de la realidad o de la posibilidad de la realidad, aunque ambos se conviertan en ficciones. En dos secuencias entremezcladas, la canción homónima de Los Chunguitos fusiona el nacimiento del mito (ella, arrancándole un pezón a otra prostituta y después cogiendo la misma hoz con la que segaba de pequeña para perseguir, *empoderándose*, a los grupos de neonazis que iban a por ellas) con la autodestrucción de Cristina, enfrentada a su ex-pareja, el maltratador que la estafó: la serie no tiene problema en hacer lo que le da la gana con los registros, en ocasiones acarreando graves problemas de tono. La misma Cristina de guerra y hoz en mano, cual reverso tenebroso de la gallardía, temple y honor de nuestros mitos nacionales, se derrumba, sola, para caer: lo fundamental es que el mito necesita de las sombras para realzarse. Un semblante de la realidad está aquí contado, pero a nadie le importará después. Cristina se defiende de la ficción que alrededor de ella se construye.

5

«La gente no quiere escuchar mis canciones. La gente quiere escuchar una canción. Y ni siquiera la quiere escuchar entera. [...] Veneno, ten cuidado con la tele. La tele te va a pedir estribillo. Y si les das estribillo, te quedas en eso», le dice a Cristina un tierno Juan Antonio Canta interpretado por Nacho Vigalondo. La Veneno es reemplazable porque es sustituible: porque hay más putas transexuales que pueden cumplir, para la televisión, un papel de escándalo controlado parecido. Si la Veneno es sustituible, llegando al punto de ver a otra puta transexual ser entrevistada en televisión por Pepe Navarro, ¿puede acaso ser madre y causa de todas? La crueldad se resume en fórmulas o ficciones matemáticas: las de la economía, el dinero, el capital. Pero la serie ignora las opresiones o cadenas estructurales que se suceden: no vincula necesariamente los males al capitalismo, no señala con claridad a los responsables; la culpa parece caer, más bien, del lado de toda la humanidad, del de todos los individuos que participarán en y permitirán cada uno de los acontecimientos que vivirá la Veneno. La misma madre de Cristina, que se niega a mirarla, acude una segunda vez al programa; justifica su conducta con aquella a quien ella llama Joselito con la excusa del maltrato sufrido, en la infancia, por parte de su padre. Se cierra el círculo abierto con la salida del armario de Valeria ante la suya: una hija y una madre que se quieren contra una hija y una madre que están dispuestas a destrozarse mutuamente.

El plató se derrumba y la Veneno sujeta al *Agnus Dei*, ya después del suicidio de Juan Antonio. Cristina la Veneno, que quitas el pecado del mundo: ten piedad de nosotras. *Cristina a través del espejo* se despoja del marco que posibilita la narración global de la serie: la redacción que hace Valeria Vegas de las memorias de la Veneno (pues no es esta una ficcionalización del libro de Valeria, sino el relato de la construcción misma de ese libro: perdónenme la *boutade*, pero el viaje es casi una versión fantoche y *woke* de lo proustiano). Es, quizás, el capítulo que más justicia haga por el personaje, y lo más valioso que los Javis puedan aportarle: la misma televisión que hará de ella un símbolo y un icono fue responsable de su dolor. La construcción (teológica o teleológica) prosigue, desde luego, pero la serie no vuelve a alcanzar unas cotas de sinceridad como las presentes en el quinto capítulo: no puede hacerlo, precisamente, porque también participa de técnicas de manipulación muy similares a las que denuncia. Todos estos procesos son crueles; tenemos, no obstante, la oportunidad de ver que Cristina era humana, que quiso el amor de su madre hasta el final, que quiso el amor de todos. Quizás esta justicia, por relativa que sea, merezca la pena. Alguna concesión habremos de hacer.

6

El discurso de Paca la Piraña al principio del capítulo seis hace referencia a la suerte, pero funciona más bien como mecanismo para desarmar los factores estructurales de la discriminación, contraponiendo las existencias del par Valeria y Veneno. Si nos adscribimos a la diferencia de la suerte, habremos de ignorar cuáles son las cadenas de consecuencialidad que provocan que estas dos mujeres trans tengan unos recorridos vitales tan distintos. Y, sin embargo, extraer esos factores y analizarlos no resulta complicado: que la Veneno provenga de un pueblo, Adra, es un factor de discriminación distinto al origen urbano de Valeria. También lo es el momento histórico: Veneno emprende su camino cuando no existe legalidad alguna que ampare a las personas trans; Valeria lo hará en el momento en el que esa misma injusticia se corrige de manera relativa a través de la ley. El apoyo familiar, o más bien su ausencia, es otro factor de discriminación. Y es que, al fin y al cabo, la discriminación reside en la diferencia: en las distancias o abismos que separan a estas dos mujeres, por el discurso de la serie igualadas (falsamente). ¿Están acaso atadas por una misma cuerda? No: no se trata de un fatalismo, sino de una concatenación de circunstancias. Ignorarlas es violento, porque también supone asumir que, asegurando la existencia posible de personas trans futuras, se repararán los daños históricos que se han hecho a quienes las precedieron: no toda violencia es unívoca.

La suerte de Valeria, si en estos términos hemos de definirla, llega a tal extremo que la mayor afrenta expuesta en una cena navideña con sus suegros es que la madre de su novio haga referencia a la incapacidad de Valeria para gestar. Esa violencia discursiva, si es que acaso es violencia, no es en absoluto comparable con todo lo sufrido por Cristina. Y, sin embargo, la serie no solo compara constantemente a ambas: las hermana, las asimila. ¿Cuál es la relación que establece el vínculo entre las mujeres trans o las personas trans propuesto por la serie, elaborado a través de un *nosotras*? ¿Se trata de una genuina relación de sororidad? ¿De qué tipo son esos lazos? La supuesta correa de transmisión de generación en generación obvia, otra vez, las estructuras que subyacen a las historias de cada uno de estos personajes. No es lo mismo ser feliz, como supondríamos a partir del discurso de la serie que en el fondo fue Cristina, que ser adicta a las benzodiacepinas o ser un cuerpo dependiente de las drogas. No es legítimo propagar tan burdamente un discurso de superación personal, de cómo querer sería poder, de cómo un individualismo exacerbado y neoliberal puede superarlo todo. El gran problema de *Veneno* es cómo, sistemáticamente, desplaza el foco de la violencia o lo difumina de maneras sutiles. En un *travelling* particularmente abyecto, el perro de la Veneno arde en un microondas mientras ella se pelea con su novio italiano. Mientras tanto, Valeria goza de su relación sana. El perro, como fetiche, concentra toda la violencia de la escena, acapara la atención y nos distrae a la hora de concebir cómo se ejecutan los actos violentos; la intensidad de un perro que muere (en un plano que, con buen tino, se ha comparado con el *travelling* de *Kapo*, cuando Riva se suicida en un campo de concentración tirándose contra unas concertinas electrificadas: ¿merecen quienes deciden en momentos así hacer *travellings*, como dijo Rivette, nuestro más profundo desprecio?) aleja la intensidad con la que se golpea a Cristina: si acaso el perro es una metáfora, un símbolo, es difícil que desdoblemos a Cristina y la veamos al mismo tiempo a ella como referente y objeto violentado... y al perro que muere, arde y exige que nos agitemos, que nos revolvamos sin sutilezas.

No puede enunciarse que, vengamos de donde vengamos, de alguna manera, todas somos la misma. No puede enunciarse sin estar ocultando una violencia inaudita: compartiremos nuestra incapacidad gestante, compartiremos algunas experiencias en la infancia (y solo quizá), compartiremos miedos, imaginarios, pero no podremos ser la misma. Porque yo no tuve, por exclusión laboral, que empezar a prostituirme; porque yo no tuve que acceder a hormonas de forma clandestina; porque a mí nunca me agredieron con una violencia de tal intensidad.

Debe ser bello, no obstante, observar cómo cuentan tu historia. Tiene que ser bonito escuchar a mujeres trans jóvenes solidarizarse de esta manera contigo, abrazarte. Si hablamos estrictamente de dar trabajo, de conceder oportunidades, nadie ha hecho tanto por las mujeres trans en el mundo de lo audiovisual como los Javis (¿y acaso han hecho ellos algo más que el mínimo exigible, que lo que habría de ser considerado como decencia básica, y que aún hoy nos parece excepcional?). Pero todo discurso de inclusión o de formación de una colectividad tiene su componente perverso; y, sobre todo, su exclusión necesaria. Si tenemos que hacer justicia para todas las mujeres trans, para todas las personas trans, olvidaremos que no todas las personas trans han sufrido lo mismo, han pasado por las mismas experiencias: olvidaremos que quienes merecen justicia son las mayores, las que viven el riesgo de ser olvidadas, las perdidas, las que han hecho la calle, las rechazadas y excluidas. Olvidaremos que la solidaridad intergeneracional no es suficiente: imaginarse lo que ha sufrido la otra persona no es suficiente. No se ha hecho justicia con la Veneno, porque no se puede hacer justicia o deshacer todo lo que ella pasó: si no apuntamos a que las causas de su sufrimiento fueron parcialmente institucionales, si no pedimos un perdón por parte de las instituciones, estaremos borrando la historia al mismo tiempo que pretendemos reparar los daños por ella causados; enterraremos lo sucedido a la par que pretendemos hacer mediante las imágenes un retrato de los acontecimientos.

7

Al principio del capítulo siete, Cristina habla con una funcionaria de prisiones, suponemos que una psicóloga o psiquiatra. Ninguna funcionaria de prisiones, en el año 2003, le preguntaría si se encuentra más cómoda entre hombres, entre mujeres o entre personas trans. No lo haría, claro, porque nadie emplearía tales términos en el año 2003: menos aún hablaría de personas trans y no de transexuales o travestis. La serie hace pasar por una decisión individual lo que obedece a un problema estructural: el criterio para que Cristina entrara en un módulo de hombres fue el reglamentado según la Instrucción 1/2001, en la cual se establecía el criterio de sexualidad aparente o caracteres fisiológicos, es decir, el examen de la genitalidad (reasignada o no). No existía en 2003 amparo legal para modificar la mención del sexo en los documentos oficiales, ni tampoco para cambiar el nombre; por lo tanto, no había manera de que Cristina fuera tratada por el sistema como Cristina, ni instrucción para que ella fuera a un módulo de mujeres. Las instituciones y sus leyes llegaron tarde para ella: la Instrucción 7/2006 habría permitido que accediera a un módulo de mujeres, como, de hecho, sucedió en 2014. Y, más allá de cualquier anacronismo (como el funcionario con el cual la psicóloga habla, que le dice que no puede hacer nada por ella, pues no tiene el DNI cambiado ni está operada: en 2003 no existía la posibilidad de tener el DNI cambiado, otra muestra más de los errores temporales del guion de la serie; el único criterio válido, según la Instrucción a la cual me he referido antes, era el examen fisiológico), no se puede exigir que la bondad o la fuerza de voluntad de algunos individuos, unos pocos, o la suerte, cambie el destino de las personas. Porque las reparaciones a un colectivo no pasan por actos individuales o por decisiones sopesadas en la intimidad: la necesidad, en 2003, era la de tener garantías legales; existir, en definitiva, para el sistema y dentro del sistema.

Podría haberse señalado con más insistencia cómo el maltrato (incluyendo en este las violaciones sistemáticas a Cristina) provenía del mismo equipo funcionarial de la prisión; podría haberse vinculado la violencia con la institución, en un discurso más valiente. El retrato que se hace en el capítulo es crudo (aunque se mezcle con un pequeño discurso de superación personal, de seguir siendo uno mismo, de mantenerse en pie: los mismos tics de autoayuda que impregnan toda la serie). Si la reparación fuera más radical, diríamos: la culpa es de las leyes; puede ser un problema que Cristina tuviera que ir a un módulo masculino, pero es que a lo mejor también nos supone un problema el régimen de los módulos penitenciarios en sí mismo, su falta de control, su sordidez. Está muy bien llevar hechos tan duros a la ficción televisiva. Pero esta ficción pierde fuerza si se compara con las declaraciones de la propia Veneno, cuando ella relataba en platós su experiencia en la cárcel:

> Te voy a contar la primera vez que abusaron de mí. Cuando a mí me llevaron a la cárcel, vino el médico, vinieron dos médicos, un médico y una médica, y vinieron un psiquiatra y un psicólogo, y dijeron que era imposible que me metieran en un módulo de hombres, porque era una Barbie. Hablaron con el director y el subdirector, que dijeron que nanay de la China (sic), que, al módulo de hombres, y me metieron al módulo diez. Cuando me metieron en el módulo diez, todos los hombres me conocieron, me miraron con deseo, pero como me veían con la cara demacrada,

de tanto llorar, nunca jamás se metieron conmigo. Los presos me respetaron. Ellos me compraban el tabaco, me invitaban a todo. Y los funcionarios, de [las] tres y media a las cuatro y media de la madrugada, me abrían las puertas eléctricas, que eran eléctricas, yo tenía que bajar a la garita, tenía que enseñarles el pecho y los tenía que masturbar; y cuando no, que penetrar. Me decían que estaba muy buena, les daba mucho morbo y tenía que hacer lo que ellos dijeran. Aquí tengo un bulto y, si te enseño el culo, tengo las marcas de los moretones, que se me han quedado para toda la vida. Yo no he estado en una cárcel: he estado en un penal. Y es que en la cárcel existe el franquismo. Existe el franquismo. Allí dentro hacen lo que les da la gana. Son todos iguales. Los funcionarios no te dicen sus nombres [para que no les denuncies]. En mi propia celda me tenían colgada una soga. Había una transexual, a los tres días de entrar, que tenía un pintalabios rojo. Me pinté los labios de rojo: me llevaron a la celda de castigo, me esposaron en una cama, me desnudaron, me pusieron de piernas abiertas y brazos abiertos, me dieron una paliza con las porras y me dejaron inconsciente. ¿Por qué me ponían a mí la cuerda cuando ninguna celda podía tener ni cuerda, ni alambre? Los presos, cuando salían de permiso, me traían chándal y zapatos, y gracias a ellos pude estar vistiendo durante tres años. Los presos me trataron con muchísimo cariño. Cuando a mí me dejaban sangrando e iba al médico, no le podía decir al médico que habían sido los funcionarios.

No es cuestión aquí de poner en cuestión la verosimilitud o la verdad del discurso de la Veneno, del cual parece que los Javis extraen algunos hilos narrativos (la mujer transexual que entra en prisión con el pintalabios rojo, el chico gitano que se acerca a la Veneno) y no otros (el abuso por parte de funcionarios), por cualesquiera que sean sus motivos. Mi única voluntad aquí es poner de manifiesto que el discurso de la serie y el de la Veneno son dos discursos bien diferentes y ofrecen ficciones distintas sobre lo que suponen las prisiones y el penal. Tampoco haré comparación entre ese sufrimiento y la odisea de Valeria, rechazada por diversos grupos editoriales, para publicar el libro de memorias. Podría decir que se trata de una imagen quizás injusta del mundo editorial, pero también es que ese mundo, como todos, cambia. Y no es eso lo importante. Hay algo insoportable en que el éxito y la gloria de Valeria se vean ligados al sufrimiento y la miseria de Cristina. Viendo la escena final, observando cómo baila sola (superponiendo quién ha sido en cada uno de los momentos relatados por la serie), es imposible no darse cuenta, otra vez, de que esta es una historia que para ella no acaba bien. No hay superación o autoayuda que consuele a quien ha sufrido tal maltrato social.

8

No tengo derecho a juzgar o prescribir, es lo que pienso cuando veo las escenas finales de la serie. Si sus allegadas están felices con lo que han hecho los Javis, si consideran que algún tipo de justicia se ha efectuado con la realización de este producto audiovisual, si piensan que dignifica a quien en vida quisieron y de quien en muerte no se olvidan, ¿qué puedo yo decir, qué resquicio queda para las palabras de la crítica? No es tan importante, al fin y al cabo, la inspiración burtoniana de *Big Fish*; no son importantes todas y cada una de las canciones (y cuento al menos tres) que rompen absolutamente el tono de la escena que deben acompañar. Si se le concede a la Veneno un funeral más digno, más luminoso, ¿qué puedo decir para mancharlo, por tosco que sea, por burdo, por más que esté servido en bandeja de plata y bien masticado para su espectador (de quien no se presupone inteligencia)?

Nos contamos las historias que queremos contarnos. La posmodernidad, que surge de la modernidad en sí misma, es también la historia de la multiplicidad del sujeto y las subjetividades: de cómo se desdoblan los espejos. Nadie quiere venir a aguar la fiesta o ser ceniza, cascarrabias, irritante: resaltar bobaliconadas o traspiés, exponer los errores. Resulta que los Javis han hecho felices a muchas personas. Y habrá futuras mujeres trans que verán en Valeria un modelo absolutamente exitoso, clasemediano y positivo de lo que puede ser ser trans. Quizá tengan conciencia, en un futuro, de quién fue Cristina, y de quiénes fueron sus amigas, y de quién era la Juani, o Paca la Piraña (cuyas vidas serán mucho más felices después de esta serie). Poco importa si la serie desvía culpabilidades, tantea equívocamente, emplea recursos facilones o no se desvía nunca de esquemas de contenido algo previsibles: podemos presuponer que el primer motor o la intención de los Javis es, claro, luz, y, por tanto, bondadosa.

Uno de los grandes problemas del discurso de la serie acerca del par Valeria-Veneno es la cuestión de la autorreferencialidad. Para existir como sujetos con voz dentro de la sociedad de libre mercado y del marco de las democracias liberales, las personas trans deben constantemente estar hablando de sí mismas y de su condición de ser trans, produciendo discurso sobre aquello que articula su identidad. Es así como explicamos el éxito de las figuras trans más conocidas de nuestro momento histórico: *Veneno* es, fundamentalmente, una serie sobre lo trans. Nadie conoce particularmente a Valeria Vegas por su trabajo sobre otras figuras mediáticas de la Transición española, sino por las memorias de la Veneno que publica y por su libro de análisis social y cinematográfico de la mujer transexual... cuya cinta encuentra, como herencia de la Veneno, en una escena del capítulo final. Podemos existir, pero a condición de que nuestro discurso se convierta en una reiteración obsesiva en torno a aquello que nos diferencia: no podremos borrarlo.

También me veo integrada en esta misma dinámica de la cual trato de escapar. A mí no se me conoce por haber escrito un poema largo sobre las revueltas posteriores a la sentencia del *procés* en Cataluña; tampoco por explorar los límites del discurso autoficcional en *Reina,* libro ampliamente elogiado (aunque esto parece irrelevante) por la crítica; en absoluto se me considerará por interesarme por el funcionamiento de los textos, escribir ensayos críticos o artículos de disección. ¡Y mira que intento hacer cosas más allá! Por lo que se me conoce a mí, en fin, es por ser trans, y así sería incluso si no hablase de ello. Y es esta la imagen que transmite la serie, la imagen que transmite *Veneno*: el lugar de las personas trans en el discurso social es hablar de sí mismas, no sobre el resto de los temas de la existencia, no sobre cuestiones inherentes al ser humano o al ser; su producción es la réplica de su diferencia, es el consentimiento al fetiche, es devenir *eidôlon,* es hacer de ellas mismas un objeto de consumo. El mismo proceso de la Veneno sigue en marcha, e incluso la serie que pretende denunciarlo se basa en los mismos mecanismos.

No sucede solo con las personas trans. Y eso me hace vislumbrar salidas posibles, vías de escape: por aquí guardo todavía algo de esperanza. En la película *It Must Be Heaven,* del director palestino Elia Suleiman, el protagonista (que es el mismo Suleiman) viaja desde Palestina a Europa (en concreto, a Francia) y, después, a Estados Unidos y Canadá. Ante los reproches diegéticos de algunos productores ficticios, que rechazan sus proyectos de guion por no ser lo suficientemente palestinos o no ejemplificar una esencia determinada de lo palestino, Elia Suleiman encuentra en las ciudades europeas escenas absurdas que observa en silencio y que no hacen sino recordarle la vida en su ciudad, en su país. El director regresa, al final de la película, a Nazaret. Finiquita su obra con el retrato más alejado posible de nuestros prejuicios, después de observar lo occidental con el mayor extrañamiento y suspensión del juicio: en una escena extraordinariamente subversiva (no por la forma, no por el fondo, sino por su afilada implicación política), nuestro protagonista observa cómo unos jóvenes bailan, en medio de una discoteca, al agitado ritmo de una música, que no por local deja de confundirse con lo que podría ser una discoteca en cualquier otra parte. Se acaba la nostalgia: solo queda el presente de los cuerpos. Los productores rechazan sus películas por las mismas ideas que se enfrentan en esta escena final: la Palestina que él observa no es lo suficientemente Palestina. Pero es que, en los tiempos que corren, ya nada es lo suficientemente sí mismo.

Lo auténticamente subversivo, lo que otorgue dignidad, la justicia verdadera: todo esto se debe parecer mucho más a esa última escena en una discoteca palestina que a *Veneno*. Pero quizá no estemos preparados para mirar la realidad sin prejuicios, con distancia, con un cierto extrañamiento. O, simplemente, quizá suponga un esfuerzo que los medios prefieren, en las circunstancias actuales, evitar. Admitir la culpa y lavar sus responsabilidades es un negocio mucho mejor: enunciar a los cuatro vientos que se ha hecho justicia por todas es más viable que dejar de pedirnos obsesivamente que seamos trans, que hablemos de lo trans, que insistamos en nuestra diferencia. Tampoco habremos avanzado tanto hasta que esto quede bien claro e integrado en nuestro imaginario. De poco sirve que todos los medios de comunicación y periódicos hablen de *Veneno* como una epopeya necesaria de lo trans si, después, van a insistir en las mismas dinámicas. Y de nada servirá que lo denuncie aquí o en cualquier otra parte.

No daré las gracias a los Javis, pero reconoceré que han querido ayudar, hacer el bien. Supongo que lo han conseguido.

Está muy bien que esta serie exista: no tanto por la serie en sí misma ni por los discursos que difunde, sino por los efectos que pueda llegar a tener. No creo que traiga dignidad o aporte justicia, pero es un primer granito de arena; aunque no explore la incertidumbre del ser, la condición humana, etcétera.

A veces necesitamos las ficciones. Poco importa cuáles sean.

Nadie sabe lo que puede un ano emancipador: disputaciones con Paul B. Preciado

Cuentan las leyendas que me hice famosa en la esfera pública por poner verde a Preciado. Este tipo de mitos hay que desmontarlos antes de que crezcan y se conviertan en rabiosos mutantes de dildo en mano y pelo en pecho. Mis declaraciones, escuchen atentamente, fueron las siguientes (¡y ni siquiera, pues lo único que queda es la transcripción resumida de una entrevista con Víctor Lenore para *Vozpópuli*!):

> El problema de lo queer en España es que ha sido absorbido por un enfoque artístico-cultural que se hace pasar por teórico. Pienso, por ejemplo, en el momento en que Paul B. Preciado se convierte en gestor cultural y empieza a trabajar para el MACBA y a irse a Grecia para comisariar *performances* y cosas así. Parece que ahora se da más importancia a la forma en que se dicen a las cosas, a que quede bonito, por encima de lo que estás diciendo. Hay una parte de la teoría queer que encuentro masturbatoria:

> cuando Paul B. Preciado se pone a hablar del potencial emancipatorio del ano, lo primero que pienso es que sería muy difícil articular alternativas políticas a partir de eso. Sobre el papel, queda muy guay y revolucionario, pero en la práctica no sirve de mucho. El discurso de Preciado puede tener buenos análisis, pero pocas propuestas realistas. Ya decía Aristóteles que la ciencia trata lo universal, mientras que el arte se limita a abrir caminos a la ciencia. Muchos autores queer hacen pasar lo artístico por científico, lo general por universal. Paul B. Preciado es un buen ejemplo de izquierda caviar, para entendernos. [...] Lo que intento decir es que me parece criticable escribir sobre el potencial revolucionario de las revueltas de Barcelona desde un restaurante de París mientras estás comiendo ostras y vino blanco. En realidad, es cuestionable a la vez que inevitable.[46]

Ninguna de estas palabras son exactamente mis palabras, como comprenderá cualquiera que conozca, aunque sea de oídas, los códigos y prácticas del periodismo; hay mil cosas que matizaría, pero que no son matizables en el contexto de una entrevista corta para un medio generalista, no especializado. ¿Creo que se produce, se ha producido o se está produciendo una absorción por parte de lo artístico-cultural de la teoría queer? Quizá, pero como parte de un fenómeno mucho más amplio y global de teoría onanista que no produce un efecto sobre la realidad, y admitiendo que muchos de los pensamientos más radicales e interesantes vienen, precisamente, del campo de las artes; tampoco creo que la vocación de la teoría, necesariamente, haya de ser la de cambiar el mundo, y adoro con fervor textos teóricos que no tienen ni de lejos la susodicha vocación. Pero no es el de la teoría de Paul B. Preciado, de la cual hemos de decir que, al menos, tiene pretensiones de transformar, si no directamente de bajar al vulgo de los mortales terrestres el cielo de la revolución: cuando Preciado habla del «potencial emancipatorio del ano» lo hace (o lo hizo) con su esperanza depositada en esas prácticas, igual que otros teóricos de lo queer pueden haberlo hecho con el *cruising*, por ejemplo, y lo hace de forma sincera. He ahí el lugar en el que veo una tendencia onanista, ingenua o alejada de la realidad.[p]

Mi referencia a Aristóteles, apartada de su contexto original, queda como un ridículo *namedropping*, pero poco más se le puede pedir a una entrevista; que piense en Paul B. Preciado como *izquierda caviar*, si acaso ese sintagma significa mucho o tiene interés más allá de cabrear a algunos y hacer reír al resto, no significa que invalide en absoluto su posición de enunciación, pues no comulgo con un pensamiento según el cual la experiencia de algo o la vivencia en tanto que algo sería necesaria para teorizar sobre una identidad, clase, vivencia o postura; yo también, en cierto modo, podría ser definida como izquierda caviar, y precisamente he escrito desde París sobre las revueltas de octubre en Barcelona mientras me tomaba vinos e invitaba a mis amigos a merendolas de picoteo con quesos franceses (sepa el lector que me encanta el camembert de Normandía, el *mimolette*, el *brie*), y supongo que si a mí no se me ha definido

p Partimos de la tesis según la cual un procedimiento o acción que desestabilizara conceptualmente un sistema podría no producir ningún efecto a nivel social o político en lo que a ese mismo sistema se refiere. Así, el hecho de que el ano del cual habla Paul B. Preciado sea, a nivel teórico, «el primer órgano privatizado», un «centro de producción del placer», no conlleva que su uso sirva para provocar una mayor desestabilización global. Que algo constituya un tabú o haya sido históricamente suprimido no implica que súbitamente su potencial revolucionario devenga volcán a punto de estallar. Hay, más que otra cosa, una confusión entre las causas y los efectos. Que el sujeto masculino contemporáneo sufra una «castración anal», culpable precisamente de elaborar su subjetividad, es una posibilidad; que el camino para construir una política emancipadora sea incitar a todo individuo a que libere su ano es algo de lo que podemos discrepar fervientemente. Sé, no obstante, que decir algo así es polémico en ambientes queer; no solo en relación con Paul B. Preciado, sino también con autores como Javier Sáez o Sejo Carrascosa, así como con asociaciones que han construido buena parte de sus señas de identidad y proclamas en manifestaciones en torno a nociones parecidas: liberen ustedes sus anos, hablemos del binomio penetrable/impenetrable, etcétera. Como eslogan político, en fin, «Abre tu culo y se abrirá tu mente» me parece incluso frívolo: hace surgir en mí un impulso economicista que querría desvincularse de inmediato de todo cuanto tuviera un ligero tufillo a *Cultural Studies*.

así es porque a algunos les interesaba, por mi discurso o por mi imagen, que yo no formara (o no formara *aún*) parte de esa categoría.

Paul B. Preciado es *la* figura de la teoría trans en España, *la* figura de la teoría queer en España, a pesar de que todo lo que no sean sus orígenes en Burgos (sus estudios, su lugar de residencia, sus influencias) lo desvincule de nuestro país; vive en París, mi ciudad desde hace tiempo, aunque nunca nos hemos cruzado, y empezamos nuestro tránsito casi el mismo año, aunque tardé tres más en poder cambiar mi nombre en la documentación oficial; es una figura de autoridad dentro del mundo cultural y literario, y algunos llegaron incluso a interpretar mi «crítica» como la ruptura de un silencio o de una uniformidad preestablecida: después de que yo, aparentemente, atacara a Preciado, se abrió la veda y todo fueron reproches.

Pienso en estas páginas como si de nuestra reconciliación se tratase: es una manera de hacer las paces, de admitir que seguramente no tenemos posturas tan alejadas. ¡Es mucho más lo que nos une que lo que nos separa! Quizá. A lo mejor no. Pero quiero atacar su teoría de una forma mucho más profunda y consistente de lo que pude hacerlo en otras entrevistas o de lo que dejé entrever en *Reina*; un libro que no trataba ningún tema relacionado con Paul B. Preciado de forma que no fuera absolutamente tangencial. También quiero hacerlo, digamos, desde el respeto (e incluso desde el cariño o la admiración). Preciado es, en mi imaginario, una *institución*; yo no tengo voluntad anarquista, pero sí que me gusta, de vez en cuando, demoler las instituciones, atacarlas, ejercer una crítica lo más ácida posible, ¡a veces incluso excesiva! Tengo siempre presente que, en mis ataques, en mis excesos y en mi crítica, me mueve constantemente un profundo sentimiento de amor; de diplomacia incluso. Pongámonos el traje y negociemos, Paul, algunos límites y fronteras.

Manifiesto contra el *Manifiesto contrasexual*

El título, *Manifiesto contrasexual,* nos remite inmediatamente a la escritura política o incluso panfletaria, a una toma de posición, un programa político en desarrollo. Preciado publica originalmente el *Manifiesto contrasexual* en francés con la editorial Ballard cuatro meses antes de mi nacimiento. Sitúo así el texto para el lector, con relación a mi concepción, no por egolatría ni exceso de *yoísmo*: lo hago para que observe (como en Preciado se observa una voluntad posidentitaria, una oposición de la naturaleza a la técnica, del pene al dildo) que a Preciado y a mí nos separa un abismo generacional: yo no era ni un proyecto cuando él ya casi empezaba a publicar.

¿Qué es la contra-sexualidad o contrasexualidad (pues la escritura del término cambia en la reedición de 2020 de Anagrama) sobre la que se sostiene el manifiesto de Preciado? Una propuesta de subversión en contra de la naturalización tanto del sexo como del género, de la identidad y de la biología, que se sitúa en un punto posidentitario desde el cual proponer toda una serie de prácticas y discursos más allá de esencialismos. En palabras del propio Preciado:

> La contra-sexualidad no es la creación de una nueva naturaleza, sino más bien el fin de la Naturaleza como orden que legitima la sujeción de unos cuerpos a otros. [...] Es, en primer lugar, un análisis crítico, de la diferencia de género y de sexo, producto del contrato social heterocentrado. [...] En segundo lugar, apunta a sustituir este contrato social que denominamos Naturaleza por un contrato contra-sexual. En el marco del contrato contra-sexual, los cuerpos se reconocen a sí mismos no como hombres o mujeres, sino como cuerpos parlantes, y reconocen a los otros como cuerpos parlantes. Se reconocen a sí mismos la posibilidad de acceder a todas las prácticas significantes, así como a todas las posiciones de enunciación, en tanto sujetos, que la historia ha determinado como masculinas, femeninas o perversas.[47]

Hay varias nociones aquí que nos interesan: la tríada que establece entre lo masculino, lo femenino y lo perverso, como posiciones de enunciación, es válida para establecer un análisis útil del género, reconociendo el género como lenguaje constituido por prácticas significantes (y que puede ser así interpretado por lo que él denomina en otras ocasiones «cuerpos parlantes»; no solo en el habla, sino porque el cuerpo en sí mismo siempre dice algo), reconocemos nosotros, desde una perspectiva fenomenológica, que no somos sujetos a partir de nosotros mismos, sino gracias a la construcción que hace de nosotros el otro.

Más allá de estas definiciones a retener, el mismo párrafo contiene afirmaciones que habremos de matizar o contrastar. No queda del todo claro a qué se está refiriendo Preciado al hablar del contrato social heterocentrado: no queda claro, más que otra cosa, porque no es lo mismo (siguiendo la influyente obra de Pateman a este respecto) el contrato social que el contrato sexual, el cual actúa como sustento del primero, que sería imposible sin la subordinación sistemática de las mujeres a los hombres. Pero el contrato social heterocentrado del que habla Preciado no es el mismo de Pateman, aunque presente características comunes (tal como su carácter no-político: ser presentado como un orden natural de las cosas (aquello que Preciado iguala aquí a la Naturaleza), el régimen según el cual deben regirse; lo que Wittig llamó, en su momento, «la matriz heterosexual»). La desnaturalización de lo natural por medio de la herramienta o de la tecnología lleva, para Preciado, a la instauración posible de un nuevo contrato sexual o, en este caso, contrasexual. Lo fundamental, en el contrato contrasexual de Preciado, es la disolución de lo que él mismo llamará en textos posteriores «la epistemología del binarismo de género»: la desaparición de las fronteras entre los roles de género, la cual permite el acceso de todos los cuerpos sin perjuicio de sus características a cualquier posición de enunciación masculina, femenina y perversa, y a todas las prácticas significantes; se reconoce el género, fundamentalmente, como una serie de mecanismos y prácticas de producción de efectos de sentido.

Una cuestión fundamental del manifiesto de Preciado, y he de hacer constar que no se trata de un problema que lo invalide, es su carácter profundamente utópico y futurista, como sucede con muchos de los textos que orbitan alrededor de lo queer. La utopía es un ejercicio filosófico útil y valioso del cual nos sobran los ejemplos en la historia de la literatura: lo complicado es tomarla en serio como programa político para un presente, como se ha intentado en este caso. La palabra performativa (volvemos a Austin) no implica que la misma palabra vaya a construir la realidad que enuncia, y las palabras de Preciado, como en breve examinaremos en detalle, no dilucidan ningún camino para llegar hasta su construcción: el contrato contrasexual es una utopía donde la inteligibilidad del lenguaje del género ha desaparecido y en la cual cualquier posición de enunciación y práctica significante es accesible sin barreras para cualquier individuo, pero no tenemos ninguna herramienta que nos capacite para deshacernos del lenguaje. Podemos, incluso, plantear si el sujeto sigue siendo sujeto si se deshace del hecho de estar circunscrito a una posición de enunciación particular y a unas prácticas significantes y no otras: la posibilidad radical de que el sujeto se desprenda de cualquier sujeción y domine todas las prácticas de significación en el mundo hace también de la experiencia que el resto puedan tener de él una no-experiencia, pues *sujetarlo*, o aprehender aquello que lo hace particular, se vuelve imposible. Preciado procede de un modo similar a Sara Ahmed cuando ella define, en *Fenomenologías queer*, el género en un futuro como una lengua muerta, pero sin indicarnos cómo y de qué manera podríamos acercarnos a ese futuro; o si, más allá de su negación, de decir que se trata de algo que no es o que no será, el susodicho futuro nos resulta siquiera imaginable.[48]

¿Considero que mi lectura del manifiesto como un lugar desde el cual construir una cierta política sea parcial, interesada? No, no lo creo: hay indicios en el texto de que no se trata de una mera especulación, de un ejercicio imaginativo; para muestra, cuando Preciado critica a aquellos que tomarían la contrasexualidad como punto a partir del cual elaborar «intervenciones políticas abstractas que se reducirían a variaciones de lenguaje»: esta crítica ha de implicar una revalorización de otras intervenciones políticas más ambiciosas, pero que carecen de una estructura formal o de un contenido realizable.[49] En una nota más secundaria: como esta cuestión (la de las variaciones del lenguaje) no tiene interés ni para mí ni para Preciado, e importa poco más que a quienes desean caricaturizar lo queer, pasaremos de largo mandando un beso y un saludo a quienes ponen el grito en el cielo ante una *portavoza* o un pronombre neutro como *elle*.

Quisiera preguntarle a Preciado si no aprecia contradicción en el parecido entre sus *intervenciones filosóficas abstractas que se reducirían a variaciones de lenguaje* (lo acuño yo) y las *intervenciones políticas abstractas que se reducirían a variaciones de lenguaje* (lo acuña Preciado): llamar *dildo* al *suplemento* derridiano (y entre el *dildo* de Preciado y el *suplemento* de Derrida hay muy pocas variaciones) no te permite enunciar que «toda filosofía puede retrotraerse a una dildología más o menos compleja»[50] sin estar reduciendo tu labor a variaciones del lenguaje, que son, ni más ni menos, aquello que se ha criticado como lo que *no* es pertinente con la filosofía propuesta, más aún si apenas unas páginas después se despoja a ese *dildo* conceptual de su significado, retrotrayéndolo a su existencia meramente prostética, para después asimilarlo al «falo» lacaniano (reinterpretado a través de Butler, o sea, el «falo lesbiano», pero no reducido a este en la lectura de Preciado) en una nueva pirueta o *intervención filosófica abstracta,* para entendernos.[q]

q No sería necesario aquí explicar pormenorizadamente lo que significa el *suplemento* derridiano igual que anteriormente he explicado la noción de *différance*. No obstante, dado que la aclaración del concepto de *suplemento* probablemente nos muestre aún más su lejanía en relación con el *dildo* de Preciado, lo haré de todos modos. El *suplemento* es formulado dentro de la lógica de la suplementariedad, pero también como sustitución (*suppléance*), pues el *suplemento* compensa una no-presencia primordial; basándose, como la *différance* se basaba en una ambigüedad del francés, tanto en el verbo *supplémenter* ('añadir a algo ya presente') como en el verbo *suppléer* ('sustituir'), es decir, 'suplementar y suplir'; el suplemento completa algo ya presente y al mismo tiempo lo sustituye. Se opera igual en el caso de la escritura, donde la escritura es en sí misma suplemento del suplemento de la palabra, signo del signo, lo cual nos recuerda a lo mencionado por Butler al hablar de la *copia de la copia.* El *suplemento* bien puede ser reemplazado por el *dildo* discursivamente (¿no sería aquí, precisamente, el *dildo* un *suplemento del suplemento,* como lo había sido antes la escritura?), pero nombrar a partir de ahí toda producción filosófica como dildología (es decir, suplementación de la suplementación) me parece una vuelta de tuerca constructivista demasiado derivativa. Si bien el suplemento y su lógica pueden ser esenciales a todos los efectos de sentido, el hecho de que un suplemento particular (el dildo) exista no convierte a todo suplemento en suplemento del suplemento o en dildo.

Lo que opera Preciado, pues, como ya he dicho, no es otra cosa que una intervención filosófica abstracta que podría reducirse a una variación del lenguaje, a la sustitución de un término por otro. La etimología de la palabra *dildo,* bien distinta del suplemento, no es clara: podría tratarse de una corrupción del italiano *deletto* (¿podríamos traducirlo como

El lector interesado podrá indagar en la definición detallada del falo lesbiano que trabaja Butler: ella dedica un capítulo entero de *Cuerpos que importan*[51] al falo lesbiano, además de tratar otras nociones (como la identificación fantasmática y la asunción del sexo) que nos son tremendamente interesantes para este ensayo. Frente a su denostación contemporánea por parte de algunos sectores, me asumo como deudora de Butler, y la considero una de mis madres intelectuales: allí estaba cuando en mi adolescencia me interesé por primera vez por la teoría queer, el género, la política. Todavía no había leído a Lacan, ni a Hegel ni a los posestructuralistas, así que entendí más bien poco; de lo poco que entendí, Butler fue mi guía. Resumiendo mucho, Butler habla del falo como ejemplo paradigmático que combina dos órdenes: el de tener el falo y el de ser el falo, lo que conlleva, respectivamente, sufrir la angustia de castración y ejercer la amenaza de la castración. Deconstruye así nociones freudianas como la envidia de pene, apoyándose en lecturas del mismo Freud, de Lacan y de Kristeva; la resignificación lesbiana del falo cuestionaría tanto la estabilidad de la morfología «masculina» como la de la femenina de manera que construiría un esquema imaginario alternativo que permitiera indagar en otros territorios del placer: territorios igual de construidos y artificiales que la economía sexual heterosexual, sin ser exactamente ajenos al falogocentrismo, pero que explicitan lo contingente y no necesario de las identificaciones. Deconstruye, en definitiva, el género y el sexo como destinos predeterminados.

'deleite'?), desde el latín *dilectio*, proveniente de *diligere* ('estimar altamente, amar'); lo cual lo acercaría mucho más, a nivel de significado, al *falo* lacaniano que al *suplemento* derridiano. También se trata de un término, según los diccionarios, empleado con frecuencia en tanto que eufemismo, debido a su ambigüedad; a nivel etimológico no lograría entonces sustituir los sentidos posibles del suplemento derridiano, y sería más bien una expresión del suplemento que no tendría sentido por sí misma o en sí misma (conservándolo solo en un modo derivativo), y que no podemos hipostasiar como hipostasia Preciado.

Volviendo a Preciado: la tercera pirueta (matizo: la tercera «pirueta macabra que nos tenía guardada la metafísica»,[52] que dice él textualmente, pero con relación a otra cosa que tampoco tiene mucha importancia) es pasar de esa igualación a la consideración del dildo como «ejemplo paradigmático», volviendo al «peligroso suplemento» derridiano. El movimiento es de ida, y de vuelta, y de ida, y de vuelta, es decir: nadie entiende nada, algunos pretenden entenderlo y, cuando realmente se entiende, se descubre que aquellos que no entendían nada tenían más razón que quienes pretendían entender *alguna cosa* detrás de ese juego discursivo.

Más allá del análisis argumentativo o crítico, no recomiendo a nadie con gusto o sensibilidad leer las páginas que dedica Preciado (o, insisto, por tener en cuenta la temporalidad, dedicó en su momento) al *devenir vagina* del pene, es decir, a la vaginoplastia;[53] páginas en las cuales interviene un onanismo extraordinario según el cual la facilidad de la vaginoplastia en contraposición con la faloplastia (operación consistente en que a partir del clítoris, piel, y otras sustancias que no citaré porque no es esto un libro de medicina o biología, se elabora un pene artificial, o un dildo de carne, si me apuras) no parece tener conexión con la realidad (interpretada como disponibilidad de *materia* a la cual dar forma, cual demiurgo sexuador), sino más bien con lo trans, lo intersexual, lo femenino como alteridad frente a lo masculino, aquello que decía Lacan de pasada sobre cómo la mujer no existe y otros conceptos, en muchos casos coherentes, respetables y secundados por las tesis de este ensayo, pero que Preciado moviliza de un modo que no entendemos (y aquí hago cómplice a mi lector) muy bien.

Resumiendo: si para Hegel lo racional es lo efectivo y lo efectivo es lo racional, para Preciado, lo racional es lo subversivo y lo subversivo es lo racional. En una primera versión de este texto añadía un comentario, quizá demasiado duro, a las propuestas de Preciado como prácticas políticas, aunque sean utópicas; prefiero, volviendo al texto en sí mismo, abandonar algunas de esas propuestas delante del lector, sin bilis por mi parte, para que él sea juez válido y suficiente: «[Los equipos de investigación en tecnología contra-sexual estudian y promueven] la producción in-vitro de un ciber-clítoris para implantar en distintas partes del cuerpo». «[Los equipos de investigación en tecnología contra-sexual estudian y promueven] la transformación de diferentes órganos del cuerpo en dildo-injertos». Lo único que diré es que mi aforismo favorito (y está bien logrado, porque resulta gracioso) es una variación nietzscheana: «Se hace necesario filosofar no a golpe de martillo, sino de dildo».[54]

El problema fundamental reside en que *pensar* un futuro de emancipación, o *pensar* unas posibilidades de emancipación dadas, no es lo mismo que *construir* un futuro de emancipación o sentar las bases de su posibilidad; las *producciones estéticas* de las comunidades disidentes o queer no son *producciones políticas* ni construyen por sí mismas el futuro que anticipan, tomando aquí nociones, aunque sea para posicionarnos en contra o matizar, de José Esteban Muñoz. Si interpretamos el *Manifiesto contrasexual* como una obra estética queer, y creo que así tendríamos que interpretarlo, esta habría de contener «huellas y esquemas de una futuribilidad incipiente».[55] ¿Podemos reconocer esa futuribilidad en la obra de Preciado? ¿Nos plantea algo más que un puro ejercicio teórico o que una descripción de posibles prácticas sexuales subalternas? Presupone una futuribilidad, desde luego, pero funciona y fracasa precisamente en cuanto a la normatividad de la utopía: no hay cartografía alguna que podamos seguir para llegar hasta lo planteado por Preciado, y ni siquiera sabemos si es deseable... o si sirve para algo. Por deseantes que sean los cuerpos, el placer en sí mismo no deshace la opresión: la *boutade* no es un arma cargada de futuro. El enfrentamiento con las nociones clásicas de fallo, error o fracaso que plantea Jack Halberstam[56] se convierte en una condena de antemano para las políticas de emancipación queer: la obsesión con una cierta tendencia deconstruccionista y, al mismo tiempo, con una paradójica búsqueda de la futuribilidad, lleva a un agotamiento exhaustivo de aquello que es revolucionario o subversivo tan solo en lo conceptual, en detrimento de las posibilidades reales y prácticas de emancipación a las cuales lo queer hace también referencia en lo que a su existencia material se refiere, pero ya no de forma propositiva, sino puramente en tanto que resistencia a unas condiciones de vida indignas.

El problema de buena parte de la teoría queer es que tanto algunas tesis como sus contrarias terminan abocando a los mismos puntos. Lo que dice Muñoz al calificar lo queer como algo que toma como componentes principales el futuro y la esperanza[57] no tiene, en definitiva, consecuencias muy distintas a las de la antirrelacionalidad que él critica (ejemplificada en *Homos*, de Leo Bersani) ni a los argumentos de Lee Edelman en *No al futuro* (tomado aquí como cumbre de la negatividad queer, del fracaso, de la negación de lo futurible) que dice respetar y problematizar. La negación del futuro y la asunción de la existencia de un futuro en breves destellos de la cotidianeidad y de los experimentos estéticos queer ayudan en la misma e igual medida al advenimiento de ese futuro: lo único que cambia es la relación del individuo con el horizonte, con la perspectiva, pero se mantienen las mismas consecuencias de sus actos. En la afirmación de la posibilidad de un futuro hay la misma posibilidad de praxis política que en la negación de ese futuro: es solamente en el intento de construir o destruir ese horizonte donde podemos encontrar una diferencia práctica. Que tesis contrapuestas lo sean solo teóricamente y no en sus efectos o conclusiones nos resulta problemático, al menos en el campo de la práctica.

El trabajo de Muñoz se resiste a esto partiendo de una relectura del filósofo alemán Ernst Bloch, y podemos encontrar planteamientos con los que, sin duda alguna, Preciado (o un cierto Preciado) estaría de acuerdo. Así, Muñoz quiere «insistir en un ordenamiento de la vida que no esté dictado por las coordenadas espaciotemporales del tiempo hétero-lineal, una matriz del tiempo y espacio en la que, desafortunadamente, residen demasiadxs gais, lesbianas y otras personas supuestamente «queer»».[58] Lo problemático aquí es que tanto Muñoz como Preciado interpretarían esa asimilación como una cuestión de agencia: estos sujetos supuestamente «queer», en lugar de construir unas alianzas procedentes de una lucha mestiza en la cual los orígenes de cada uno ceden su importancia ante la pluralidad de las diferencias, se han integrado al sistema y a sus códigos.

En contraposición a esta teoría, podemos argumentar que la asimilación no es una elección voluntarista, sino, en muchos casos, la única manera de vivir una vida vivible, y que son frecuentemente aquellos que escriben desde una posición todavía más asimilada (como lo es en ocasiones la academia) quienes pueden criticar la asimilación o temporalidad de otros sujetos como habitantes de un tiempo hétero-lineal: pues dudamos de quienes dicen pasarse toda la vida en experimentos de *jouissance* u orgías multitudinarias, en desterritorializaciones continuas e ilimitadas; no podemos permitir que la paja que ellos ven en ojo ajeno les impida ver la viga en el propio, así que giramos el espejo (si el falo, también, es un espejo): el ritmo de la academia también es un ritmo hétero-lineal, pero es que la metáfora más adecuada para describir ese tiempo hétero-lineal no es la de la sexualidad o la orientación del deseo, sino simplemente la del régimen capitalista en el cual vivimos. No me resultan demasiado interesantes, más allá del placer que me procuran, los textos que pueden ser leídos como invitaciones o provocaciones performativas, ardientes como un manifiesto. En fin, no nos engañemos: pocos textos han cambiado fundamentalmente el transcurso de las cosas, y el *Manifiesto contrasexual,* cuando esa lista acabe de escribirse, no será uno de ellos.

Clínica de desintoxicación testosterónica

Llegamos al texto mítico de Paul B. Preciado, su *magnum opus,* aquel que lo conforma como sujeto y le da su estela y fama: *Testo yonqui.*[59] Es un libro que marca un antes y un después, desde luego; es, también, un libro excelente, una obra magnífica, profunda, bella y delirante. Un *protocolo de intoxicación voluntaria a base de testosterona sintética,* y no una autoficción (exactamente en la misma medida en que *Reina* es, por su parte, un protocolo de intoxicación voluntaria a base de literatura, y no una autoficción; que consideremos más autoficticio un texto que otro se debe puramente a cuestiones mercadotécnicas y de posicionamiento en el *star system* literario y filosófico). Preciado se permite escribir de una forma absolutamente libre: trata la historia de la sexualidad (derivada de una reinterpretación de Foucault), el porno, su intimidad, una visión de la susodicha *dildología* ampliada y complejizada a partir de lo que anteriormente significó en el *Manifiesto contrasexual,* los protocolos médicos y jurídicos, su descripción del régimen farmacopornográfico; y, fundamentalmente, una historia de las sustancias como constitutivas de los sujetos. Aunque el libro tenga muchas más aristas, aunque se expanda en otras direcciones, lo que me interesa no es su integridad: es lo que se puede tomar como punto de partida de ciertas teorías, de un pensamiento.

A diferencia de Paul, para quien los sujetos se definirían por una sustancia (la mujer, con los estrógenos; el hombre, con la testosterona; particularmente, en sus variaciones sintéticas), postulo que no es la sustancia lo que define al sujeto: la sustancia es un parche, a veces literalmente. Preciado plantea esta teoría al decir que «la sociedad contemporánea está habitada por subjetividades toxicopornográficas [definidas por] la sustancia que domina sus metabolismos», llegando a hablar de «sujetos Prozac, sujetos cannabis, sujetos cocaína, sujetos alcohol, sujetos Ritalina, sujetos cortisona, sujetos silicona, sujetos heterovaginales, sujetos doblepenetración, sujetos Viagra».[60] Esta no es una forma en absoluto válida de interpretar al sujeto: lo reduce a una de sus acciones (en muchos casos el consumo) sin esgrimir una definición válida de su subjetividad. Podemos pensarlo como se pensaría el caso de alguien que convive con su enfermedad: reducir a una persona a su enfermedad resulta un ejercicio lamentable, pues el sujeto psicótico es mucho más que su psicosis (tomándolo en esta ocasión, excepcionalmente, como cuadro clínico de psicosis, por no traicionar las palabras de Rodrigo, que no empleaba su descripción en términos lacanianos); vive con ella, o con sus circunstancias, y es sujeto con sus circunstancias, pero no sujeto definido estrictamente por ellas, pues tanto su vida interna o su monólogo como su proyección en el mundo no se pueden delimitar a esa relación o dependencia: en palabras parafraseadas, cariñosas, de Rodrigo García Marina, «no se es la enfermedad, tú eres a pesar de o acompañada por la enfermedad, pero se es siempre más; *Eros es más*, como el poemario de Juan Antonio González-Iglesias».

Paul construye exactamente de la misma forma, o al menos así nos parece en un primer momento, al sujeto-tipo *hombre* y al sujeto-tipo *mujer*: «La masculinidad y la feminidad son como la depresión o la esquizofrenia, ficciones médicas definidas únicamente de forma retroactiva con respecto a la molécula con la que se tratan. La categoría de la depresión no existe sin la molécula sintética de serotonina, del mismo modo que la masculinidad clínica no existe sin la testosterona sintética».[61] Esta afirmación de Preciado es insostenible: la masculinidad no empieza a existir cuando el reino de la necesidad se convierte en reino de la libertad, es decir, cuando uno puede libremente (pues no tiene cadenas o restricciones que se lo impidan estrictamente: puede adquirir la sustancia y administrársela) emprender un proceso de hormonación como el de Preciado.

No es dificultosa la reducción al absurdo, en este caso, atendiendo simplemente a la realidad más reciente: en numerosas ocasiones, en los últimos años, varios medicamentos del tratamiento hormonal sustitutivo de mujeres trans se han visto en situación de escasez; fue así con los parches de estrógenos como el Evopad o pulverizadores. En muchos de esos casos, la escasez en el suministro constituía una privación de la sustancia. Y, sin embargo, incluso privadas de sustancia (en muchos casos literalmente, pues mujeres trans operadas, sin acceso a esos medicamentos, no tendrían hormona alguna, incapaces sus cuerpos de producirla naturalmente), continúan siendo sujetos... y sujetos definidos por el fantasma o la suposición de la hormona, por su presencia fantasmática, por el hecho de que hay roles y prácticas de significación que superan a la pura sustancia médica y a la dependencia que de ella se pueda tener.

Si intentamos categorizar qué es la masculinidad, y él mismo realiza un retrato de esa noción (igual que hace otro de la feminidad), esta descripción escapará siempre de los límites conceptuales de la medicalización. El sujeto trans contemporáneo no puede existir sin esa medicalización, pero la masculinidad como concepto, sí:

existe algo como lo masculino o el ser hombre que *precede* a la administración de testosterona en el cuerpo, y una mayor concentración de testosterona no se corresponde necesariamente con una mayor asimilación a esta masculinidad o categoría de hombre. Se ocupa el espacio de una cierta manera, se aspira a ciertos modelos, se toma a unos iconos y arquetipos y no a otros: las formas de subjetivación que el propio Preciado identifica con los hombres escapan y van mucho más allá de la testosterona sintética (o natural), y construyen puntos de fuga muy válidos a partir de los cuales construir análisis sobre la masculinidad..., pero que entran en contradicción con las definiciones propias de la «teoría» de Paul.[62] Como narración funciona, claro: la conclusión subyacente a todo esto será, como no podía ser de otra manera, que *Testo yonqui* debe leerse, por encima de todo, como una novela de amor, y no como un ensayo filosófico.

Del capítulo 4, «Historia de la tecnosexualidad», podemos extraer algunas nociones interesantes: Preciado, continuando con una cierta historiografía de la sexualidad heredera de Foucault, habla de cómo, dentro del sistema de reconocimiento y producción de la identidad sexual, «la divergencia corporal frente a la norma es considerada como monstruosidad, violación de las leyes de la naturaleza, o perversión, violación de las leyes morales».[63] Esto puede sernos útil, desde luego, si queremos esbozar un análisis de aquellos sujetos o cuerpos que, dentro de lo trans, no han realizado un movimiento que sea plenamente asumible por las leyes y códigos de la matriz del género: un movimiento que arrastre a esos sujetos a un punto intermedio, a un punto de ambigüedad, que incorporara matices inabarcables en una dicotomía y colocara así su subjetividad en la diana o punto de mira de todos los ataques.

Pero Paul no contempla aquí, o no lo hace explícitamente, la existencia de sujetos trans que sí se vean asumidos dentro de esos códigos: cuerpos trans «reintegrados» en el sistema, a través de mecanismos como el dichoso *passing,* que adquieran el potencial de una vida digna o vivible a través de un proceso de asimilación. Este no-ver, o no-contemplar, funciona como un mecanismo de invisibilización de la diferencia: al obviar que hay cuerpos interpretados o leídos como monstruosos y cuerpos que no lo son, se generaliza esa noción del monstruo y se hacen invisibles las diferencias y gradaciones (por ejemplo, de clase, en muchos casos, o generacionales) entre unos sujetos trans y otros. No podemos reducir lo trans a lo monstruoso, igual que no podemos reducir lo monstruoso a lo trans, o al menos no bajo los términos empleados por Paul: habremos de asumir que tiene que existir un componente monstruoso o discordante en identidades como las de algunas lesbianas *butch* u hombres gais con pluma bajo la etiqueta marica, que por motivos así («la divergencia corporal frente a la norma») sufren mucha más violencia que sus equivalentes más normativos.

Es curioso: ¿por qué se plantean estas nociones tan vagamente, se habla de esta forma de la monstruosidad como un universal, y no se incide en el intercambio de miradas que la construye? No es el sujeto el único que performa, que digamos, una cierta monstruosidad: la monstruosidad está en los ojos mediados de quien lo observa, y es en ese intercambio, en esa lectura, donde se producen los procesos más interesantes del género; aquellos que nos permiten, en definitiva, definirlo también como un lenguaje, como un intercambio de símbolos y códigos visuales, auditivos, incluso espaciales (y no es esta una lista exhaustiva).

Nada de esto es nuevo, por supuesto, y Preciado apunta bien a ello cuando habla de De Lauretis. Apoyémonos en los postulados suyos que Preciado describe en un capítulo posterior: «El género es el efecto de un sistema de significación, de modos de producción y de descodificación de signos visuales y textuales políticamente regulados». Y, en otra cita de Preciado a De Lauretis, en un resumen que se asemeja mucho a la tercera proposición sobre la tecnología del género que ya hemos citado en un capítulo anterior: «El género no es un simple derivado del sexo anatómico o biológico, sino una construcción sociocultural, una representación o, mejor aún, el efecto del cruce de las representaciones discursivas y visuales que emanan de los diferentes dispositivos institucionales: la familia, la religión, el sistema educativo, los medios de comunicación, la medicina o la legislación; pero también de fuentes menos evidentes, como el lenguaje, el arte, la literatura, el cine o la teoría». Dice Preciado que, por esto, «prefiere [De Lauretis] el término "género" al término "mujeres" y el término "tecnología" al de "opresión"».[64] ¡Desde luego! Y este ensayo también suscribe estos términos, si bien la cuestión aquí a tratar (aquello específicamente trans) nos obliga a tematizarlos de formas particulares, como ya hemos buscado establecer anteriormente.

Es incomprensible (o al menos incomprensible desde un punto de vista lógico, que no narratológico, pues los pasos narrativos que hace Preciado tienen siempre un sentido), en consecuencia, que Preciado salte de esta definición de De Lauretis a una deformación o apropiación suya: decir que «el género no emerge del discurso político del feminismo, sino en los laboratorios del farmacopornismo». Nadie ha afirmado que el género surja del discurso político del feminismo: quizá sí nuestro concepto, pero el género existe como algo ya dado, como esa tecnología (aunque aquí yo prefiera «lenguaje») a la cual De Lauretis hacía referencia. El hecho de que lo trans se encuentre ineludiblemente medicalizado no convierte esa medicalización en una experiencia universal del género, y puede perfectamente darse una subjetivación y una construcción de ese género, un proceso de identificación sexual, sin que medie la hormona o sustancia, o sin que su mediación sea constitutiva: claro que es importante, por ejemplo, la experiencia femenina acerca de la píldora anticonceptiva, sí, ¿pero es esa la experiencia que construye la subjetividad de la mujer? La modifica, desde luego, y la introduce en un mercado, todo esto podemos comprender de la teoría de Paul, pero no la constituye.

Del mismo modo, la filósofa Alicia H. Puleo plantea la siguiente reflexión sobre el uso y distribución de sustancias en *Testo yonqui*:

> Preciado pregunta en buena lógica por qué se administra generosamente estrógenos a las mujeres y no se les permite el acceso a la testosterona, la hormona de la energía y el poder. Ahora bien, independientemente de la simpatía que nos pueda generar la audacia de su propuesta y la justicia de sus razones, surgen preguntas inevitables: ¿se trata de una nueva manifestación de androcentrismo? ¿Se estaría asumiendo la superioridad del modelo masculino? ¿Estaríamos ante la contrapartida de aquella irónica propuesta del grupo de arte feminista Guerrillera Girls titulada *The Estrogen Bomb* que proponía enviar estrógeno a los políticos partidarios de la guerra? ¿Conduce a una aceptación posfeminista de las jerarquías patriarcales? ¿Se da realmente una inversión de los procesos de dominación-subjetivación o nos hallamos ante otra vuelta de tuerca al sometimiento del cuerpo por el «espíritu», condensado y distribuido ahora por la industria farmacéutica?[65]

Hay unas cuantas ideas de *Testo yonqui* que podemos recuperar, considerar como valiosas y reutilizar: un análisis interesante de la socialización del género o del proceso de la adquisición de la diferencia sexual, una relación particular con las sustancias que encontramos, sin embargo, insuficiente y una división triádica de los sujetos que nos sirve para elaborar una fenomenología o teoría de la relacionalidad de lo trans y de la percepción del género como lenguaje. Pero mi lectura de *Testo yonqui* es una lectura, claro, interesada, y estoy obviando por completo componentes que no me son excesivamente productivos para los análisis de este libro (o, al menos, de este capítulo): páginas y páginas de análisis de lo pornográfico, el desarrollo del concepto de *potentia gaudendi* como potencia de excitación total de un cuerpo, relatos autoficcionales de la vida de Preciado, descripciones de la mujer que pecan de una objetificación y conversión en objetos de deseo y consumo a través de una óptica decididamente masculina y teñida, a veces, de misoginia; una vuelta de tuerca finalmente androcentrista, como comenta Puleo. Pero toda lectura, si va más allá del comentario de texto, es una lectura interesada; la mía no podía ser menos. Finiquitado este tramo de la producción de Preciado, veremos, en las páginas que quedan de este capítulo, qué nos depara el análisis de su pasado más inmediato (e, incluso, de su futuro).

De la legitimidad de las zonas temporalmente autónomas en Urano

Mi ensayo preferido de Preciado, que debí leer a los dieciséis años, es *Pornotopía: arquitectura y sexualidad en «Playboy» durante la Guerra Fría*. Me parece su estudio más serio de lo que él mismo ha denominado el «régimen farmacopornográfico», en el cual relucen sus capacidades como semiólogo y teórico de la arquitectura (y la estrecha relación entre el susodicho libro y su tesis de doctorado). La descripción de las pornotopías en ese ensayo es, desde luego, fascinante, y me encantaría que el público le dedicara más tiempo y atención. Tristemente, no nos sirve de mucho para los propósitos de nuestro ensayo: no hay ningún matiz que considere (y bien puedo equivocarme) entre en juego con las tesis anteriormente discutidas, ni puedo entrar en un debate más profundo sobre cuestiones trans a partir de ese texto. Me permito entonces dejarlo de lado, sin dejar de insistir en que el lector que abra *Pornotopía* encontrará el que es, quizás, el mejor libro de Preciado. Vámonos, pues, a otros análisis arquitectónicos.

Un apartamento en Urano es una recopilación de artículos que ha escrito, a lo largo de los años, en su crónica para el periódico francés *Libération*. En cuanto a aquello que sea estrictamente de interés para mi ensayo, este testimonio mensual escrito entre 2013 y 2018 carece del atractivo conceptual que hemos encontrado en el *Manifiesto contrasexual* y en *Testo yonqui;* estas últimas páginas de disputaciones con Preciado irán por otros derroteros. Buena parte de lo que tenía que reprocharle a Preciado sobre el contenido de este libro ya se lo reproché en *Reina*: me permitiré justificar aquí cada uno de mis reproches. Los artículos o columnas de Preciado, reunidos en el libro, hablan cada uno de un tema, y podemos encontrar tanto defensas del animalismo como textos sobre el último suceso de actualidad. Hay páginas particularmente delirantes, como las que dedica a la Cataluña trans,[66] en las que compara la autodeterminación de una nación sin Estado con el proceso de desidentificación con el género, y desea que un imaginario Estado sin nación se desidentifique también.

Son textos bellísimamente escritos, aunque muchas veces panfletarios y no demasiado profundos o sistemáticos, cuyo nivel literario e interés es incuestionable, pero que teóricamente no nos dicen mucho ni nos permiten ampliar lo que ya hemos discutido. Dialogaré aquí, fundamentalmente, con dos o tres de los textos que Preciado incluye en su libro: con la introducción, con el prefacio de Virginie Despentes y con la «Carta de un hombre trans al antiguo régimen sexual».[67]

Preciado se considera un «contrabandista entre dos mundos, el de las mujeres y el de los hombres». Dice «no hablar como un hombre que perteneciera a la clase dominante, de aquellos a quienes ha sido asignado el género masculino al nacimiento, y que han sido educados como miembros de la clase gobernante, a quienes les concedemos el derecho o, más bien, exigimos que ejerzan la soberanía masculina»;

dice, al mismo tiempo, no hablar como mujer, al haber «voluntaria e intencionadamente abandonado esa forma de encarnación política y social».[68] Estas afirmaciones ya nos resultan de por sí problemáticas. En primer lugar, por cómo califica a quienes pertenecerían a la clase dominante, identificada con los hombres: pues pareciera que la asignación del género masculino al nacimiento fuera una condición *sine qua non* para la pertenencia a ese subgrupo de dirigentes, que excluye automáticamente de cualquier posibilidad de dominación a cualquier hombre trans o persona transmasculina, incapaz (por motivo de su sexuación al nacer) de ejercer, aparentemente, la soberanía masculina. La misma complejidad con la que Preciado trataba la educación en el género se ve aquí reducida, y el propio Preciado entra en contradicción con su obra anterior: lo hace al vincular necesariamente una sexuación primera como macho a una socialización masculina y a una absorción de mensajes masculinos; lo cual es, de hecho, una sucesión de afirmaciones capaz incluso de poner en cuestión la misma posición de enunciación que habita Preciado.

Si la clase dominante está constituida, traduciendo a Preciado, por aquellos que han sido asignados varón al nacer y han recibido una supuesta socialización en la masculinidad, todo hombre trans queda eximido de culpa y de pecado, y toda mujer trans acaba convirtiéndose en el foco de la sospecha. Las mujeres trans resultamos, más veces que no, un contratiempo problemático para el despliegue performático que hace Paul de su teoría y estética; en el mejor de los casos, somos algo cuyo encaje se le ocurre después, como sucedió al recibir en octubre de 2020 algunas críticas por celebrar en el Centro Pompidou una mesa redonda dentro de su particular historia de la sexualidad sobre alianzas entre el transfeminismo y la lucha antirracista... en la cual iba a estar presente la conocida actriz (blanca, cis) Adèle Haenel, pero ninguna mujer trans. Los mimbres para establecer una alianza, como podemos comprobar, bastante aciagos son.

Preciado afirma vivir, desde hace un tiempo, «como-si-fuera-un-hombre en el mundo de los hombres (consciente de encarnar una ficción política)»;[69] establece así una distinción radical entre vivir *como-si-fuera-un-hombre* y vivir *siendo-un-hombre*; distinción que no sabemos muy bien dónde reposa, más allá de la memoria y el recuerdo o trauma (pues se trata de un recuerdo prácticamente traumático, que incluso incide en el cuerpo cual traumatismo) de un pasado o una intrahistoria diferente a la vivencia actual de su masculinidad.

«Como hombre trans, me desidentifico de la masculinidad dominante y de su definición necropolítica. [...] He sido lesbiana la mayor parte de mi vida; después, trans estos últimos cinco años; estoy tan lejos de vuestra estética de la heterosexualidad como un monje budista levitando en Lhasa lo está del supermercado Carrefour».[70] Aquí tenemos, cómo no, que llamar a Preciado al orden: simplemente porque sus enunciados no pueden sostenerse al mismo tiempo que los del marco teórico de este ensayo... y, ni siquiera a la par que el suyo propio.

En un ejercicio básico de coherencia, podemos examinar cómo la supuesta masculinidad disidente de Preciado, distinta de la masculinidad normativa y encarnada en ese *como-si-fuera-un-hombre* en lugar de *siendo-un-hombre,* no conforma en absoluto una nueva posibilidad política, una apertura de horizontes. La manera en que Preciado se aferra a su pasado para mantener su masculinidad en una posición de duda perpetua y cuestionamiento esconde una reflexión no solamente conservadora, sino esencialista: todo lo contrario de lo que nos esperaríamos del filósofo. Si atendemos a lo que dice en entrevistas, en podcasts de radio, en cada comunicación que da, y, como ya hemos apuntado, simplemente analizando de cerca sus primeras sentencias en este texto, podremos apreciar un ímpetu que nos parecerá ciertamente problemático con relación a lo que Preciado denomina cuerpos de mujeres que han sido asignados como tales; su rechazo a formar parte de la masculinidad hegemónica se fundamenta en el argumento de que su cuerpo fue otrora catalogado como el de la mujer, incluso como el de un monstruito de mandíbula deforme, y, por ende, sufrió y padeció sufrimientos y padecimientos que solo pueden sufrir los cuerpos que han sido asignados mujer al nacer.

Tiene el hábito Preciado, como coda final, de incluir cada vez que habla de estos temas o de alianzas trans a las mujeres trans, pero es una inclusión construida casi para enmendar sus errores o deslices: lo que hay detrás de muchas de sus palabras es la voz de alguien que cree, desde la posición de vivir *como-si-fuera-un-hombre*, que comparte más con una mujer cis por tener coño de lo que pueden compartir una mujer cis y una mujer trans.

Toda construcción de un personaje público o de una historia tiene un fuerte componente mitológico: los ídolos que edificamos se asemejan muy poco a la realidad, y la mayor parte del tiempo no tienen en aspecto alguno la voluntad de reflejarla. Un ídolo no se fundamenta nunca en un presente, sino en su pasado, en una ficción reconstruida al comunicarla: la construcción del sujeto Preciado, como elaboración de su propia biografía, como dispositivo autoficcional, es, por culpa de sus tránsitos, ininteligible.

Debemos, no obstante, atender a un hecho fundamental, y es que estos tránsitos *no están siempre sucediéndose,* no se suceden todo el tiempo o a la vez: tienen una temporalidad dada que se impone, provocando que un mismo libro se publicara a principios de los 2000 de la mano de la autora Beatriz Preciado para posteriormente ser reeditado, veinte años después, bajo la pluma de un tal Paul: por más que Beatriz conviva al lado de Paul, la mayor parte del tiempo se ve reducida a una mínima letra, un mínimo resquicio, un resto o peligroso suplemento; el documento nacional de identidad no decreta que se trate de un hombre trans, no habla de lo que ha sido, sino únicamente de lo que se es legalmente. De la misma manera, la forma en que nos comunicamos y somos percibidos por los demás, la construcción propia y ajena mediante la relacionalidad, se ocupa única y exclusivamente de un difuso tiempo presente: es en las relaciones íntimas o en las relaciones de admiración cuando se puede tener constancia del pasado de un individuo o de un cuerpo; en el sexo, en el tacto, en la lectura, en el braille que encontramos en la piel del otro, en su biografía para nosotros reconstruida.

Así, retomando las palabras de Merleau-Ponty en *La fenomenología de la percepción*, «[la] mirada humana no *coloca* nunca del objeto más que un lado, una cara, incluso si, por medio de los horizontes, se dirige a todas las demás. No puede confrontarse con las visiones precedentes o con aquellas de los demás a través de otro intermediario que no sea el tiempo y el lenguaje».[71] En la calle no hay recuerdo: el cuerpo de Paul B. Preciado es sujeto a la percepción de un presente radical (e individual) capaz de considerarlo como un hombre y olvidar cualquier existencia anterior. ¿Son crueles estos mecanismos simplificadores, estas apisonadoras? Desde luego que lo son, pero es que el funcionamiento del género como lenguaje, en general, tiende al reduccionismo: al olvido. Y poco importa, la mayor parte del tiempo, lo que tenga Preciado entre las piernas: solo es relevante cuando accede a la posición de privilegio de aquel que sostiene el micrófono, de aquel que trabaja profesionalmente en el mundo del arte, de quien ha construido toda una *performance* y existencia artística e intelectual acerca de su vivencia e intrahistoria; solo es relevante, en definitiva, cuando se ha hecho del cuerpo de uno mismo un fósil, un objeto expuesto a la arqueología propia y ajena, una pieza de museo de arte contemporáneo de la cual el sujeto es su propio comisario.

Tengo ganas de acabar esta discusión. Me resisto a hacerlo con una reflexión tan propia como la del párrafo anterior: no quiero que los términos sean estrictamente los míos; creo que podemos ser todavía más inteligentes: podemos desmontar a Preciado utilizando al propio Preciado. Examinemos algunas de las conclusiones que extraíamos anteriormente al analizar el *Manifiesto contrasexual*, y copio aquí mi propio texto de hace unas cuantas páginas:

> Hay varias nociones aquí que nos interesan y que retomaremos, incluso en el análisis de puntos posteriores de la obra de Preciado: la tríada que establece entre lo masculino, lo femenino y lo perverso, como posiciones de enunciación, es válida para establecer un análisis útil del género, reconociendo el género como lenguaje constituido por prácticas significantes (y que puede ser así interpretado por lo que él denomina en otras ocasiones «cuerpos parlantes»; no solo en el habla, sino porque el cuerpo en sí mismo siempre dice algo), reconocemos nosotros, desde una perspectiva fenomenológica, que no somos sujetos a partir de nosotros mismos, sino gracias a la construcción que hace de nosotros el Otro.

Por útil que le sea ahora a Preciado el análisis de la identificación y de la desidentificación, cualquier lector inteligente es consciente de que una definición que aspire a un mínimo de coherencia y congruencia del género en términos posidentitarios pasa por una concepción en tanto que sistema de significaciones; es decir, en tanto que sistema lingüístico. Si nos asumimos como cuerpos parlantes, será a través de ciertas acciones y lenguajes, incluso de formas de movernos en nuestro día a día, como ejercitaremos el género y lo hablaremos en tanto que lengua: vuelvo a insistir en que no somos sujetos a partir de nosotros mismos, sino gracias a la construcción que hace de nosotros el otro; el otro y su mirada son constitutivos y nos hacen y nos deshacen, por parafrasear un bellísimo párrafo de Butler sobre la capacidad de deshacerse en el otro y con los demás. Los actos de habla de Preciado no constituyen ninguna realidad: hablar de desidentificarse es difícilmente compatible con la adquisición de un DNI en el cual tu sexo pase a ser el masculino y tu nombre pase a ser Paul en lugar de Beatriz: la identificación se está produciendo, la legalidad te está transformando y tu cotidianidad también se ve cambiada. Como nos revela Virginie Despentes en el prefacio, y como ya expuse en *Reina*:

> Hoy, nadie en la calle pensaría en corregirse con un «perdón, señora» después de haberte llamado señor y hacerse un lío, sin saber muy bien qué hacer. Hoy eres trans y, cuando estamos juntos por la calle, lo que más me preocupa no es que los hombres te hablen mejor, es que las mujeres no se comportan como antes. Te adoran. Antes las heteros no sabían qué pensar de ese tío femenino, de esa tía masculina; no estaban cómodas contigo. Ahora te adoran, ya pasen por la calle paseando a su perro, ya vendan quesos, ya sean camareras en un restaurante; te encuentran a su gusto, te lo hacen saber como lo hacen las mujeres, ofreciéndote pequeñas y gratuitas exhibiciones de atención. Dices que es extraño devenir hombre conservando el recuerdo de la opresión y dices que, encima, exagero, que no te prestan tanta atención. Y eso me hace reír.[72]

«Y eso me hace reír», dice Despentes. No dudo de que Preciado sea consciente del privilegio que ahora ostenta, no dudo de que se trate de un hombre particularmente autoconsciente que guarda, atesora y se resiste a abandonar el recuerdo de su opresión, del sufrimiento, de la lesbofobia, de la misoginia: todo eso ha construido a Preciado y todo eso es constitutivo. Pero sí que pongo en cuestión sus pretensiones de habitar un espacio interfronterizo, su insistencia en la vida nómada. Como ya declaré una vez, Preciado, ahora tienes un pasaporte, y no puedes negar que es la mirada del otro la que nos constituye. Yo me imagino perfectamente cómo nos miran, a ti y a mí, por la calle: cómo nos mirarían si camináramos juntos, o cómo nos mirarían a cada uno en una calle estrecha, de noche, volviendo a casa. Y no es de la misma manera: no puede serlo.

Me gustaría que Paul B. Preciado fuera más congruente, aceptara la realidad de la mirada del Otro, asumiera completamente cada una de las palabras que dice y que ha dicho: me gustaría que hiciera caso a las apreciaciones tan acertadas y llenas de cariño que le ha dirigido Despentes. Y que comprendiera que las mías también van llenas de afecto. Hoy, vuelvo a leer los *e-mails* que hemos intercambiado, todo lo que nos hemos dicho, nuestra breve correspondencia: me encuentro con la misma testarudez de quien no quiere reconocer su privilegio. No puedo no señalar lo simbólico de que el discurso de Paul B. Preciado sobre el régimen epistemológico binario de la diferencia sexual acabe siendo un mero decorado para un anuncio de GUCCI mientras él proclama, en tono sesentayochista, la necesidad de una «revolución del deseo»: nada hay de revolucionario o activista en anunciar una marca de lujo, a no ser que el sujeto subalterno o monstruo de la revolución sea la élite *woke* y cultureta. No creo que lo fundamental hoy sea una «revolución del deseo», ni en términos afectivos ni en términos de la liberación de los deseos reprimidos de una sociedad. Tampoco hay nada de malo en salir en un anuncio de GUCCI: sí que hay algo que se rompe, por falta de sinceridad, si se comercializa dentro de ese anuncio tu discurso y tu posición, si uno se afirma como revolucionario, rompedor y subversivo al mismo tiempo que sirve, sin impugnar o afectar, los intereses de todo aquello con relación a lo cual se proclama estar en contra. Preciado no solo no reconoce su privilegio: lo agranda con la voluntad de ser una estrella de rock, un profeta que anuncie la llegada del mundo posterior al género; lo hace, supongo, por deseo de ser amado, por rechazo patológico a la disidencia, por vanidad. Y eso, por más excusas que busque, por más intentos de exculparse que pueda articular, por particularidades posibles que habiten la intrahistoria de su cuerpo parlante, a mí también me hace reír: y es que las imposturas son, a veces, tan llenas de gracia.

Diálogo entre monstruos parlantes

Paul B. Preciado me contactó por correo electrónico para explicarme en qué y cómo le había molestado en mis entrevistas y artículos: que le hubiera tratado de señoro. Preciado realizó, apenas días después, un controvertido y resonado discurso delante de 3500 psicoanalistas de l'École de la Cause freudienne, asociación de orientación lacaniana; discurso que provocó, en sus propias palabras, un seísmo. Tengo que agradecer a algunos de mis interlocutores que me hayan llamado la atención sobre la relevancia de un discurso así para este libro, pues su inclusión no entraba en mis planes iniciales: sirviéndome yo como me sirvo de nociones del psicoanálisis para dar una explicación de lo trans, y disputando con Paul B. Preciado, escuchar una grabación del discurso de Preciado y después leer su versión completa en un libro (que no ha salido aún en España mientras escribo esto) me hizo darme cuenta de que se trataba de una toma de posición teórica mucho más interesante para mí que todo lo que podía tratar en relación con *Un apartamento en Urano*.

Hay una fuerte diferenciación entre el discurso que Preciado pronunció ante los psicoanalistas (cargado de una mayor cantidad de provocaciones y sostenido en líneas más generales, con argumentaciones menos específicas) y el discurso que el libro recoge, dentro del cual se apoya en su propia experiencia personal y se define a sí mismo como sujeto. El análisis o discusión que quiero elaborar aquí sirve más o menos como cierre a mi discusión con Preciado y me permite matizar algunas de mis conclusiones; si el lector ha sentido que lo dicho a partir de *Un apartamento en Urano* ya era en cierto modo conclusivo, espero que comprenda así que haya querido añadir una parte más, y que me siga en la exploración de estos matices discursivos.

Partamos del discurso mismo de Preciado; cuando empieza, después de una primera crítica al psicoanálisis en general (y a sus grandes maestros, Freud y Lacan) por considerarlo un agente patologizante, a explorar su propia biografía como sujeto o cuerpo parlante. Patologizante, precisamente, porque el psicoanálisis impondría una visión esencialista de la identidad de género, con su foco en la neurosis o psicosis ya manifestada en la infancia. Esto queda claro cuando Preciado afirma que, «en contra de las pretensiones de la psiquiatría y del psicoanálisis heteropatriarcales y coloniales», no hubo en su infancia un deseo de ser un *hombre* que pudiera legitimar o justificar su transición.[73]

Mi principal problema con este discurso es un objetivo erróneo, un error al marcar su foco, al apuntar y evaluar a través de la mirilla: la tensión fundamental no reside en que una práctica clínica y teórica como es el psicoanálisis (o, más bien, si entramos en matices en los que Preciado no entra, algunos textos y una mayoría, que no totalidad, de sus practicantes) conciba lo trans como algo que encuentra su primera manifestación en la infancia y en la experiencia neurótica o de la psicosis (obviando en su problematización Preciado cómo, históricamente, el psicoanálisis ha definido en gran parte al sujeto contemporáneo y al paciente del psicoanálisis como un sujeto precisa y esencialmente neurótico, sin una caracterización tan marcadamente negativa), sino en que los discursos que explican lo trans hoy en día, particularmente desde posiciones activistas o políticas, incidan también en una sacralización y valorización excesiva de la infancia: la insistencia en que siempre ha sido así, pero ese *ser* había sido reprimido, sin tener en cuenta la maleabilidad de la identidad o la forma de construirla.

Aquí tenemos que estar de acuerdo con Preciado; espero, no obstante, que él me permita, en cierto modo, analizar (como si fuera un personaje) su punto de partida: me parece que las palabras de Preciado implican que su decisión, como examinábamos en el primer capítulo de este libro, se trata de una autodeterminación voluntarista, de un *escoger ser hombre*; es eso lo que me parece una imposibilidad (si bien no voy a repetir cada uno de los argumentos que ya ofrecía en las primeras páginas). Preciado parece intuir algo así cuando insiste en cómo no se trata de la palabra *libertad* ni de devenir libre, sino de encontrar una salida: no es el sujeto quien encuentra la salida, sino la salida la que encuentra al sujeto. Así, siguiendo a Preciado:

> Hoy lo veo claramente: si no hubiera sentido indiferencia hacia el mundo ordenado y supuestamente feliz de la norma, si no me hubieran expulsado de mi propia familia, si no hubiera preferido mi monstruosidad a vuestra heterosexualidad normal, si no hubiera optado por mi desviación sexual frente a vuestra salud sexual, no habría podido escaparme... o, para ser más preciso, descolonizarme, desidentificarme, desbinarizarme. Saliendo de la jaula de la diferencia sexual, he conocido la exclusión y el rechazo social, pero nada de eso hubiera sido tan desastroso y doloroso como la destrucción de mi potencia vital exigida por la aceptación de la norma. En realidad, todo lo que he devenido

> lo debo, quizás, a esta indiferencia por la salud mental que desarrollé durante mi adolescencia, sostenida por libros, en aquel pueblo español donde mi destino parecía escrito por Dios mismo y, más tarde, traducido en diversas lenguas por los médicos y los psicoanalistas.[74]

Lo que tenemos que cuestionar es la misma posibilidad de la descolonización del propio cuerpo, de la desidentificación o de la desbinarización; la posibilidad de escapar de la jaula de la diferencia sexual. Preciado no considera que su movimiento se trate de un hecho biográfico o de una decisión estrictamente individual, sino que todo cuerpo orientado al máximo de su goce tendría que escapar de una diferencia sexual inherentemente castrante para vivir una vida que merezca la pena ser vivida: «Por decirlo de la manera más simple posible: todos vosotros, aquí, eminencias de l'École de la Cause freudienne, podríais ser homosexuales o devenir *trans*. Cualquiera de entre vosotros, cualquiera que consintiera entrar en el caleidoscopio de su propio deseo y su propio cuerpo, en su reserva de tensión nerviosa, en su propia memoria, podría encontrar una excitación tónica, una energía libre que lo llevara a vivir de forma distinta, a cambiar, a ser diferente; a estar, por así decirlo, radicalmente vivo».[75] A pesar de que Preciado no haga referencia directa al término, podemos pensar que está hablando de una «energía libre» bastante parecida a la *potentia gaudendi* presente en *Testo yonqui*, que el capitalismo farmacopornográfico conseguía en cierto modo asimilar a su sistema regulando los placeres: potencia de excitación total o potencia orgásmica, del placer, libidinosa, que busca extenderse igual que el *conatus* busca perseverar en su existencia, no asociada a ningún cuerpo en particular, sino presente en todos los cuerpos.

La relación entre este concepto propio de Preciado (al cual podrían responder los psicoanalistas diciendo que el goce o la *jouis-*

sance es, siempre, algo limitado, pero que entraría en esta definición, lo que haría de la *potentia gaudendi* de Preciado un concepto no tan novedoso, pues lo que buscan ambos principalmente es ampliarse y extenderse en el disfrute, en la excitación; siendo aquí más justa, habría de apuntar a que la herencia principal de Preciado es más bien deleuziana, y que la *potentia gaudendi* no es sino una reformulación de la *libido* presente en los cuerpos deseantes descritos y definidos por Deleuze y Guattari) y la tesis que aquí propone, según la cual la *potentia gaudendi* podría derivar a cualquier cuerpo o sujeto a devenir *trans* o homosexual, a extender su deseo, a trascender los supuestos límites lingüísticos de las jaulas de la diferenciación sexual, es coherente en los términos de Preciado, pero estrictamente imposible en una concepción psicoanalista (y, particularmente, en una concepción lacaniana como la de sus interlocutores), por esta misma limitación de la *jouissance*.... o, mismamente, por la existencia de una *jouissance* particular, ilimitada y al mismo tiempo inefable, identificada como el goce femenino.

Pero la justificación de por qué un cuerpo se vería necesariamente llevado a realizar un proceso de tránsito a raíz de la *potentia gaudendi* no constituye una tesis lo suficientemente fuerte: la raíz del tránsito de Paul B. Preciado, arguyo, se debe también a una construcción imaginaria y simbólica del propio Preciado a partir de símbolos y estructuras internalizados en su proceso de socialización o adquisición de la diferenciación sexual, en el cual la misma epistemología de la diferencia sexual de la que él habla se ve identificada con la opresión sufrida por el sujeto mujer. Pues el tránsito no es una salida del sistema de la diferencia sexual, sino precisamente un movimiento dentro de los códigos lingüísticos del género: un movimiento en el cual, para escapar de la prisión de los roles femeninos, se ha de transitar hasta la otra orilla del género; la liberación de Preciado es la liberación de quien ha conquistado el territorio de los hombres y, en ese territorio, ha encontrado la posibilidad de acceder a un goce pleno, a un disfrute no limitado (y no hablo aquí en términos del psicoanálisis, por la imposibilidad misma que ya he definido, sino en los de Preciado) por los códigos epistemológicos que en un momento histórico dado regían a las mujeres. Pero este movimiento también se produce por necesidad: la necesidad provocada por la amenaza de la destrucción de su potencia vital; amenaza ejercida por una parte de esos mismos códigos lingüísticos del género.

Examinemos las tres ideas fundamentales que Paul B. Preciado declara querer transmitir ante su público de psicoanalistas:

> Querría empezar diciendo que el régimen de la diferencia sexual con el cual trabaja el psicoanálisis no es ni una naturaleza ni un orden simbólico, sino una epistemología política del cuerpo y que, por lo tanto, es histórico y cambiante.[76]

No creo que se entre necesariamente en contradicción al afirmar que un orden simbólico puede ser histórico y cambiante: de hecho, apoyo cualquier tentativa de situar un orden simbólico, como lo es el género (que es fundamentalmente lo mismo que Preciado llama «el régimen de la diferencia sexual»), dentro de su momento histórico y de sus mutaciones históricas. Pero estas definiciones no excluyen a las demás: el hecho de que el género se estructure como un lenguaje no es contradictorio con pensarlo como una epistemología política de los cuerpos, que les otorga un significado y los categoriza. Para Preciado, la utilidad de plantear estas definiciones como mutuamente excluyentes es meramente política: definir el género como un régimen para plantear su superación. Esta simplificación nos lleva a la segunda propuesta:

> En segundo lugar, querría informarles, en el caso de que no lo hayan comprendido, de que esta epistemología binaria y jerár-

quica está en crisis desde los años cuarenta, no solo a causa de la contestación ejercida por los movimientos políticos de las minorías disidentes, sino también a causa de la aparición de nuevos datos morfológicos, cromosómicos y bioquímicos que hacen de la atribución binaria del sexo algo, como mínimo, conflictivo, si no imposible.[77]

Repetición: el error está en las inducciones que se desencadenan a partir de esa simplificación primera. Es cierto que la atribución binaria del sexo es algo conflictivo y que la realidad del sexo (que no es lo mismo que el cuerpo, si retomamos nuestra esquematización de los primeros capítulos) es mucho más complicada y maleable, y así lo han identificado pensadoras como Fausto-Sterling, pero esto no implica que la atribución binaria del sexo que se sigue realizando en nuestras sociedades vaya encaminada a su próxima desaparición. Los datos morfológicos, cromosómicos y bioquímicos que ahora conocemos y que nos permiten complejizar la noción que antes teníamos del sexo no modifican necesariamente su aspecto relacional, que para mí es el más fuerte o incluso fundamental, y, al no modificarlo necesariamente, no hacen que ese sistema de inteligibilidad o de signos lingüísticos se derrumbe: el conocimiento cada vez mayor de que la realidad del sexo es una realidad compleja no implica necesariamente que la ficción del sexo o la convención social que define aquello que es el sexo para la mayoría de las personas avance en igual grado de complejidad. Mi gran divergencia con Preciado es que yo sí que creo en una mayor capacidad elástica de ese régimen de la diferencia sexual, capaz de adaptarse y aceptar los cambios que se dan en su seno. Otra vez, la tercera tesis de Preciado se sucede por la simplificación de las anteriores, y es la más problemática:

> En tercer lugar, querría decirles que, agitada por profundos cambios, la epistemología de la diferencia sexual está en mutación

> y cederá su sitio, probablemente en los próximos diez o veinte años, a una nueva epistemología. Los movimientos transfeministas, queer y antirracistas, pero también las nuevas prácticas de filiación, de relaciones amorosas, de identificación de género, del deseo, de la sexualidad, de la nominación son indicios de esta mutación y de la experimentación en la fabricación colectiva de otra epistemología del cuerpo humano vivo.[78]

No podemos tomarnos esto como una aseveración seria o analítica: se trata, más que otra cosa, de un posicionamiento político o de la expresión de un deseo; mas nada nos indica que en los próximos diez o veinte años el sistema de la diferencia sexual vaya a desaparecer. La lectura de Preciado es excesivamente optimista y alejada de la realidad: una realidad en la cual las diferencias del género siguen tan patentes y agitadas como siempre, y así es posible percibirlo en los cruentos debates que se han dado en torno a conquistas políticas de la comunidad trans. La supuesta nueva epistemología me recuerda demasiado a la creencia en el advenimiento inevitable de la revolución, casi por puro mecanicismo; es una profesión de fe, porque Preciado es un teólogo. Nos tenemos que preguntar lo siguiente: ¿tenemos tanta fe en la caída inevitable del género como tiene Paul B. Preciado? Si la respuesta es afirmativa, habremos de seguir su sermón y declararnos sus apóstoles; si no la tenemos, tendremos que seguir indagando en los motivos que explican que el género no vaya a desaparecer como tecnología lingüística, y ver hasta dónde y cómo se puede adaptar sin esfumarse. Estamos en medio de profundos cambios, sí, pero no en medio de una ola: para demostrarlo, tenemos que analizar las guerras que se están dando en cuanto a la definición del género, de lo trans, de sus metamorfosis. Y eso es lo que haremos en el siguiente capítulo.

Correos con Paul B. Preciado

Publico, como anexo, este intercambio de correos electrónicos con el consentimiento y acuerdo de Paul B. Preciado. Creo que permite ver, sobre todo, cómo muchas de mis interpretaciones en las subpartes anteriores tienen fundamento más allá de la pura conjetura; posibilitan ubicar de forma objetiva el posicionamiento de Preciado. Responden, además, a un debate pendiente con pensadores como Miquel Missé o Lucas Platero: su concepción, oculta o explícita, de que los hombres trans nunca jugaron en la misma liga que las mujeres trans (en palabras textuales de Missé, su representación simbólica en el imaginario social habría sido la invisibilidad y una lesbofobia latente)[79].

No tengo ningún problema con que los hombres trans consigan la palabra, puedan producir un discurso, sean considerados como sujetos capaces, precisamente, de una producción discursiva. Sí lo tengo cuando niegan el privilegio que la consideración social como hombres les otorga. Ese caso, tristemente, es mayoritario, y lleva siéndolo mucho tiempo: ¿en qué teóricas trans españolas se piensa cuando es cuestión de género y de pensamiento en nuestro país? ¿Y en qué teóricos? Hay razones socioeconómicas e históricas que explican esto, y que tienen su enlace con la invisibilidad y relación con lo lésbico que evoca Missé: les pediría a él y a tantos otros, no obstante, que no se hagan los mártires.

10/11/20.19, 01:36

Hola, Elizabeth,

Me parece tránsfobo y agresivo que me trates de «señoro» en tus entrevistas.

Saludos,

Paul

10/11/2019, 01:38

Hola, Paul:

No recuerdo haberte llamado señoro o algo parecido en alguna entrevista. Si me equivoco, dímelo o especifícame dónde y cómo lo he hecho.

Saludos,

Elizabeth

10/11/2019, 01:43

Me tomo la libertad, de hecho, de mandarte el fragmento de *Reina* en el que te menciono y hablo un poco de ti, para que veas en un texto algo más largo que la crítica a la relación entre tu persona y el concepto de «señoro» tiene más matices. Si crees que en el texto que te mando hay algo violento (más allá de una cuestión de tono) o que tú identifiques como tránsfobo, dímelo, porque no es mi intención violentarte (y el texto está escrito desde el máximo respeto).

Saludos, otra vez, y buenas noches,

Elizabeth

10/11/2019, 02:29

Elizabeth,

Hablaste del devenir señoro en una entrevista para referirte a mí. ¿Qué te hace pensar que ahora soy un hombre académico? ¿De dónde sacas esa idea? ¿En qué academia y reconocido por quién?

No entiendo por qué te metes con mi masculinidad en lugar de meterte con la de cualquier hombre cis. Esa insistencia en recordarme que soy un hombre, olvidando que soy trans, es tránsfoba y hace daño. Yo siempre seré trans. Siempre tendré el cuerpo trans que tengo y eso me vuelve tan vulnerable como cualquier persona trans. Las calles de la noche no son mías, ni me siento el rey de nada.

He leído tu texto rápidamente: qué decirte; puedes opinar lo que quieras de lo que escribo, en eso no tengo problema, pero me duele que en lugar de establecer una alianza trans me golpees exactamente donde lo suele hacer la gente más cruel, y no precisamente trans.

Paul

10/11/2019, 02:37

Para ser más concreto. A tu pregunta: ¿te crees, Preciado, un cuerpo frágil?; déjame responderte: sí. Y que seas precisamente tú quien me preguntes eso me resulta incomprensible.

Paul

10/11/2019, 02:39

No me refiero tanto a la «academia», creo, y ahí me he equivocado yo, como a la posición que ocupas en el debate y discurso público alrededor de lo trans y de temas de género, donde sí se te percibe y se te trata como a una autoridad y se te otorga la portavocía y el altavoz. No es una crítica que haga solamente a ti, pero es que la posición teórica de «aquel que puede hablar», con relación a estos temas, ha estado muy ocupada en España por hombres trans, y me gustaría plantearte esa reflexión.

Mil feministas antes han cuestionado las masculinidades cis y se han metido con ellas, y es algo que yo también hago cuando tengo la ocasión. Pero me parece, y aquí creo que no se puede separar tan estrictamente lo teórico de lo práctico, que hay una dimensión muy problemática en el discurso para el cual la desidentificación que vendría con lo trans, o el ser con lo trans, eximiría de ocupar la masculinidad como lugar de privilegio. Lo digo citando a Despentes en el prólogo que te escribe para *Un apartamento en Urano*: el hecho de que te traten y te perciban externamente como un hombre, por más que tú te desidentifiques e intentes desmontar esas categorías, implica unas dinámicas, situaciones y espacios de poder de los que no puedes deshacerte mediante el discurso. Si yo te percibiera de noche junto a un grupo de hombres, ¿crees acaso que no tendría el pensamiento de cambiar de acera? En la lectura que se hace de ti, se te contempla como un hombre, y, analizándolo, has pasado a ocupar esa posición de privilegio. No creo que puedas sentir ahora, en este momento de tu tránsito, el mismo miedo que siente una mujer, que siento yo volviendo a mi casa sola. Me parecería, de hecho, casi insultante que llegaras a afirmar eso, porque sería implicar teóricamente que la opresión que sufrimos las mujeres trans viene exclusivamente por el hecho de ser cuerpo vulnerable en tanto que trans y no por una cuestión fundamentalmente, y en muchos casos, de misoginia. No creo que recordarte que ahora ocupes una posición social más bien parecida a la de un hombre sea tránsfobo, igual que analizar, por ejemplo, cómo a mí me afecta el ser mujer en lo cotidiano no lo es.

No me mueve crueldad a la hora de golpearte, y lo siento si duele y no es mi intención, pero no creo que se pueda separar lo teórico de lo personal así.

Elizabeth

10/11/2019, 02:41

No creo que tengas razones, como ya te he dicho en el *e-mail* anterior, para concebirte cuerpo frágil de la misma manera en que yo me concibo a mí misma como tal cuando estoy sola o en espacios dominados por hombres, lo siento. No creo que, por ser trans, se puedan igualar las violencias que los dos sufrimos, o las que tú puedes sufrir a las que sufriría una mujer trans de tránsito más tardío en relación con el trabajo sexual (y aquí he vivido de segunda mano ejemplos concretos de amigas).

Elizabeth

10/11/2019, 02:50

No creo que los hombres trans tengan especial visibilidad en ningún sitio y especialmente no en el ámbito del discurso. Si tienes algún otro ejemplo, dímelo. Creo que los hombres trans cuando hablan públicamente de su condición trans son tratados como mujeres o como sub-hombres.

Ten en cuenta que yo hice mi transición con 44 años y que en la cabeza de casi todo el mundo –tú quizás no te acuerdas, porque eras muy pequeña– sigo siendo Beatriz Preciado.

Es cierto que en la calle ya no me molestan los tíos; excepto si saben que soy trans. Creo que es más interesante pensar en alianzas trans complejas que en articular de nuevo la dialéctica hombre-mujer y reducirla a una relación de poder.

Bonne nuit!

Paul

10/11/2019, 02:55

No estoy igualando violencias. Sería absurdo. Pero desde luego un cuerpo trans no es un cuerpo de hombre cis. La vulnerabilidad de ese cuerpo es distinta a la de un cuerpo trans mujer. Pero es política y personalmente imposible considerarlo inmediatamente como un cuerpo patriarcal.

Paul

10/11/2019, 02:55

De acuerdo, pero que no sea un cuerpo patriarcal no implica que no participe o se beneficie de dinámicas y estructuras patriarcales.

Elizabeth

10/11/2019, 02:57

¿No tienes amigos trans chicos que te hayan hablado ya de esto?

Paul

10/11/2019, 03:00

Tú, Miquel Missé, Lucas Platero: nómbrame alguna teórica trans que tenga vuestra relevancia o la haya tenido en los últimos años.

Creo que no se puede evitar la articulación de la dialéctica o no se puede obviar que esta exista, y que asumir su existencia presente me parece necesario para siquiera plantearse esas alianzas trans complejas.

¿Estarás en París en algún momento? Si lo vas a estar, y si quieres, podemos tomar un café algún día y charlar de todo esto, que será, desde luego, bastante más cordial y distendido que la frialdad de los *mails*.

Bonne nuit aussi.

Elizabeth

10/11/2019, 03:08

¿Pero cuál es el objetivo de tu crítica? ¿Decirnos a los chicos trans que participamos del poder patriarcal? Ese es el argumento tránsfobo de Janice Raymond o de Amelia Valcárcel...

Y, sobre todo, apliquemos un principio básico: nadie puede hablar en tu lugar de tu opresión. Nadie puede decirte a ti, por ejemplo, como hacen Raymond y Valcárcel, que sigues siendo un hombre y que hablas de opresión cuando usurpas una posición femenina. Del mismo modo, no creo que sea pertinente que alguien me venga a decir a mí que no soy un cuerpo frágil... después de años de lucha cotidiana.

Lo dicho. *Bonne nuit!*

Paul

10/11/2019, 03:12

No comulgo con el principio de que no se pueda teorizar sobre el sistema del género en su totalidad y sus implicaciones para los hombres trans por no ser hombre trans, y me parece que afirmar eso sería, de hecho, silenciar a voces transfemeninas posibles sobre estos temas.

Sí, los hombres trans podéis beneficiaros y participar del patriarcado. No es un argumento, los argumentos tendrían que venir después para apoyarlo; así que, por favor, no me iguales discursivamente con gente que afirma precisamente las barbaridades que citas.

La lucha cotidiana o pasada no sirve necesariamente para analizar el funcionamiento en presente del sistema en relación con la posición que tú ocupas.

Elizabeth

10/11/2019, 03:30

En el ámbito internacional las trans son mucho más importantes que los trans. Las grandes voces son Kate Bornstein, Susan Stryker y Sandy Stone. Exceptuando a Leslie Feinberg.

En el nacional están Roberta Marrero o Celeste González. Pero creo que mirar las cosas así es ridículo. Yo pienso en un frente de liberación trans y en eso tanto cuenta Kate como Leslie.

Paul

10/11/2019, 12:27

Por cierto: te pido perdón, genuinamente, por lo de señoro en *20 Minutos*, porque no lo estaba empleando en el sentido de «señoro» comúnmente utilizado (*mansplainer*, contrario a ideas feministas), que es mucho más violento, sino refiriéndome a lo que ya había hablado antes de una posición de hombre. Y sí que fue violento, releyéndolo ahora, y espero por esa parte aceptes mis disculpas.

Elizabeth

Inciso sobre el sujeto del feminismo

Hasta aquí, todo va bien. Hemos recorrido el camino con algunas curvas y giros, desde luego; no obstante, si de fondo se dibuja una ciudad en llamas, si tenemos un conflicto bélico entre manos, supongo que la tarea de quien escribe un libro como este es también la de tomar un pequeño desvío: explicar a los viandantes por qué se está quemando la casa y quién la ha incendiado. Sabrá el lector a lo que me refiero, porque ya lo he tratado en algunos capítulos anteriores: si no es así, que no se preocupe, pues introduciré algunas nociones de contexto. Bienvenido al mayor cisma del feminismo español (y, poco a poco, prácticamente internacional), particularmente de 2020 en adelante, y en relación con el cual ya se vislumbraban tormentas desde hace un tiempo, especialmente acusadas antes del 8 de marzo de 2020: la fractura radical entre una parte transexcluyente, denominada por algunos TERF (terminología que yo, en este ensayo, no utilizaré; relegaré la justificación de ese no-empleo a una mera nota a pie de página),[r] y las personas trans o, alternativamente, la teoría queer; fractura sobre el lugar de las personas trans en el feminismo y sobre la concepción del género dentro de ese mismo feminismo.

El debate se presenta en parte como eco de lo sucedido en Reino Unido a raíz de la reforma del Gender Recognition Act 2004 propuesta por el gobierno conservador de 2018, pero con particularidades históricas y políticas: es quizá cuestión del reconocimiento de la autodeterminación de género como derecho jurídico (o no) para garantizar la autonomía de las personas trans en relación con sus cuerpos; pero es, también, la negación o aceptación de las identidades trans, o incluso la asunción de la biología o el sexo como determinaciones vinculantes para la construcción de la identidad mujer. Incluso de cómo, para algunas, la teoría queer en general acarrearía un borrado sistemático de las mujeres y del régimen de la diferencia sexual (si lo interpretamos, otra vez, como estructura de dominación) en general. Hemos visto a la histórica militante feminista Lidia Falcón preguntándose si «es de izquierdas hormonar a un niño para que cambie de sexo», a la jurista Paula Fraga diciendo que la teoría queer significa la «institucionalización de la misoginia» y que las leyes de identidad de género «socavan los derechos de las mujeres»; al PSOE difundiendo un argumentario según el cual «la teoría queer [desdibuja y difumina] la realidad de las mujeres», firmado por la vicepresidenta primera y secretaria de Igualdad del PSOE Carmen Calvo y su secretario de Organización y ministro de Transportes José Luis Ábalos. Todas estas manifestaciones han sido criticadas, por parte del colectivo LGTB, como «muestras intolerables de transfobia», y se han ido generalizando en el seno del

r Dice Sara Ahmed, en una entrevista con Eudald Espluga publicada en *El Salto*: «Prefiero describir [la reacción antitrans] no como una corriente del feminismo radical, sino como una campaña de odio y discriminación contra las personas trans. [...] También lo que nos están indicando es que debemos estar alerta con el uso de la palabra «feminista», para que no se tergiverse su significado, al igual que ocurre con la [palabra] «diversidad»».

Partido Socialista y del colectivo feminista en general. Hay voces dentro del feminismo que han llegado a igualar a las personas trans, cual bloque homogéneo, a un supuesto «(falso) feminismo liberal» defensor, a una sola voz, de los derechos trans, la prostitución y los vientres de alquiler. ¿Cómo hemos llegado hasta aquí, qué implica todo esto y cómo posicionarse en un debate tan puntiagudo?

Son francamente desafortunadas algunas de las declaraciones del sociólogo Miquel Missé. En el séptimo capítulo de *A la conquista del cuerpo equivocado*, afirma que «en nuestro contexto, el feminismo está más abierto que nunca a escuchar las propuestas del activismo trans, y paradójicamente el activismo trans es más hostil que nunca con el feminismo. Con la popularización del concepto cis han emergido acusaciones constantes que apuntan que según quién no debería hablar «desde su privilegio cis»».[80] Ya he afirmado aquí, claro, que no comparto ninguna suerte de pensamiento que promueva que solamente aquellos que experimentan algo o alguna opresión están legitimados para hablar de ese algo o de esa opresión; no creo que solamente las personas trans puedan hablar de lo trans. Pero identificar la crítica de algunas personas trans a otras feministas con una hostilidad hacia el feminismo, en nuestro momento histórico, me parece un pensamiento muy peligroso, precisamente por lo cerca que está de dar cabida y cobijo a quienes se excusan en supuestas divergencias teóricas que no son tales para promover la violencia, el acoso y derribo. Si el feminismo estuvo más abierto que nunca a escuchar las propuestas de un transactivismo hostil, supongo que aquella situación no debió durar más de un año: en 2019 ya asistíamos a otra cosa completamente distinta.

Que no interprete nadie mis palabras, no obstante, como una carta blanca para recrudecer la comunicación (o, más veces que no, los insultos) entre transactivistas y transexcluyentes. No seré yo quien le quite a nadie su derecho a estar ya harto y cabreado o solicite moderación en sus palabras; los territorios del debate teórico, si es que pueden darse, y creo que este libro puede ser uno, sí que han de construirse desde el máximo respeto (y la condena a cualquier tipo de acoso y derribo, así como a los mensajes tránsfobos). Condenar moralmente las declaraciones de alguien no implica, en ningún caso, que desee su condena penal o administrativa. Hace ya muchos años que me posicioné, por ejemplo, contra la propuesta de Unidas Podemos de penalizar por medio de sanciones económicas los comentarios homófobos o tránsfobos en redes sociales: no creo que la izquierda deba asumir una posición o aspiración punitivista, de castigo. Y lo digo siendo una persona trans visible, con presencia en los medios de comunicación, que ha recibido con cierta frecuencia una violencia verbal particularmente cruda a través de las redes.

Defiendo el derecho de un fascista a llamarme travelo de mierda en un espacio virtual de libertad de expresión. Es gracias a defender ese ámbito privado en el cual todo puede decirse, y gracias a no perseguir una suerte de crimen de pensamiento, que puedo luego también declarar que ese tipo de discursos no deben tener presencia o ser fomentados por instituciones públicas. Quitarle al fascista su preciado derecho a insultarme de mil maneras diferentes le otorgaría el poder y la fantasía del censurado, el silenciado, el oprimido. No quiero que se construya esa imagen: prefiero que quede expuesto ante el mundo, simple y llanamente, como un cobarde, un parásito, un residuo. Y, en una lógica similar (sin compartir, por lo tanto, el fondo), defiendo el derecho de Lidia Falcón a decir las barbaridades que dice sin ser juzgada por lo penal o lo administrativo: me permite a mí ser juez desde otra perspectiva, con otras lógicas en las que sé que mi victoria tendrá más valor. No quiero que se le ofrezca ni siquiera la posibilidad de ser mártir o convertirse en una abanderada de la libertad de expresión, perseguida, supuesta auténtica representante del movimiento feminista.

Para deshacer el nudo vamos a tener que proceder por partes: he dividido en consecuencia este capítulo en dos mitades claramente dibujadas. En la primera de ellas confronto con seriedad y respeto la teoría de parte del *feminismo filosófico,* una institucionalización española del feminismo de la igualdad, que podemos identificar con diversas catedráticas de Filosofía distribuidas por todo el país, orbitando alrededor de la colección Feminismos de la editorial Cátedra: es el grupo compuesto, entre otras, por Amelia Valcárcel, Celia Amorós, Luisa Posada Kubissa o Ana de Miguel. Empleando en particular el pensamiento y las críticas de Luisa Posada Kubissa, que podemos concebir como síntesis suficiente de las críticas a lo trans o a una cierta concepción del género, me enfrentaré a lo que considero el caldo de cultivo teórico de esta reacción contra las personas trans y la teoría queer, empleando también la lectura de textos de Ana de Miguel o Amelia Valcárcel.

Pero no creo que los motivos principales de esta confrontación sean teóricos, filosóficos o conceptuales. Es por esto por lo que, en la segunda parte de este capítulo o inciso, examino la proposición de ley trans de 2018, surgida de un acuerdo y un debate entre colectivos LGTB y partidos políticos, para después analizar cuáles son las verdaderas causas de que, mientras escribo el ensayo, el debate se dé con tantísima violencia y agitación: la clave de lectura que propongo, finalmente, es más política (en el sentido de análisis político, que no programática) que filosófica, aunque también me esfuerzo en apuntar a las contradicciones internas del supuesto andamiaje de pensamiento en el cual se sustenta.

Vamos a andarnos con pies de plomo: ningún pasaje de la teoría a la práctica es fácil, pero de vez en cuando hay que ser de aquellas *que de lo oscuro hacia lo claro aspiran.* ¿Es verdad que «el género es un constructo creado por profesoras universitarias sectarias hace muchos años», que solo hay «sexo y cuerpo», que la ley trans pondría en peligro a las «mujeres biológicas»? ¿Qué fundamento tienen las supuestas críticas a la teoría queer, tanto por parte de filósofas como viniendo de activistas? ¿Y nos interesa *de verdad* tanto este debate, como sociedad, como para que cope los titulares y la información que recibimos sobre el feminismo, o se está más bien produciendo una partida de ajedrez cuyas intenciones son bien distintas a la dilucidación de una divergencia conceptual? Esas (y algunas más) son las preguntas a responder en este capítulo.

Problematizar el *feminismo filosófico*

Uno de los problemas fundamentales de la teoría queer (o, de manera más general, de las políticas trans en sí mismas) parecería ser, según el debate al que asistimos en medios, la utilización del género como una categoría de análisis que desvirtuaría el supuesto origen de la opresión femenina, al alejarse del sexo biológico y desvincular el análisis feminista del análisis del cuerpo o de la opresión *propia de las mujeres*. No obstante, cualquier lectura a las supuestas teóricas de cabecera de quienes se han pronunciado firmemente en contra de la teoría queer o de la ley trans nos revela que estos problemas con el género (en tanto que concepto a manejar) no son tales: estas pensadoras emplean sin mayor problema el concepto de *género* o de *identidad de género*, asumiéndolo como suyo; Luisa Posada Kubissa llega a hablar, por ejemplo, de «una identidad de género, la femenina, [dotada de contenido] por contrariedad con el paradigma sexual dominante, esto es, el masculino»,[81] o emplea las palabras *género* y *sexo* de forma indistinta.

¿Dónde está el problema si el problema no está ahí? Muchas de las lecturas de quienes supuestamente se apoyarían en estas corrientes del feminismo español se basan, más bien, en suposiciones previas de la segunda ola parecidos a los de Janice Raymond, particularmente conocidas por su activismo en contra de lo trans a finales del siglo pasado.[s] El debate se reduciría, más bien, a una puesta en valor del sexo y de un supuesto sexo biológico identificado como origen de la opresión, inmutable, y se vincularía incluso, en algunos casos, con ideas sobre la relación necesaria, fundamental y esencializante entre las mujeres y la naturaleza o la sabiduría mística, el *parler-femme* de Irigaray u otras conceptualizaciones propias de vertientes del feminismo de la diferencia. Aunque el problema no esté en el concepto del género en sí mismo, el pensamiento de estas autoras sí que se ve impregnado por estas influencias. Lo vemos, por ejemplo, en este fragmento:

> Vinculándose a otros movimientos sociales, la lucha feminista tiene que seguir manteniendo sus propias señas de identidad frente a un sistema de dominación específico, justamente el patriarcado que no solo no ha perdido las suyas, sino que las está reforzando. Un sistema de dominación frente al cual se han conseguido victorias precisamente desde unas políticas específicamente feministas que hoy tienen que incorporar a

s No es de recibo, y no sería mi intención condenar toda la segunda ola del feminismo como una etapa superada, tránsfoba, transmisógina: concibo, y seguiré sosteniendo esta concepción, que no debe naturalizarse ningún análisis, sino sostenerlo en su historicidad. Así, Andrea Dworkin, de esa misma segunda ola, enuncia en el ensayo «Androgyny: Androgyny, Fucking, and Community», de *Woman Hating,* que «el descubrimiento es, por supuesto, que «hombre» y «mujer» son ficciones, caricaturas, constructos sociales. Como modelos, son reduccionistas, totalitarios, inapropiados al devenir humano. Como roles, son estáticos, nefastos para la mujer, callejones sin salida tanto para hombres como para mujeres [...]. Somos claramente una especie multisexuada que tiene su sexualidad esparcida en un vasto continuo donde los elementos llamados hombre y mujer no son claramente diferenciados». Cita: Andrea Dworkin, «Androgyny: Androgyny, Fucking, and Community», en *Woman Hating*, 174, 183. (Nueva York: Penguin, 1974).

> sus discursos y sus prácticas la crítica y la resistencia a un presente económico-político neoliberal. Y en ello la política feminista coincide y se alía con otros movimientos sociales, sin que estas alianzas tengan que significar el abandono de una política específica que, creemos, todavía sigue siendo necesaria. Sobre todo si convenimos, con la filósofa Amelia Valcárcel, en que «el feminismo se declara a sí mismo como el movimiento político que lucha contra la desigualdad más antigua y más onerosa de todas, la justificada por el sexo, y el poder que la mantiene. El feminismo se autodeclara lucha contra el injustificado poder del colectivo genérico de los varones sobre el colectivo genérico de las mujeres». Y si suscribimos también las palabras de Ana de Miguel cuando declara que el triunfo de los objetivos del feminismo «requiere además la constitución de una identidad colectiva feminista, un Nosotras capaz de articularse en función de los intereses específicos de las *mujeres qua mujeres*, capaz de abstraer las profundas diferencias que por fuerza ha de tener un sujeto colectivo que afecta a la mitad de la humanidad».[82]

Así, al mismo tiempo, se hace referencia a un «colectivo genérico de los varones/colectivo genérico de las mujeres» y a una justificación de la desigualdad por el sexo: ambos términos no son en su pensamiento incompatibles, sino complementarios. La problematización para estas pensadoras de la noción del género estaría en una supuesta existencia meramente lingüística de esta última, reducida a posiciones de enunciación, pronombres y actos de habla, desvinculada de cualquier existencia del cuerpo, lo que borraría, en su componente material, aquello que da sentido a ese colectivo genérico de las mujeres y permite la articulación de una identidad colectiva feminista. Dicha noción del género como algo meramente lingüístico sería, aparentemente, la sostenida por la teoría queer. Pero ya hemos visto que no es el caso, y esto es admitido por la propia Luisa Posada Kubissa cuando analiza el pensamiento de Butler:

> Por lo tanto, al hablar de mi género y mi sexualidad, en realidad no nombramos una posesión, sino «maneras de ser desposeído, maneras de ser para otro o, de hecho, en virtud de otro». E incluso la dimensión corporal responde a esta misma desposesión, ya que «como cuerpos, siempre somos algo más que nosotros mismos y algo diferente de nosotros mismos». Esta desposesión devenida de una socialidad no elegida se traduce en una subjetividad que, más allá de todo espejismo de autonomía, depende del reconocimiento que el otro otorga o niega al «yo», o que el «yo» otorga o niega al otro, a través de un conjunto de normas. Pero las normas «mediante las cuales reconozco al otro e incluso a mí misma no son exclusivamente mías. Actúan en la medida en que son sociales, y exceden todo intercambio diádico condicionado por ellas». De manera que el reconocimiento no es un acto privado, sino que pone en juego toda la normatividad solo mediante la cual es posible reconocer o ser reconocido.[83]

Aquí, Kubissa interpreta que Butler concibe el género, como también he apuntado en capítulos anteriores, como una cuestión de relacionalidad, convención y normatividad; y, en este caso, el pensamiento de Butler está bien asimilado, integrado y analizado..., lo cual provoca que la hipótesis de la teoría queer como elemento vaciador de significado del género se caiga por su propio peso. Un análisis mucho menos fino es, por ejemplo, el que encontramos en la filósofa Ana de Miguel (capaz, incluso, de mezclar lo queer con la pedofilia, la zoofilia o el BDSM)[84], cuando dice:

> En esta cuestión tenemos un desacuerdo profundo con las corrientes del feminismo que mantienen que al sistema de poder

> patriarcal se le desafía cambiando la forma de vestir, la forma de peinarse o cualquier elemento relacionado con lo que denominan *performance*, la reiterada representación gestual de ser una mujer.[85]

Esta mala lectura viene de la incomprensión que denunciábamos con anterioridad. Ya lo he dicho, pero quizás haga falta repetirlo: el género no es, para Butler, una *performance*, y menos, dentro de desarrollos posteriores a *Cuerpos que importan*: el género es performativo, pues construye la misma realidad en la que opera cada vez que se participa de él a través de la iteración. La asunción de esta concepción del género como relacionalidad, e incluso su integración de forma coherente, no impiden posicionamientos firmes en contra de Butler. Luisa Posada Kubissa la critica por considerar que «toda identidad es inherentemente opresiva y excluyente»,[86] al asumir que el poder, como una red compleja que incluye cómplices entre los oprimidos y que no se desarrolla como una pura e impoluta dialéctica de dominación, «parece imposibilitar un análisis de género, que identifique una opresión colectiva, la opresión patriarcal, sobre el conjunto de las mujeres». Concibe Posada, incluso, en cuanto a la interpretación butleriana de Foucault, que esta implica «la imposibilidad misma de un proyecto feminista de transformación y de emancipación y, por ello, [de] una desactivación de la carga reivindicativa del feminismo».[87]

El problema de todas estas consideraciones es su compleja relación ya no con la cuestión trans o con articulaciones lesbianas o queer, sino con cualquier tipo de interseccionalidad, que entra necesariamente en discordia con la posibilidad de construir un Nosotras homogéneo. Aquí choca el punto de vista esencialmente moderno de estas pensadoras con los análisis que llegan a través del estructuralismo y del posestructuralismo, que complejizan y enriquecen la teoría no con el objetivo de desligarla de la realidad, sino, precisamente, para describirla de forma más precisa. Pero esta herencia, no solo foucaltiana, es calificada por el feminismo filosófico como peligrosa, y conduce «a un callejón sin salida, un callejón donde se hace inviable teorizar la transformación de las condiciones de sumisión del sexo femenino, su constitución como agente revolucionario de un proceso emancipador y la aplicación de las herramientas analíticas que, como la categoría de «género», el pensamiento feminista ha ido elaborando de cara a estos objetivos. En suma, como dice Alcoff, podríamos estar ante la amenaza misma de «aniquilar el propio feminismo»».[88]

Esta aniquilación del propio feminismo por culpa del posestructuralismo, de la teoría queer o de las personas trans ha sido uno de los grandes argumentos esgrimidos por parte del activismo transexcluyente con tal de rechazar tanto estas teorías como cambios legales que en ellas se ampararan: es, de hecho, el motivo por el cual, siguiendo el modelo británico, uno de los principales grupos de este movimiento transexcluyente lleva el nombre Contra el Borrado de las Mujeres. Pero esta insistencia en la construcción de un Nosotras homogéneo es también un identitarismo; en este caso, un identitarismo del sexo o de la ficción del sexo, pues se fundamenta en esa ficción de una mujer «biológica» y homogénea, y en la concepción de que es a partir de esa biología subyacente desde donde se origina y tiene lugar la opresión de las mujeres. Este mismo identitarismo construye una experiencia única del ser mujer, ligada con vivencias del cuerpo tales como la regla o la maternidad; experiencia que excluye por sí misma la existencia de vivencias de la mujer fuera de esa historia unívoca. Como ya anuncié anteriormente, el origen del género sí que reposa en una materialidad biológica: el género *surge* por necesidad de una materialidad primera, por una determinación, pero se deshace de ese primer componente biológico para entrar en el terreno de lo simbólico, lo convencional, lo iterativo, desligándose de la realidad material que lo precedió en un momento dado.

Todo esto sin entrar en que esa defensa de que las condiciones de sumisión a analizar sean estrictamente las del sexo femenino va en contra del principio mismo de la relacionalidad que Luisa Posada Kubissa admitía a Butler. Ya lo advertíamos a partir del análisis fenomenológico de Merleau-Ponty: a un cuerpo humano subyace, si es examinado a través de la mirada, un esquema sexual compuesto por los fantasmas individuales del imaginario del sujeto, que son estandarizados según una subjetivación más amplia, dada a una escala social, por haber aprendido los códigos y el lenguaje del género. A través de la mirada se percibe a los cuerpos o individuos como hombres, mujeres, maricas, bolleras o incluso sujetos *monstruosos* o *perversos*. Son esas miradas y esas identificaciones las que provocan la violencia: por una parte, reforzando esa misma dicotomía entre hombres y mujeres en la cual insisten las feministas del feminismo filosófico, haciendo hincapié en la supuestamente necesaria dominación de la mujer por parte del hombre, pero también reprimiendo aquello que se sale de la norma y que no encaja en los estándares de la expresión normativa de género; se trata de una disidencia que se aprende a suprimir o, si no es suprimida, a violentar. Es a partir de aquí desde donde podemos plantearnos si, al no tener en cuenta esas distintas ramificaciones, la insistencia en el Nosotras solidificado en una única categoría de mujer no supone un nuevo identitarismo que difuminaría el resto de las violencias, al hacer como si no existieran o no tuvieran una misma raíz en el sistema del género.

Así, dice Luisa Posada Kubissa, otra vez con Butler:

> Pero ¿qué es la violencia como tal? Hay violencia incluso en la propia interrogación sobre el género, cuando uno se pregunta si soy acaso un género, si tengo una sexualidad. Esa interrogante violenta al sujeto al reducirlo a la norma que prescribe qué sea el género o la identidad sexual. Y de este modo, la afirmación

genérica o sexual es una forma de desposesión, al provenir de fuera del «yo» que la performa como suya.[89]

No podemos sino estar de acuerdo, claro. Pero también ampliarlo: la violencia puede producirse en confrontación con esa norma impuesta, mas también tiene lugar cuando es el otro quien se plantea ese interrogante: contra buena parte de la población que se ha identificado como trans, travesti o queer, la violencia encuentra su raíz en la pregunta que se hace el otro. ¿Cuál es el género de la persona que tengo delante, si acaso lo es, y por qué no se conforma con lo normativo? ¿Cuál es su sexualidad? En la fórmula esgrimida por Lacan al tratar la angustia y el deseo del Otro, *Che vuoi?*, la pregunta del género toma precisamente el carácter de esa mascarada de la identidad, en la cual el sujeto se pregunta *qué desea el Otro de mí* y, también, *qué puedo ser yo* o *qué puedo llegar a ser* para ese Otro. En los casos de múltiples violencias contra las mujeres trans, sean violaciones o feminicidios, la vigilancia y el castigo se imponen, a modo de corrección o de aprendizaje a través de la fuerza, al querer reducir a un sujeto a esa misma norma que prescribe lo que es el género y la identidad sexual, cuando la percepción primera del Otro no concuerda con la percepción posterior de lo que habría de ser el cuerpo de una mujer, y cuando su masculinidad, como sujeto deseante heterosexual, se ve puesta en cuestión. Pese a todo, Luisa Posada Kubissa concluye lo siguiente:

> Aun aceptando que nadie, ni tampoco las mujeres, nace con una identidad dada y que determine sus necesidades, y que, por lo tanto, toda identidad está marcada por el contexto, la posición y el poder, cabe plantear una política feminista que, aliada con otros movimientos sociales, mantenga sus señas de identidad en torno a una «identidad estratégica-mujeres».[90]

Aquí lo vemos esbozado en términos mucho más honestos: por primera vez, no encontramos una referencia a un Nosotras, o a una comunidad genérica de hembras o mujeres, o a una existencia uniforme y en bloque del colectivo de las mujeres, sino a una «identidad estratégica-mujeres». Lo fundamental es que, como cualquier estrategia, la «identidad estratégica-mujeres» puede ser discutida, y también sus componentes. Lo importante es que, para gran parte del lado transexcluyente del debate, esa identidad estratégica ha sido tomada como una condición *sine qua non* en lugar de como una estrategia o decisión política, y eso condena toda discusión posible con la teoría queer o con planteamientos más interseccionales a un callejón sin salida.

Concebir que aquello que una vanguardia teórica ha identificado como identidad estratégica no debe mutar o ser puesto en debate es concebir que lo político y sus estrategias no merecen un debate discursivo: han de ser una imposición vertical. Es, también, no asumir que esa misma identidad estratégica ha sido extensamente debatida y criticada desde teorías de la interseccionalidad, señalando en qué momentos toda construcción de una pluralidad resulta excluyente para/con aquello que no contiene, dejando fuera un resto. Si la identidad «mujeres» es estratégica, lo ha de ser porque se aspire a que tenga ciertos efectos, una efectividad dada, que sea útil en algún sentido y provoque unos cambios. Negarse a debatir sobre qué identidad política resultaría de mayor utilidad es tergiversar, precisamente, el componente estratégico de la susodicha: algo no puede ser político o estratégico si no es posible debatirlo, pues en el mismo momento en el que se niega cualquier debate sobre la categoría mujer se está sacralizando esa misma identidad. Nos encontramos aquí con el mismo debate que trataba en el capítulo dos, en relación con el concepto de lo trans: no concibo que sostener yo la misma postura en ambos casos constituya equidistancia alguna, sino más bien un ejemplo de coherencia intelectual. Aquí, como en cualquier parte, la teoría debe estar abierta a debatirlo todo: todos los terrenos están abiertos, pues desconocemos la totalidad de sus potencialidades.

Curiosamente, para algunas de estas pensadoras (o, al menos, para quienes aparentaran seguir sus postulados en las guerras culturales de las redes), esta unión en torno a la «identidad estratégica-mujeres» sería la única manera de acercarse a la «abolición del género» como meta y fin último del feminismo, opuesta a la tendencia de la teoría queer, que pediría «[ceder] la palabra de «las mujeres» a las «multitudes queer», [entendiendo] el «género» como «tecno-género»». [91] No se trata de un planteamiento sostenible, pues el cuestionamiento de la teoría queer no es un desplazamiento del micrófono, sino, en todo caso, un cuestionamiento sobre la identidad como mujer; además, como ya hemos expuesto al examinar a De Lauretis, el hecho de que el género pueda ser concebido como tecnología lingüística no hace de él un tecno-género, y ese análisis del género es muy similar a la relacionalidad que Kubissa sí daba como válida en su lectura de Butler.

Si se habla de tecno-género por la teoría de Preciado, ya he explicitado que no podemos considerar las sustancias como constitutivas, y creo que el propio Preciado sostiene una concepción de la relacionalidad mucho más compleja, reduciendo la pertinencia de análisis así de simplistas; como cuando se afirma que, «en cuanto al *Testo yonqui*, puede decirse que su óptica roza una posición de carácter biologicista, ya que la posible revolución del sistema heterosexual gravita en la idea de que lo hormonal es destino, en definitiva, en un determinismo hormonal».[92]

Es divertido ver al cazador cazado o a quienes insistían en la especificidad de una categoría política de mujeres fundamentada en nociones simplistas del sexo biológico criticar el supuesto biologicismo de otros. Tengo que romper aquí una lanza a favor de Preciado, pues no creo que, en última instancia, adjudique tantísima valía (o al menos no en sus desarrollos posteriores) a lo puramente hormonal, después de haberlo experimentado él mismo: pero lo hormonal tiene un efecto sobre el cuerpo visible, lo cual tiene un efecto necesario sobre la relacionalidad y la manera en que un cuerpo es percibido; afirmar esto *no* es ser biologicista. Es, simplemente, afirmar la realidad de un cuerpo capaz de mutar.

Volviendo a la cuestión de la abolición del género, Luisa Posada Kubissa afirma lo siguiente:

> Pero una cuestión que queda abierta es la de si la producción de esas contra-sexualidades, en tanto que práctica de resistencia al binarismo genérico-sexual, es suficiente para acabar con las relaciones de poder entre los sexos. Cabría pensar la transgresión de la normatividad de género sin que se derrocara por la misma la estructural desigualdad entre hombres y mujeres, sino que tan solo resultara menos perceptible o más enmascarada. Dicho en otras palabras: resistir al orden heterosexual obligatorio es resistir a un constituyente esencial del sistema patriarcal, pero no al patriarcado como sistema de dominación en su totalidad.[93]

Estoy de acuerdo en la problematización de la producción de contrasexualidades o en la crítica al potencial emancipatorio de ciertas prácticas subalternas, desde luego, y yo también tendría mis dudas sobre si esas prácticas son capaces de acabar con las relaciones de poder entre los sexos (si tomamos *sexos* como un término intercambiable con *géneros*, algo más o menos lógico de modo lingüístico en el castellano); no obstante, veo lejísimos esa impugnación total y absoluta al patriarcado como sistema de dominación de la cual habla Kubissa, similar al horizonte de la abolición del género como objetivo final del feminismo, y discrepo en tanto que no concibo que la transgresión de la normatividad de género simplemente enmascare o haga menos perceptible la estructural desigualdad entre hombres y mujeres. Creo que la modifica de forma genuina al transformar los términos lingüísticos del lenguaje; y me muestro igual de escéptica, en relación con la abolición del género, que la misma Amelia Valcárcel, compañera de Kubissa y Ana de Miguel en la trinchera del feminismo filosófico, cuando afirma:

> Imaginemos un mundo en donde ser varón o ser mujer tan solo tiene sentido, es decir, es pertinente, en el orden reproductivo. Eso es hasta posible pensarlo. Pero ese no es el problema, sino este otro: la teoría feminista, a causa del carácter fundante en el orden simbólico, del par varón-mujer, ha de renunciar no solo a este par, sino a las enantiologías en general. Tiene que imaginar un mundo donde, en general, cualquier orden explicativo prescindiera de la distinción por pares de todo lo que en el mundo acontece, porque la raíz de la distinción por pares, sostiene, es la propia distinción de los sexos. Aquí se plantea la última cuestión filosófica: ¿la máquina de pensar es capaz de hacer algo si no funciona con pares de opuestos? Me parece que no, aunque intentos han existido: las tríadas de Hegel, las tétradas de Schelling, las péntadas de Fichte. Pero todas ellas no lograron abatir el orden dual, fijado en el lenguaje con absoluta impronta.[94]

Admitamos, pues, que existe un orden dual fijado en el lenguaje (y, también, fijado en el género en tanto que tecnología lingüística o sistema de ordenación de símbolos) con absoluta impronta, del cual difícilmente podremos deshacernos; esto implicaría, de la misma manera, que el estiramiento de los códigos del género produce sujetos que transitan entre esa dualidad sin deshacerla, lo cual es completamente coherente con el resto de las posiciones que sostengo en este ensayo en relación con los géneros no binarios o con la imposibilidad de escapar a la codificación dentro del género como sistema lingüístico.

Podemos extraer las siguientes conclusiones aún coherentes después de la disputación con parte del feminismo filosófico: que se concibe un feminismo articulado en torno a una «identidad estratégica-mujeres», admitiendo que no se nazca con esa identidad innata y conservando nociones de la relacionalidad propuestas por Butler; que se considera la abolición del género como una probable imposibilidad, a causa de «la total impronta del orden dual en el lenguaje», y que «hay violencia incluso en la propia interrogación sobre el género». Al final, en un giro irónico de los acontecimientos, el propio feminismo filosófico va a resultar ser transfeminista y posmoqueer, y Paul B. Preciado, un biologicista: tanto ruido sobre un supuesto andamiaje teórico sólido por parte del movimiento transexcluyente para que al final le queden tan pocas nueces.

Escenas de guerra partidista

Hemos examinado las propuestas teóricas del llamado «feminismo filosófico», constituido en torno a un grupo de intelectuales cuya composición ya he desgranado, y no creo que después de ese análisis se pueda argumentar seriamente que tenemos entre manos una cuestión específicamente teórica o filosófica y no, sobre todo, una divergencia política; o, incluso, como aventuro ahora y como veremos en unos instantes, un debate de carácter profundamente partidista. Quedan por analizar algunos escollos que podemos resumir dividiéndolos en dos subpartes: cuestiones en relación con la proposición de ley trans pactada con los colectivos en 2018 y las definiciones que se proponen en esa ley, por un lado; por el otro, la intrahistoria política que nos lleva a la situación actual.

Examinemos el texto introductorio y la parte legislativa de la proposición de ley trans de 2018:

> En el Estado español desde el 15 de marzo de 2007 está vigente la Ley 3/2007, reguladora de la rectificación registral de la

> mención relativa al sexo de las personas (Ley 3/2007), texto que destaca por ser la primera disposición jurídica en España en virtud de la cual las personas transexuales son sujeto de derecho. En esta ley, el reconocimiento del cambio de nombre y sexo registral se desvincula de la cirugía genital para quienes se identifican con una de las dos categorías sexogenéricas reconocidas y desean modificar la inscripción relativa al sexo en el Registro Civil y con ello cambiar el nombre en la documentación oficial. Este procedimiento solo está permitido para aquellas personas con nacionalidad española, mayores de edad y con capacidad para ello, una vez acreditado, mediante informe médico de diagnóstico de disforia de género, llevar bajo tratamiento médico durante al menos dos años para acomodar las características físicas a las correspondientes al sexo reclamado y carecer de patología mental alguna. Este procedimiento gubernativo parte del presupuesto de un sujeto jurídico transexual unívoco, ante una forma única de obtener el reconocimiento legal de su identidad de género, de manera que otras personas trans no identificadas desde el constructo binario hombre-mujer carecen de protección jurídica, pero tampoco brinda protección a otras personas trans en situación de vulnerabilidad como son los y las menores de dieciocho años y las personas trans migrantes.

Aquí, en un primer momento, tendríamos que ver a qué nos estamos refiriendo cuando hablamos de una noción como la «protección jurídica [de aquellas personas trans no identificadas desde el constructo binario hombre-mujer]»: ¿a qué nos estamos refiriendo, de qué mecanismos de protección e integración estamos hablando, cuáles son las necesidades propias de esta comunidad a la cual se vulnera a través de «compromisos normativos tradicionales, invasivos y binaristas»? Para saberlo, hemos de recurrir a las definiciones que el propio texto propone de la identidad sexual o de género, de las personas trans y de las personas no binarias, que reproduzco aquí:

> «Identidad sexual o de género»: Aquella vivencia interna y personal del género tal y como cada persona la siente y determina, que puede o no corresponder con el sexo asignado al nacer, e incluye el sentido y vivencia personal del cuerpo a través o no de modificaciones en la apariencia o funciones corporales, a través de prácticas farmacológicas o quirúrgicas, siempre desde la autodeterminación personal.
>
> «Personas trans»: Personas cuya identidad sexual, de género y/o expresión de género no es la que se les asignó al nacer en base a la lectura normativa y restrictiva que el sistema médico-legal viene realizando al examinar los genitales con los que nacieron (pene o vulva). Su identidad, por tanto, no se corresponde con las normas y expectativas sociales asociadas con el sexo asignado al nacer, y que históricamente ha sido la causa de la discriminación hacia estas personas. Algunas personas trans deciden someterse a procedimientos médicos, como cirugías (de genitales u otras) o tratamientos hormonales, entre otros, mientras que otras personas trans deciden no someterse a ninguna intervención médica. A efectos de esta ley, se entiende como un término meramente jurídico, que puede o no coincidir con los términos empleados por la persona para autodefinir su condición, tales como personas transgénero, transexuales, travestis, hombres o niños con vulva, mujeres o niñas con pene, variantes de género, queer, personas no binarias u otros.
>
> «Personas no binarias»: Personas cuya identidad sexual, de género y/o expresión de género se ubica fuera de los conceptos de

hombre/mujer y/o masculino/femenino, o fluctúa entre ellos. Las personas no binarias pueden o no emplear un género gramatical neutro, pueden o no someterse a procedimientos médicos, pueden o no tener o desear una apariencia andrógina, y pueden o no utilizar otros términos específicos para describir su identidad de género, como pueden ser, entre otros, género queer, variantes de género, género neutro, otro, ninguno o fluido.

El problema fundamental está en la definición de la identidad sexual o de género como una «vivencia interna y personal del género tal y como cada persona la siente y determina», lo cual viene a elevar a categoría jurídica un sentimiento individual o una relación individual con todo un sistema conceptual y con la integridad de un análisis posible, evitando cualquier perspectiva relacional (de difícil incorporación, de todos modos, al sistema jurídico). La consecuencia inmediata a nivel jurídico a la cual esto nos llevaría es a la admisión de una tercera categoría de nombramiento de las personas a efectos registrales y legales: ya no como hombres o como mujeres, sino también bajo una etiqueta para aquellos que se consideren dentro de la categoría *no binario* o *indefinido*.

Nos encontramos con que esta consideración parte, más que otra cosa, de una relación política con el género: el desacuerdo con su funcionamiento en tanto que sistema normativo y con los roles que impone en la actualidad. Pero, si consideramos dichos roles como sustrato de una opresión o de un sistema de desigualdades, ese desacuerdo habría de ser algo generalizado a nivel social, al menos desde cualquier óptica progresista o transformadora (como dice Miquel Missé, lo normal es fracasar en el cumplimiento de las normas del género): ¿por qué elevar el desacuerdo político a un nivel jurídico, o legislar una categoría jurídica completamente aparte con la intención de aliviar un supuesto sufrimiento psicológico de unas personas? ¿Cómo interactuaría esta categoría con leyes como la ley de violencia de género, cómo adaptar todo un sistema de garantías jurídicas a la realidad existente?

Es problemático considerar los efectos de que cualquier persona, al declarar su voluntad de no tener nada que ver con el sistema del género, pudiera eludir sus implicaciones específicas a nivel social, que son *de facto* ineludibles, o al menos evitarlas *de iure*: la legislación de lo no binario o la legislación más allá de un sistema binario del género no acaba con el género como lenguaje en sí mismo, que sí está organizado de forma, si no binaria, sí fuertemente dual. Las dudas en cuanto a esta categorización están justificadas, y son dudas para las cuales no tengo todas las respuestas: lo único que puedo decir es que un debate que se centre en esas dudas particulares me parece un debate, desde luego, pertinente y digno de darse. ¿Qué puede implicar a nivel jurídico que una persona, en un mundo de socialización binaria, se identifique como género queer, género neutro, ninguno o fluido? ¿Y podemos realmente legislar sin tener en cuenta cómo opera el género a nivel de sistema de inteligibilidad, simplemente basándonos en nociones tan difusas como la identificación? No soy jurista, ni es mi terreno de especialidad; pero tampoco tengo la impresión de que el grueso de debate se centre en estas posibilidades jurídicas aún por explorar.

Podría incluso darse el caso, particularmente absurdo, de que el intento de paliar una supuesta opresión acabase reconstruyendo y reforzando la susodicha: la categoría *no binario* o *indefinido* a nivel registral, por resultar extremadamente minoritaria, funcionaría como un instrumento para señalar la diferencia a nivel jurídico y administrativo, apartando a ciertos sujetos de lo que se supone es una vida jurídicamente normal. No creo que sea lo que haya sucedido en aquellos lugares donde se ha incorporado esa categorización, pero sí que resulta una problemática posible, y lo es por el mero hecho de que la realidad no binaria no tiene capacidad genuina de mostrarse más allá del terreno de la corrección o de lo performativo. La mera existencia de un gran porcentaje de la población capaz de inscribirse sin mayor problema dentro de una categorización binaria actúa ya como factor que reifica y otorga poder al sistema del género. No hablo aquí de que no haya entre sujetos variaciones cromosómicas o en sus caracteres sexuales secundarios: digo, simple y llanamente, que la mirada del otro y su percepción son frecuentemente capaces de asimilar esas variaciones y construir un esquema sexual subyacente que guarde coherencia y cohesión. Si compramos el argumento según el cual no hace falta ninguna modificación del comportamiento o del aspecto para ser categorizado como trans (¿y por qué no lo compraríamos?), incluso lo trans solamente llegaría a constituir una realidad meramente enunciativa, que no pasa a ser si no es a través de un acto de habla.

La realidad que construye este acto de habla es la realidad de una corrección; lo es, precisamente, porque el esquema sexual subyacente del cual el sujeto que observa ya se ha hecho una idea ocupa un lugar anterior a la palabra, aunque cosas como la voz (que también conlleva una fuerte carga de generización) puedan modificarlo; y el olvido de ese esquema sexual subyacente es difícil, por lo que la corrección actúa como un proceso administrativo o burocrático incluso cuando se desliga de los campos de la administración y pasa a formar parte de la vida cotidiana. Si las personas de género no binario «también quedan protegidas bajo el presente título», ¿qué colectivo jurídico coherente se aspira a constituir si no es el de aquellos que, a través de un mero acto de habla, de una frase, adquirirían la personalidad jurídica de lo oprimido? ¿Se puede acaso hacer del sufrimiento individual y personal, legítimo, que la sociedad, sin lugar a dudas, debe hacer todo lo posible para paliar, el fundamento de una opresión y de una personalidad jurídica diferenciada?

Más allá de este tipo de elucubraciones, la consecuencia inmediata real de esta serie de modificaciones legales será, probablemente, la nada. Sucederá lo mismo con la modificación propuesta por Catalunya en Comú-Podem a la Ley 5/2008 de 24 de abril del derecho de las mujeres a erradicar la violencia machista. En uno de los cambios más señalados por ciertos sectores feministas, se incidía en que «las mujeres transgénero, las personas intersexuales, las identidades no binarias y aquellas que no quieran relacionarse con ningún espectro del género binario y que sufren violencia machista se equiparan a las mujeres que han sufrido esta violencia en los efectos de los derechos establecidos en esta ley». Párrafos así redactados incurren en el error de separar, primero, a las mujeres trans de las mujeres cis, como si (tal y como intuíamos en un primer momento del ensayo y retomaremos después) lo trans pudiera decirnos algo fundamental sobre el sujeto al cual designa, y excluyen funcionalmente a las mujeres transgénero de pertenecer a la categoría de mujeres, por la cual ya estaban, teóricamente, cubiertas en la versión anterior de la ley. No habrá ningún efecto llamada, pero quizá sí que es peligroso que uno de los criterios para recibir ayudas relacionadas con la violencia de género pase a ser el querer o no relacionarse con el espectro del género no binario. Aquí la ley exalta la importancia de la decisión individual con relación a una estructura y, con la intención de ser inclusiva, engendra una aberración legal en la cual el mero hecho de afirmarse políticamente respecto a una estructura social (declararse, pues, en desacuerdo con los fundamentos de ese sistema, que sigue funcionando estemos o no de acuerdo con él) es condición suficiente para el acceso a ciertos derechos establecidos por la ley. Lo peor de este tipo de marcos o experimentos legales es que realizan parcialmente la caricatura burda y mezquina que se ha hecho de lo trans como algo fundamentado en la autoafirmación, en la declaración de uno mismo como algo o en un posicionamiento político, lo que resulta, *de facto*, infinitamente más peligroso para los propios intereses de las personas trans que cuestiones como el anteproyecto de ley trans estatal. El hecho de que dicha modificación haya sido aprobada con los votos de Catalunya en Comú-Podem, Junts per Catalunya, Ciudadanos, Esquerra Republicana y la CUP lo que explicita, más que otra cosa, es que estos debates son ocasiones para ponerse ciertas medallitas y presentarse dignamente ante la galería según lo que mejor convenga en la ocasión dada, y no cuestiones con una cierta seriedad. Que no se me malinterprete ni por un lado ni por el otro: el hecho de que no conciba que una decisión política (no querer tener relación con el espectro binario del género) deba ser recogida por la ley como motivo para otorgar unos derechos dados no implica que «invalide» o «cuestione» la existencia de aquellas personas que se identifiquen bajo una identidad no binaria o afirmen no querer relacionarse con el sistema. Cada uno puede sentirse como quiera y hacer las afirmaciones políticas que le dé la gana, igual que sucede con la abolición del género, y cada uno puede integrar tan profundamente como desee sus parecidos políticos en aquello que constituye su identidad; pero la ley no debe ser un reflejo de identidades o reconocer todos y cada uno de los sentimientos de los individuos, sino de funcionamientos y órdenes sociales.

Vamos a examinar con un poco de distancia lo que estoy discutiendo aquí. Fíjate bien: hablo de lo que la ley debería ser y qué debería promover, como tendría que estructurarse, cómo podría tener sentido. Si mi manera de discutir las cuestiones legales de lo trans es, en el fondo, tan teórica, esto no es sino la consecuencia de que el contenido me da mucho más igual que el continente. No creo que sea prioritario otorgar una personalidad jurídica particular a las personas no binarias por los motivos ya expuestos: no hay unos factores concretos de denominación común entre quienes así se consideran a sí mismos y no se debe legislar según las relaciones que unos individuos afirmen tener con una estructura político-social concreta. La personalidad jurídica de las personas no binarias, además, si es algo que realmente nos planteamos implantar en la legislatura, no tendría que ser un mero añadido a una ley regional sobre la violencia contra las mujeres, sino estar bien definida, constar a efectos concretos y servir, en definitiva, para algo; el problema es que considero que no sería útil para nada. Todos estos debates, al final, me cansan, porque no los veo tan prioritarios ni tan tremendos ni tan graves. Me parece que aquellos que pretenden deconstruir el sistema del género se equivocan gravemente al centrar todos sus esfuerzos en que un estado (que según ellos mismos está fundamentado sobre estructuras de poder ya de por sí patriarcales) tenga a bien reconocerlos a través de una categoría registral específica; me parece que ignoran los peligros de hacer pública y abierta ese tipo de clasificación, particularmente si el estado cambiara en algún momento de gobernantes. Las personas trans no son tantas y las personas no binarias son menos: es importante hacer reparaciones (¡y qué justicia habría si las instituciones pidieran perdón por los males que ellas mismas provocaron!) y es importante otorgar derechos, claro, pero más aún ver cómo se otorgan y qué precedentes jurídicos sientan.

No compro los argumentos según los cuales la ley trans implicaría una multitud de hombres cambiando su sexo oficial con la intención de eludir condenas agravadas por la ley de violencia de género, porque tampoco concibo la justicia como un sistema inherentemente punitivista: sí creo que deben observarse mecanismos capaces de supervisar estas cuestiones, y que hay preguntas que tendremos necesariamente que plantearnos. Pero vuelvo a insistir: el núcleo del debate, que podría estar aquí y darse de forma seria y sosegada, no radica en esta cuestión.

Algo a lo que tenemos que enfrentarnos, al final, es al hecho de que una ley no puede erradicar o acabar con el sistema del género, ni con la discriminación a las personas trans, ni con el machismo ni con la homofobia. Es por esto por lo que, al centrar uno de los objetivos de la ley en «establecer medidas y medios que garanticen el ejercicio pleno del derecho a la autodeterminación de la identidad sexual y expresión de género en el ámbito sanitario, educativo, laboral, social, cultural, deportivo, económico y político, así como en el ejercicio de otros derechos fundamentales», lo que se está legislando es una imposibilidad: acabar con la discriminación *de iure* sin finiquitarla *de facto*. No se puede impedir que el género funcione como un sistema de inteligibilidad, de lectura y comprensión del otro: aunque una persona sea reconocida como género fluido o género no binario, no se puede transformar a golpe de decreto una sociedad entera para que se la perciba de una manera distinta a como se la ha percibido hasta ahora. El cambio profundo a dar es cultural y lingüístico (en el sentido del género como lenguaje), no legal, y es por eso por lo que varios componentes de la ley trans consensuada entre Unidas Podemos y los colectivos están absolutamente vacíos de significado: pretenden modificar algo cuya modificación no está al alcance de su mano, ni al alcance del poder de la ley; pretenden hacer lo imposible a través de disposiciones y marcos jurídicos.

Es aquí donde llegamos a uno de los aspectos más importantes de la cuestión: las tensiones entre el PSOE y Unidas Podemos una vez que forman un gobierno de coalición y, en consecuencia, Unidas Podemos se hace con el Ministerio de Igualdad y la iniciativa propositiva en lo que a igualdad se refiere. El Partido Socialista Obrero Español sostiene, podríamos aventurar, una concepción patrimonialista del feminismo y del movimiento LGTBI: como la mayor parte de los avances a nivel legal han ido históricamente de la mano del PSOE, y como estos son identificados con la imagen de un país o de una España moderna y progresista, la identificación con estos avances se construye como una identificación con el propio PSOE, partido centrifugadora capaz de absorberlo todo y de resolver cualquier contradicción en su seno como si nada sucediera.

Las relaciones entre estos componentes no fueron siempre tan ideales (ni lo serán siempre, debemos recordar): siguiendo a Raquel Lucas Platero, «en 1991 la ministra de Sanidad María Ángeles

Amador [del Partido Socialista] rechazaba la inclusión de la transexualidad en la cartera de servicios ofrecidos por la Seguridad Social, aludiendo a la reducida demografía y a que no era una cuestión de necesidad»; asimismo, en 1995, «el gobierno excluyó expresamente del catálogo general de prestaciones sanitarias del Sistema Nacional de Salud la «cirugía de cambio de sexo, salvo en estados de intersexualidad patológica»». No fue hasta 1999 que el PSOE, impulsado por activistas como Pedro Zerolo, se movió hacia una propuesta legislativa... que no permitiría, bajo ningún concepto, el cambio de la mención registral del sexo. Vinieron después los años del matrimonio homosexual y otras conquistas del movimiento LGTB español: en palabras de Platero, «durante el año 2006 existía la percepción de que el Partido Socialista ya había hecho mucho, y los derechos de los transexuales no eran su principal prioridad [...]. Como resultado, en abril de 2006, algunas activistas transexuales socialistas, visiblemente encabezadas por Carla Antonelli, amenazaron con hacer una huelga de hambre, haciendo evidente la fractura dentro del partido y de la FELGTB».[95]

De esta intrahistoria del socialismo español y su relación con las personas trans podemos extraer varias conclusiones: la primera de ellas sería que, si nos restringimos al cálculo, las medidas del PSOE en relación con el colectivo trans no vendrían nunca de la consideración de que el susodicho colectivo constituya un verdadero caladero de votos, y en esto no podemos sino darle la razón al PSOE, al considerar lo trans, si existe como tal, como una minoría estadísticamente irrelevante a nivel electoral; en consecuencia, el motivo principal a nivel político para otorgar derechos a las personas trans o modificar las leyes en su favor no sería otro, precisamente, que la propagación de un ideal de una España (y de un partido que la representa, en tanto que partido de Estado) moderna y progresista, y una orientación basada no solo en la opinión pública del momento, sino también en la posibilidad de cambiarla a medio plazo: quizá no todos los electores socialistas comprendieran en su momento la necesidad de otorgar derechos a las personas trans, pero esos mismos derechos compraban, de una parte, la conformidad y aceptación del colectivo LGTB a los ideales socialistas, que pasaban a representarlos, y podían con el tiempo llegar a asumirse dentro de un legado supuestamente representativo de la defensa de los derechos humanos y de unos ciertos valores.

El espacio político a la izquierda del PSOE, al menos el parlamentario, sí que ha asumido históricamente, en buena parte, la defensa de la causa de las personas trans; es un espacio que en su momento simbolizó Izquierda Unida y que en 2021 podemos identificar con la coalición Unidas Podemos y con las opciones municipalistas. Si el PSOE se había alineado con una institucionalización del movimiento LGTB que bordeaba la actitud patrimonialista, el espacio político a la izquierda del PSOE constituía el espacio natural de aquella parte de las personas trans que abogaran, por ejemplo, por la despatologización de lo trans o por tesis más radicales dentro de lo queer: conceptualizaciones menos institucionalizadas.

El recelo de lo que hemos denominado «feminismo filosófico» (que, como hemos examinado, se articula en un grupo muy particular de pensadoras españolas del feminismo de la igualdad) ante lo queer o lo trans se debe, en parte, a razones teóricas y conceptuales, incluso a argumentos de bioética en el caso de algunas, pero también a una teoría decididamente institucionalizada de lo que es el feminismo y a toda una serie de vinculaciones históricas con el Partido Socialista: no podemos olvidar que Amelia Valcárcel es consejera de Estado desde 2004 y que fue, entre 1993 y 1995, consejera de Educación y Cultura en el Gobierno del Principado de Asturias del PSOE. En cambio, el rechazo de una parte (que no de la integridad) de quienes se proclaman feministas radicales o feministas marxistas, como es el caso de Paula Fraga o Lidia Falcón, se debe a una identificación con tesis obreristas como las expuestas por Daniel

Bernabé en *La trampa de la diversidad*, donde toda una serie de tópicos sobre la modernidad y la posmodernidad se cristalizan en una crítica de la atomización de una pretendida clase obrera, por estos autores sacralizada, y la celebración de su estética y folklore. Estos dos círculos no son estrictamente excluyentes, y pensadoras de un grupo pueden fácilmente recurrir a argumentos del otro o mezclarse entre ellas: es el caso, como hemos visto, de las torpes tesis de la filósofa Ana de Miguel en relación con la teoría queer.

Siempre hay discusiones teóricas y debates conceptuales, desde luego, pero su existencia no puede impedir que seamos conscientes del tablero político en el cual jugamos. Y, en este tablero político, la partida consiste en una lucha por la hegemonía dentro del feminismo: el sentimiento de amenaza que experimenta una cierta izquierda tradicional cuando observa cómo una supuesta izquierda posmoderna se acerca peligrosamente al *sorpasso* y, finalmente, llega a institucionalizarse, adquiriendo el preciadísimo Ministerio de Igualdad.

Es en ese contexto, y no en otro, en el que tenemos que comprender el rechazo frontal del PSOE a una teoría queer, ya que su relación con esa teoría y con sus teóricos se basa en un desconocimiento casi absoluto o de una ignorancia supina. Es al analizar la presencia de Irene Montero como ministra de Igualdad, al sustituir a Carmen Calvo, cuando entendemos que se ponga en circulación un argumentario, firmado por la misma vicepresidenta Calvo y José Luis Ábalos, en el cual se suscribe la descripción de la teoría queer como una institucionalización de la misoginia que buscaría borrar a las mujeres; y es a través de esa lucha de poder que habremos de entender el retraso constante de la ley trans. El lector podría plantearme que en otros países, como Reino Unido, y con situaciones muy diferentes, el mismo debate sobre los derechos de las personas trans se ha planteado. Le pediría al lector, entonces, que preste atención a las dinámicas políticas de esos mismos países, a las luchas internas entre corrientes de partidos (como se dan en el Labour Party británico o en su competición con los Liberal Democrats)[t] o posibilidades políticas que pueden haber ocasionado el planteamiento, a escala *mainstream*, de ese debate: pero que tenga por seguro que, si no existiera en España una izquierda a la izquierda del PSOE que rivalizara, también por cuestiones generacionales, en el campo del liderazgo y la hegemonía del feminismo, el debate que tenemos entre manos sobre lo trans no tendría las dimensiones que tiene, ni el PSOE se arriesgaría a manchar su imagen. Lo puede hacer gracias, en parte, a las mismas campañas de Hazte Oír que en su momento denunció, pues hoy en día es incluso imaginable la reivindicación de la biología por parte de una supuesta defensa de lo trans desde la izquierda; lo puede hacer porque es capaz de poner al sentido común en contra del muñeco de paja que algunas pensadoras y varios políticos han construido en torno a la teoría queer, escudándose en su defensa de la pura legalidad y del avance legal de los derechos trans; defensa a la cual se han visto prácticamente forzados por la protesta callejera.

Insisto: el lector no puede ser ingenuo. Que sepa que, más allá de las conceptualizaciones, más allá de las teorías, más allá de los debates que aquí planteo y de mis discrepancias, esta concretísima guerra cultural que vivimos y que a mí me obliga a posicionarme no se debe a un interés súbito de la humanidad hacia las cuestiones trans, o a una supuesta voluntad de buena parte del feminismo (aparentemente imposible por culpa de la malvada teoría queer) de abolir el género: esto, más que otra cosa, va de política; de las tensiones de los partidos entre ellos y de las luchas entre diferentes corrientes de los partidos. La izquierda que tengamos dependerá de

t Con ánimo aclaratorio, decir que no es mi intención aquí transmitir la idea de que el surgimiento de este debate en otros países más allá de España puede deberse a motivos políticos de la misma manera en que se ha debido a ellos en España, sino simplemente que esas dinámicas partidistas son también dignas de análisis.

quién gane esa contienda, y es necesario advertir que las ideas nunca vienen solas: la pulsión reaccionaria y esencialista, si venciera, no se pararía en lo trans, sino que podría propagarse a muchos más ámbitos de la izquierda. Si en estos capítulos y en otros me dedico a criticar con firmeza las propuestas legales y políticas de la «izquierda alternativa», que es quien más predispuesta a otorgar derechos a las personas trans se ha mostrado, y con quien, en un principio, más afinidad tendría que tener yo, es, desde luego, porque veo menos peligroso que muchas de sus tesis se impongan. Esto no exime a ese espacio político, evidentemente, de todas las negligencias y traspiés habidos y por haber: lo que sí hace es obligarme a mí, desde la simpatía, a señalar, criticar e intentar que las cosas se hagan mejor, con más sentido, con mejor criterio. Veremos, dentro de un tiempo, quién ostentará la hegemonía en el reino de las izquierdas, y qué izquierda nos quedará para que los partidos se la disputen.

Después de lo trans

Los flujos de lo trans

Hagamos un último recorrido por la experiencia política en torno a lo trans antes de finalizar con un regreso a lo teórico o conceptual. Resulta que, en 2015, el colectivo trans alcanzó una relevancia o exposición mediática hasta entonces inaudita en España; ola cuyo impacto reverberó también en los años posteriores. No todo se circunscribe al ámbito nacional, claro está, y en otros países, también en la misma década, se dieron fenómenos similares; fue en parte por la exposición voluntaria de algunas figuras públicas, que se reconocieron ante los medios como trans –es el caso de las hermanas Wachowski, directoras de cine, o de Caitlyn Jenner, ambos casos circunscritos al ámbito estadounidense–, y también por una acumulación de espacios en medios de comunicación relevantes que se decidieron a hablar de lo trans. Si no cada mes, al menos sí cada pocos meses aparecía en *prime time* una nueva entrevista a alguna persona o colectivo –existiera con anterioridad o estuviera recién formado– que se hacía eco de distintas reivindicaciones o exigía cambios particulares en la legalidad: fue el caso, por encima de todo, de las infancias trans, lo cual a mí me implicó directamente, y me convirtió (al menos de forma parcial) en portavoz o imagen de ese movimiento al conceder entrevistas a programas como *El Intermedio* o ser portada de la revista *TENTACIONES*.

Podemos marcar un punto de inflexión a partir de documentales como *El sexo sentido,* de fondo profundamente conservador (insisto en lo señalado por Miquel Missé al hablar del curioso neoplatonismo, por así decirlo, que se ve a veces implicado en las concepciones biomédicas de lo trans: el cuerpo, de un supuesto sexo equivocado, como cárcel de un alma generizada; un cuerpo masculino con un cerebro femenino, un cerebro femenino con un cuerpo masculino), pero que permitían exponer la realidad trans al gran público. Así, nuevas asociaciones proclamaban nuevas luchas y nuevos frentes, abiertos y por abrir; agrupaciones en las que la voz cantante en ninguno de los casos era de las personas trans en sí mismas, claro está, sino la de sus progenitores. Se reclamaba una mejor atención, más deslocalizada y menos masificada, para las personas trans; nuevos protocolos para que estas fueran tratadas con el respeto necesario; una verdadera inclusión en los centros educativos y la posibilidad de poder cambiar el nombre y la mención de sexo con mayor facilidad en los documentos oficiales. Algunas de estas reivindicaciones se «materializaron», al menos relativamente, a nivel autonómico, a falta de una nueva ley estatal trans posterior a la de 2007 (que obligaba a dos años de tratamiento médico antes de poder cambiar el nombre en la documentación oficial), si bien en 2018 una instrucción de la Dirección General de los Registros y del Notariado facilitó el cambio de nombre a menores, proceso otrora imposible, aún manteniendo la necesidad de dos años de tratamiento (la interpretación de *qué* tratamiento en concreto pasaba a ser más laxa: la Instrucción del 23 de octubre de 2018 permitía a todos los mayores y menores de edad emancipados solicitar el cambio de nombre en cualquier registro civil, pasando por encima de la necesidad, recogida en la ley de 2007, de un tratamiento médico de dos años de duración, y agilizando generalmente el proceso. El cambio de sexo sigue aún ligado a la consecución de dos años de tratamiento, pero eso ya no es necesario para el cambio de nombre a uno «correspondiente al sexo del nombre solicitado»; el susodicho cambio de nombre también es posible, desde entonces, para menores no emancipados, siempre que cuenten con el consentimiento de sus padres o de quienes ejerzan la tutela sobre el menor, y según su edad y grado de madurez).

Tratar solo las reivindicaciones que implican a los menores trans nos marcaría un punto de vista demasiado estrecho. Tanto en Barcelona como en Madrid se organizan, desde hace más de diez años, manifestaciones y actividades durante el conocido como Octubre Trans. Con frecuencia, estas han ido unidas a un movimiento global: el Stop Trans Pathologization, que busca la retirada de los procesos de tránsito de los manuales diagnósticos de enfermedades mentales y una transformación profunda de la asistencia sanitaria a las personas trans. La Organización Mundial de la Salud retiró en 2018 los procesos de tránsito de su capítulo de trastornos en la Clasificación Internacional de Enfermedades, pero los mantuvo bajo la consideración de «incongruencia de género» en el listado de condiciones relativas a la salud sexual, y sin perspectiva de entrar en vigor antes del año 2022.

¿Por qué recula el movimiento si los avances –al menos, desde lo institucional– parecen tan tangibles? Lo trans, y no es esto una tesis nueva, sino lo que llevo diciendo desde hace años, está en una fase de reflujo. Sin otra ola de personalidades mediáticas como la que se dio en 2015 –y yo no tengo ni tuve interés alguno en repetirme– y sin asociaciones bien organizadas, el movimiento (¡si es que tal cosa existe!) ha sido incapaz de dar una respuesta organizada y definida a acciones como las del colectivo Hazte Oír y su famoso autobús, o incluso a las nuevas guerras (particularmente las virtuales) con el pensamiento transexcluyente.[u] La tarea de estructurar el movimiento trans no es complicada, querría aventurar, sino prácticamente imposible: poner en una misma dirección a bloques tan distintos entre sí y con prioridades tan diferenciadas como lo son las mujeres trans, los hombres trans y lo que sea que defina como un todo congruente a las personas no binarias (sin entrar ya en las diferencias internas propias a cada una de esas categorías, que se nos revelan por factores históricos, de clase, generacionales y de racialización como demasiado diversas como para permitir la unidad); ¡atrévanse ustedes, los valientes! Todo esto sin ni siquiera plantearnos cómo, históricamente, las manifestaciones sobre *lo trans* no han estado mayoritariamente dirigidas por personas trans, ateniéndonos a la definición original del término, sino por asambleas y colectivos *transfeministas* herederos, más que de una teoría de lo trans (¡aquello que aquí tratamos de esbozar!), de la teoría queer y de la agitación espontánea surgida a partir del 15M y sus asambleas ciudadanas. Divertidísima geometría variable.

Quizás una de las causas del reflujo del movimiento trans sea, precisamente, la forma que tomó a partir de 2015, cuando meno-

u Juan Gallego Benot me planteaba, en relación con la despolitización en las calles de la lucha trans, que esto se debía a lo supuestamente asentada y desguetificada que estaría la lucha trans: una vez entrada en el ámbito de lo jurídico o legal, se despolitizaría en las calles (en referencia al concepto de sociedad civil global en James N. Rosneau como algo propio de las ciudadanías pospolíticas). Creo que no es incompatible con lo que yo digo, sino complementario: lo que ha entrado en el ámbito de lo jurídico o de lo legal han sido las reivindicaciones políticas de las familias de menores trans, que han adquirido facilidades legales para el tránsito. Esta incorporación a lo institucional tiene también su resto excluido en esa figura de las generaciones de mujeres trans perdidas, abocadas por su momento histórico a la prostitución. Es el mismo hecho de que algunas de las demandas puedan entrar en el ámbito institucional y otras no lo que crea la frontera o división y hace imposible la construcción de un sujeto trans unitario: mientras que una parte (a la cual yo pertenezco) podrá acceder a una ciudadanía plena dentro del marco de las democracias liberales, la otra seguirá abocada a la lucha en las calles y, también, a la precariedad y la pobreza. Supongo que esto es, también, una consecuencia directa de los susodichos sistemas de ciudadanía, que tienen siempre la obligación de elaborar sus propios sujetos abandonados.

res trans y sus familias copaban casi exclusivamente los márgenes de visibilidad del colectivo. Fue una táctica cortoplacista y estéril. Una vez que se lograron avances en la legislación, y una cierta existencia trans pudo ser asumida bajo los marcos de la democracia liberal representativa, todo el movimiento creado –y que había sido absorbido rápidamente por la fuerza y el empuje de esas asociaciones de familias de menores trans– se desactivó, y dejó sin estructura específicamente trans a muchos de los estratos generacionales que lo componían, y de los cuales se han ocupado más algunas asociaciones, como la Fundación 26 de Diciembre, no enfocada particularmente a lo trans. Si toda la atención se centraba en los menores, ¿dónde quedaban las mujeres trans que, por su situación económica, se veían arrastradas a la calle, por no decir a la prostitución? ¿Quién se haría cargo de ellas? ¿Y cómo plantearse ahora atajar los problemas en el mundo laboral de las personas trans más visibles (aquellas con menor *passing*) si lo que se ha buscado ha sido la asimilación más profunda y duradera?

Mi pensamiento era, en un principio, que el colectivo trans debía responsabilizarse –y concienciarse en cuanto a lo interseccional e intergeneracional de su lucha, y la imposibilidad de separarla de un movimiento con tanto potencial agitador como el feminista– y entender que todo avance que no viniera de las propias personas trans a largo plazo no sería sino un parche con consecuencias perjudiciales para estas. Digamos que he pasado a una posición más cínica, incluso desilusionada: no creo ya tanto en la posibilidad de ese ejercicio de responsabilidad colectiva y no tengo en demasiada estima el futuro del colectivo trans o de aquel fantasma agitado por los sectores transexcluyentes llamado *transactivismo*. Lo he dicho ya en algunas ocasiones: el colectivo trans no existe.

¿Cómo podemos dedicarle un ensayo (o mil ensayos), un *paper* (o mil *papers*), horas y horas de debate a algo que no tiene una realidad concreta, conceptualizable o congruente? ¿Qué concepto simplista y maniqueo estamos manejando cuando hablamos de lo trans? ¿Y qué redefinición es posible que pensemos, en qué términos tendría sentido utilizar lo trans, ampliarlo o incluso concebirse dentro de esa etiqueta: qué utilidad puede tener lo trans, tanto como identidad como dentro de un cuestionamiento posidentitario? Ha llegado el momento de recoger lo sembrado en el resto del ensayo y cosechar la tesis final: una teoría *postrans* (o estrictamente adjetival) de lo trans como concepto.

Después de lo trans

La definición que con frecuencia se da de lo trans es la de una discordancia entre el género sentido o de identificación de una persona con el género que le fue asignado al nacer. En este ensayo ya he rechazado aquellas concepciones que valorarían el género como que se adquiere de forma hormonal o genética: el género no es algo estrictamente biológico, aunque sí pueda incluir, según estudios científicos, un componente genético o biológico que implique ciertas tendencias o lleve a internalizar algunas conductas más que otras. Esas conductas, no obstante, siempre tienen un enlace con lo social (aunque este no sea el más radical de los constructivismos culturales). Pero hay algo más que chirría en esa definición: la noción de la identificación con el género no es lo suficientemente fuerte como para administrarnos una categoría de análisis social, sociológico o político. Existe una adquisición del género, o adquisición de la diferencia sexual, basada en la repetición (iterativa) de modelos y en la integración de unos símbolos y signos, que lleva a un sujeto a encontrarse con la identidad; encuentro este que, precisamente, hace de él un sujeto y lo descubre, lo *sujeta* en el mundo. La identidad sexual es aprendida a través de un lenguaje (lo simbólico) y de las identificaciones (lo imaginario), en forma de elección inconsciente, de encuentro con una identidad a la que ya estamos en parte condenados: es una *inevitabilidad*, porque no se hace una elección entre un muestrario de modelos posibles, sino que el sujeto se ve constituido y determinado. El sujeto no se identifica, sino que es construido como sujeto por una categoría, exactamente de la misma forma en la que sucedería con una persona que no es trans.

Lo trans supone un movimiento simbólico en la construcción del género (lo cual no quiere decir que no tenga implicaciones reales o concretas, tanto sociales como subjetivas, para la vida material de los individuos). Este movimiento simbólico repercute no solamente en cómo somos percibidos por el otro, pues es la misma percepción del otro lo que nos da sentido y nos construye, sino también en cómo nos imaginamos (y la imaginación no es una decisión del libre albedrío) a nosotros mismos, la imagen que nos damos, y cómo una disonancia entre esta imagen y la imagen percibida por el otro puede causar sufrimiento: no solamente en el caso de lo trans, sino también en el caso de tantas otras diferenciaciones. Podemos hablar de esta imaginación del propio yo como algo similar a la identificación, pero es que esta capacidad de imaginarse no constituye ninguna categoría epistemológica particular, dentro del género, para el sujeto: todo sujeto se identifica y se coloca inconscientemente en un punto u otro del sistema del género; ¿es suficiente la diferencia de la genitalidad o la cromosómica para dar cuenta de un sistema fundamentalmente social?

Experimento filosófico: dos personas que fueran exactamente iguales en apariencia y en percepción, con la única diferencia de su genitalidad (o de la genitalidad de una de las dos personas antes de una cirugía), ¿habrían de ser diferenciadas la una de la otra a través de una etiqueta como trans o cis? Si es ese el caso, ¿por qué no desnudar la hipocresía y admitir que, al hablar de lo trans y de lo cis, de lo que estamos hablando fundamentalmente es del terreno de lo privado, de lo que tiene una persona entre las piernas, y del hecho de que, en consecuencia, la juzgamos como anormal, perversa o monstruosa? Si lo trans no nos funciona como categoría identificativa atemporal, o es una categoría errática, observemos si nos funciona como categoría dentro del componente social.

Los movimientos o flujos de lo trans se suceden hoy de una forma específicamente histórica y que hemos de tematizar: en nuestras sociedades hay un acceso regulado, pero existente, a hormonas como los estrógenos o la testosterona, que permiten al sujeto cambiar lo que identificamos como caracteres sexuales secundarios y, así, en distintos casos, modificar la mirada del otro hasta convertirla en otra, incluso cambiando el esquema sexual subyacente en esa mirada: como ya examinamos a través de Merleau-Ponty, un cuerpo que no es percibido como un objeto cualquiera, un cuerpo humano, se sustenta en un esquema sexual compuesto por los fantasmas individuales del imaginario del sujeto observador, que son estandarizados según una subjetivación más amplia que se da a una escala social (y que fluye de manera constante). Los sujetos trans son también sujetos de la misma construcción estándar del género, y su proliferación (la proliferación de las subjetividades trans) debe ser interpretada como una relajación o difuminación de los códigos de definición del género, que se desligan en un momento dado de ciertas nociones de genitalidad y cuyas estructuras de reproducción o aparatos ideológicos transforman las subjetividades de sujetos que inicialmente no tenían intención o capacidad de transformar. Un cuerpo sexuado de tal forma que lo consideráramos macho y que debiera recibir una socialización masculina para adquirir una identificación sexual o identificación de género (términos jurídicamente utilizados de manera intercambiable) puede adquirir una socialización, digamos, «femenina» por efecto diferencial de los medios de comunicación, Internet, las escuelas privadas o públicas, la legalidad vigente, la familia nuclear, extendida o monoparental. Pero no se trata solo de que ese cuerpo pueda adquirir una socialización femenina, sino también de que ese cuerpo puede ser observado como un cuerpo sustentado por un esquema sexual femenino; e incluso un cuerpo que no poseyera los genitales asociados al sexo hembra puede ser imaginado como el cuerpo posible de una hembra, y sufrir, así, el machismo o incluso otras circunstancias si se diera una violenta discordancia entre el cuerpo imaginado y el cuerpo real que el sujeto observador percibiera. En definitiva: si dos cuerpos son percibidos de la misma exacta manera, ¿qué justifica que les otorguemos, dentro del sistema del género, dos etiquetas diferenciadas según la genitalidad o distribución cromosómica imaginaria de la que parten?

Paradójicamente, la construcción del género en el caso de sujetos que han efectuado un movimiento, que es lo máximo que lo trans puede llegar a adjetivar como concepto, es también efectuada por su deconstrucción; es decir, por los mismos discursos acerca de lo trans o de lo no binario que buscaran socavar o abolir esta noción del género a través de una desidentificación con los roles pautados por una época y que determinaran cómo y de qué maneras deben comportarse los sujetos identificados bajo uno de los dos grandes componentes de la lógica del género. Pues el género, como lo real, no es solo el efecto de la representación, sino también su exceso, lo que queda fuera del discurso como trauma potencial que puede romper o desestabilizar, si no es contenido, cualquier representación; esta desestabilización de la representación posible no es una abolición o desaparición, sino que estira y moldea de una forma distinta ese sistema del género sin llegar nunca a liberarse de él, pues la tecnología lingüística o tecnología del género tiene una enorme capacidad de adaptación a la resistencia, particularmente en el caso de las democracias liberales representativas capaces de asumir a sujetos deconstructores como sujetos válidos, integrados y plenamente asimilados. Pero este proceso se da a lo largo del tiempo, dejando atrás a algunos sujetos o permitiendo temporalmente su vulnerabilidad o represión, castigando parte de la divergencia corporal frente a la norma (parte misma que después será reincorporada a la misma norma como disidencia controlada): sujetos o cuerpos que, dentro de lo trans, no han realizado un movimiento que sea asumible por los códigos simbólicos del género en un momento histórico dado, y han quedado en un punto intermedio perverso o monstruoso, lo que los ha convertido en focos particulares de violencia, en contraste con aquellos cuerpos trans que sí se verían integrados en el sistema.

Así, lo trans no constituye en sí mismo o una categoría de identificación o una etiqueta de posicionamiento dentro del sistema que hemos tenido a bien llamar *género*, como tecnología lingüística y orden de símbolos, productor de ciertos efectos de sentido, pero que también podríamos haber concebido como epistemología de la diferencia sexual, régimen binario de la diferenciación sexual o sistema sexo-género: es el significante de un movimiento dentro de ese mismo sistema y para con el sistema. Y es un significante que podemos interpretar en dos tiempos: en un tiempo relacionado con el *presente* y en un tiempo relacionado con el *pasado*.

En el caso del presente, podemos identificar varias razones o motivos por los cuales se *es* trans, en el momento actual, y así ofrecer la definición o tesis a la cual nos lleva este ensayo. Se es trans, en una primera subdivisión, porque se está en el proceso de realizar un tránsito no finalizado o no mayoritariamente finalizado, en tanto que va a continuar produciendo efectos en la percepción de uno mismo y del resto del mundo, modificándose como cuerpo inteligible dentro del sistema del género; en una segunda subdivisión, se es trans en presente porque se ha tomado la decisión política, incluso habiendo concluido el tránsito médico u hormonal, de reivindicarse como trans pese a poder asimilarse a la masa de sujetos aparentemente normales del sistema del género; en una última subdivisión, se es trans *porque no hay otra alternativa,* porque es imposible invisibilizar el proceso mismo de ese tránsito a causa del lugar que se está ocupando, en permanente incomodidad con el sistema actual que rige una sociedad de símbolos, códigos lingüísticos y prácticas del género, lo que convierte al sujeto, así, también en foco particular de la violencia.

En el caso del pasado, tenemos que analizar que el proceso de asimilación a las sociedades capitalistas pasa por la desaparición de lo trans, del tránsito, o de la última categoría (la inevitabilidad) que imposibilita la existencia como sujeto asimilado, como sujeto con *passing*: una buena parte del foco de nuestras sociedades reside en la insistencia en realizar ese tránsito o movimiento dentro del esquema del género lo antes posible, para que las secuelas de una hormonación natural o biológica identificada con lo masculino, por ejemplo, no se noten después en un cuerpo que quiere ser interpretado, dentro del esquema del género, como mujer. La insistencia en los menores trans es una arista más de este borrado del tránsito como deseable para los ciudadanos de las democracias liberales, que quieren producir ciudadanos lo más conformes posible al sistema del género (y, también, de la belleza o de la armonía, identificada también con la conformidad a la norma) y, en consecuencia, utilizar incluso el ejemplo de aquellos cuerpos trans no-conformes (o de la existencia generalizada como instrumento de propaganda de las personas trans) para transmitir al resto de las personas el sentimiento de que ellas *sí* están en consonancia con su género y, por ende, no tienen motivos suficientes para rebelarse contra sistema alguno, rol alguno o régimen de la diferencia sexual que se presente. Así, tenemos el caso de numerosas personas que quieren que el dato de lo trans quede en un *haber sido,* en un olvido del pasado, para poder acceder a una vida más digna...

que pasa, necesariamente, por el hecho de que el otro los reconozca como sujetos conformes a la norma y no como sujetos que rompen las convenciones de la vida en sociedad.

De lo trans como decisión política, la segunda subdivisión que habíamos planteado, aunque también de la disconformidad con los roles de género como tales que analizábamos con relación a la proposición de ley trans, surge en parte el sujeto no binario, que se escinde de la misma manera entre dos tiempos, esta vez distintos: en un tiempo relacionado con el *presente* y en un tiempo relacionado con el *futuro*.

En el caso del presente, el sujeto no binario se ve igualmente sometido, como el resto de los individuos, a la percepción que de él se tiene en sociedad, a la lectura que de él se hace o al esquema sexual completo que se le presupone a partir de la mirada del otro, y se encuentra, así, al menos en nuestro momento actual, en una división variada, porque lo visible y lo inteligible son consecuencias directas de su momento histórico determinado: puede ser percibido, poco importa su autoidentificación, como un hombre, como una mujer, como una *butch*, como un marica, como un monstruo o un travesti..., y esta percepción es ineludible, algo a lo cual el sujeto nunca puede escapar, y que marca la estricta diferencia entre la imposibilidad de reconocimiento de las personas no binarias *de facto* y la posibilidad de que sean reconocidas inmediatamente *de iure*, pues la perspectiva inmediata a su percepción es que sean asimiladas al marco de inteligibilidad de nuestros códigos actuales (que no son, ojo, inamovibles): la única forma que tiene una persona no binaria de ser interpretada como no binaria es manifestándolo a través de la palabra, e incluso entonces toda percepción no será sino una corrección de la percepción primera que se tuvo, no una verdadera alteración del esquema sexual subyacente que se presupone.

En el caso del futuro, el sujeto no binario vive escindido y dirigido hacia una utopía en la cual se deshaga la epistemología actual del género y se diferencie de la actual. Utopía que el sujeto no llega (como ya examinamos en capítulos interiores) a vislumbrar del todo, pues la impronta de los dualismos en el lenguaje y en el código del género es demasiado fuerte como para procurar su anulación completa; vive incluso arrastrando el futuro al presente e intentando vivir como si el futuro ya estuviera aquí, como si el futuro fuera algo ya dado, sin poder imaginar cuáles son los caminos posibles para llegar hasta ese momento, pues la metamorfosis radical de las convenciones, comportamientos e idiomas de toda la humanidad es imposible de computar en el cálculo puramente humano. Toda la performatividad e iteración del género es agonística: se inscribe en una toma de posiciones en relación con el otro, en la relacionalidad; y, en la relacionalidad, es inevitable que estas posiciones ya estén codificadas de antemano.

No es mi objetivo ofrecer todas las respuestas; tampoco lo es invalidar a aquellas personas, como Paul B. Preciado o Judith Butler, que han hecho de lo no binario una marca política de lo trans con la cual intentar convencer a los demás de la posibilidad de un futuro sin género. Yo, por los motivos aquí expuestos, no creo en ese futuro, y no creo que nunca el género se convierta en una lengua muerta. No creo que haya un abismo entre la relación teórica que podamos tener Preciado, Butler y yo con el género, más allá de lo vivencial: yo también podría, si quisiera, denominarme no binaria, declarar que no estoy de acuerdo con sus roles, con sus imposiciones, con sus normas.

Pero sería, al menos en parte, negar que esas normas me han construido y han definido mi psicología, y afirmar que se deben puramente a construcciones socioculturales, y sostener que puedo escapar de esa prisión: no estoy de acuerdo ni con la primera negación ni con las dos afirmaciones que se me piden.

Lo trans no es una categoría congruente, porque integra tanto a sujetos cuya relación con ese modificador adjetival se basa en el *pasado* como a sujetos más bien implicados en su *presente*: lo trans no es una categoría congruente, precisamente, porque yo puedo escribir este ensayo sin que la política de este ensayo implique apenas cosas para mí, en el marco de España, en el marco de Francia, en el marco de las democracias liberales en las que vivo. Lo trans es, también, una herramienta de integración de subjetividades aparentemente anómalas en esas democracias liberales: un instrumento de inteligibilidad que se concede como premio de consolación a quien se desvía de la norma y permite integrarlo, asumirlo, darle un nombre, domesticarlo; reducir las posibilidades subversivas de distintas trayectorias dentro del sistema del género, acotar el camino, añadir vallas. No nos sirve como instrumento político, no nos sirve como instrumento sociológico, no nos sirve como concepto de análisis. Esa es, al final, la conclusión de este ensayo: que el concepto alrededor del cual dábamos vueltas una y otra vez es simplemente un movimiento, un tránsito, un modificador adjetival, pero nunca un ente en sí mismo. ¿Y qué hacemos con un concepto si cualquier articulación del mismo es necesariamente excluyente? ¿Qué decisiones políticas tomar después de lo trans, cómo escapar del individualismo y de las individualidades, cómo vivir las vidas que merecemos?

Yo he sido asimilada: lo reconozco. En mis documentos oficiales figura el nombre de una mujer, que soy yo; mi género es reconocido *de iure* y, por suerte, por una inmensa suerte que me permite ser una subjetividad plenamente asimilada por una democracia liberal, también *de facto* en la calle, en los bares, en el mundo; por suerte o por desgracia. Extended la vista y contemplad todo este territorio, todas mis conquistas, todo lo logrado: antes fui una imagen y ahora estoy en la cima de un mundo injusto. Yo ya no tengo nada que hacer aquí, porque estoy cómoda: quizás es demasiado tarde para que conciba siquiera que pueda ser un sujeto revolucionario, quizá me tenga que resignar y, con diecinueve años, esperar el relevo generacional de quienes lo hagan mejor que yo, sean más ambiciosos, conserven la fe, salvaguarden la esperanza.

Creo que veremos el fin de la civilización humana antes que el fin del género. ¿Y qué nos quedará, después de lo trans, a quienes una vez lo fuimos y ya no quisimos nunca más serlo?

Elizabeth Duval, París, 24 de agosto de 2020

Epílogo
Una propuesta político-moral

Podría empezar estas páginas finales reivindicándome yo también como moradora de una cierta teología de la ausencia, pero no podría decir que me implique constantemente en consideraciones acerca de la melancolía, del luto, de la conciencia, de la culpa, del terror. No creo haber heredado grandes traumas colectivos; quizá sí traumas propios, familiares. Me interesa explorar, en estas últimas líneas, si aquello que construye mi psicología constituirá también mi práctica. Es una pregunta que planea por encima de este ensayo y no desaparece, se niega a desaparecer: ¿y cuál es tu propuesta?

Habíamos hecho un pedido a domicilio a algún restaurante de Sant Antoni; eran aquellas semanas rarísimas en las que todos los bares, cafeterías y restaurantes de Barcelona estaban cerrados como medida de seguridad contra la COVID-19. No recuerdo si lo mío fue un cordero *garam masala* o un cordero *korma*. Pablo llegó desde Sant Cugat con una botella de vino blanco que nos bebimos con gusto, y Ulises me llamó, delante de Luna, como llamaba a su abuelo. Le reproché a Antonio que empleara en *La nueva masculinidad de siempre* el término *falo* como sinónimo de *pene,* sin tener en cuenta la reinterpretación psicoanalítica del falo o cómo esta ha estructurado los estudios de género desde hace sesenta años, más o menos. Fue una velada muy agradable. Íbamos a hablar de mi próxima novela, cuyo tema a Antonio le interesaba, pero tuve que irme; en una hora estaría hablando en el Pati de les Dones del CCCB. Sí que me dio tiempo a plantear algunas de las cuestiones fundamentales de este ensayo y a discutir con los presentes. Y Antonio me dijo, claro, que la reacción sería evidente: muy bien, Elizabeth, pero ¿qué propones?

El problema es que, por aquel entonces, aún no había entablado las últimas revisiones de este libro, que dejarían mucho más clara cuál es mi propuesta política y mi pensamiento. La crítica al supuesto «regreso al materialismo» de cierta izquierda frente a la «izquierda cultural» o «izquierda identitaria» no tenía tanta importancia en el segundo capítulo de este ensayo, por ejemplo. Creo que el lector atento que haya recorrido todas las páginas del libro puede tener bastante clara cuál es mi concepción política y moral. También considero, no obstante, que toda claridad es poca. Si el último capítulo de este libro servía para hacer una síntesis teórica de una concepción de lo trans o de una teoría estrictamente adjetival de lo trans, me permito este epílogo, casi como regalo o placer, para elaborar una síntesis política de lo anteriormente dicho.

Ernesto Castro, en su ensayo «La performativización del género en el feminismo reciente», contenido en el libro *Ética, estética y política: ensayos (y errores) de un metaindignado*, define así lo que él considera como la propuesta teórico-práctica del feminismo «performativo»:

[Judith Butler] justificará [...] su preferencia por la negatividad en términos de un reconfortante determinismo social, y detallará su programa político acudiendo a un vaporoso imaginario humanista, formulado en términos de dignidad personal y de libertad de elección. ¿Qué balance merece este programa? [...] Por lo pronto, debemos constatar que la rápida incorporación de esta corriente en el circuito comercial del sector servicios no ha ido en detrimento de sus virtudes definitorias: la pluralidad como bandera y la despatologización como meta, todo ello aderezado con una estética juvenil contestataria, propia de la última argamasa contracultural *prêt-à-porter*. A su vez, el reconocimiento institucional de ciertas estrellas intelectuales ha producido un provechoso relevo generacional, caracterizado por un mayor compromiso con la democratización de las prácticas de género, fomentando el acceso a capas menos favorecidas económicamente y buscando alternativas a la divergencia clasista ya destacada por Preciado. En cuanto a la cristalización de las demandas efectivas, como el reconocimiento estatal de la legitimidad de más de cinco géneros diferentes, las cosas de palacio van despacio, pero el contexto juega en favor de la creciente liberalización de las identidades personales y, en términos comparativos, el camino recorrido resulta impresionante. Entre la *Declaración* de Olympique de Gouges, la Convención de Seneca Falls y el sufragio universal en el Atlántico Norte medió, respectivamente, medio siglo o más. Teniendo en cuenta la actual participación en el sistema de congresos internacionales de las principales teóricas de género, la comparativa solo puede esperanzar a quienes luchan por traducir en el escenario político toda la purpurina intelectual de las disidencias de género realmente existentes.[96]

Considero que Ernesto Castro ha hecho hasta ahora más méritos como divulgador e historiador de la filosofía que como filósofo o productor de conceptos, si tomamos aquí la definición deleuziana. La calidad de esta divulgación en el fragmento examinado, proveniente de un artículo que llevaba por título inicial «Ser blanca y funcionaria: la bisagra entre teoría y práctica de género» (bastante más provocativo y explícito en lo que a la posición subyacente del autor respecta), es desigual. No va de suyo que del programa de Butler, que el autor resume con tres fórmulas simples (humanismo vaporoso, dignidad y libertad de elección), se extraigan las demandas efectivas a las cuales después se refiere: el reconocimiento estatal de la legitimidad de más de cinco géneros diferentes, si buscamos su origen, podría ser una bastardización del provocativo *paper* de Anne Fausto-Sterling «The Five Sexes»... o, quizá, simplemente, una referencia al insoportable contexto cultural de Tumblr en 2012, con su influencia anglosajona. En cualquiera de los casos, si el programa político-práctico de lo queer tiene que ver con lo resumido con mayor o menor tino por Ernesto Castro, yo he de oponerme a ese programa. Y creo que mi postura de oposición está clara desde las primeras páginas. Mi negatividad constituye un repliegue de la negatividad misma que emplea Butler, retomando la concepción de Kojève del deseo en Hegel y de la acción como actividad negadora, siendo «el Yo (humano) el Yo de un Deseo o del Deseo»:[97] la acción niega lo dado y su realidad objetiva; es también un proceso de completarse y vaciarse. «¿Qué es el Yo del Deseo sino un vacío ávido de contenido, un vacío que quiere llenarse por aquello que es pleno, llenarse vaciando ese pleno, colocarse –una vez lleno– en el lugar de lo vaciado, ocupar por *su* plenitud el vacío formado por la supresión de lo pleno que *no* era suyo?».[98] Yo no soy aquellas a quienes me parezco, ni puedo serlo.

Un sistema no demanda, por su mera forma de funcionar, una direccionalidad necesariamente ya dada. El metabolismo del capitalismo (tal y como lo conocemos hoy en día) demanda, como se analiza desde la aceleración, «un crecimiento económico constante, una competencia permanente entre entidades capitalistas individuales y un desarrollo continuo de las tecnologías para aumentar la ventaja competitiva»[99]. Pero el capitalismo actual no inventa el ἀγών o la competitividad. Me parece particularmente acertada la noción de metabolismo para identificar los procesos y sistemas, mucho más que la noción de intencionalidad o la personificación constante que se produce cuando hablamos en términos políticos o económicos. El capitalismo bien puede seguir unas lógicas de eficiencia, pero no se rige exclusivamente según ellas o en función de unos cálculos a mayor o menor plazo. Volvamos a examinar la noción de lo agonístico, esta vez en Adorno:

> Incluso alguien que se crea convencido de la no-comparabilidad de las obras de arte se encontrará repetidamente involucrado en debates en los cuales las obras de arte, y precisamente aquellas de más alto (y, por ende, inconmensurable) rango, se comparan y evalúan las unas con las otras. [...] Es bien cierto: las obras de arte niegan la comparación. Quieren aniquilarse las unas a las otras. No sin causa reservaban los antiguos el panteón de lo compatible a los dioses o las ideas, mientras que obligaban a las obras de arte a entrar en el *agón*, cada una enemiga mortal de las demás. [...] La belleza, singular, verdadera y liberada de la apariencia y la individuación, no se manifiesta en la síntesis de todas las obras, en la unión de las artes y del arte, sino en la realidad física: en la caída del arte en sí mismo. Esta caída es el objetivo de toda obra de arte, en tanto que busca llevar la muerte a todas las demás. Que todo arte busca acabar con el arte es otra forma de decir lo mismo.[100]

Adorno toma aquí el *agón* como el terreno de la disputa o batalla a muerte entre las distintas obras de arte. *De gustibus est disputan-*

dum se aplica a la estética y a la creación artística: no se aplica, por suerte, a la política. La política, al menos en mi concepción, debe ser un terreno de absoluta comparabilidad, identificada precisamente por el hecho de que muchos programas políticos «sanos» o «democráticos» eluden el intento de aniquilarse los unos a los otros y aceptan la posibilidad de la competencia, del teatro, del duelo: es necesario que concibamos una política capaz de no intentar acabar consigo misma, sino de salvarse.

La izquierda en la que yo creo tiene que combatir la bastardización de los términos *material* y *materialista.* No debe hacerlo promulgando una serie de «políticas identitarias» o reclamándose como heredera del «posmodernismo», porque no ha de enfrentarse ni a una óptica de la aniquilación política ni a un debate de patio de colegio. Recupero una formulación que ya he utilizado: la clase trabajadora no vota automáticamente a quien a ella apela, y los partidos de izquierda no deben portarse ni como perfectos evangelistas o teólogos capaces de desvelarle al individuo la verdad de su opresión y de sus condiciones materiales, ni como iluminadores, arcángeles venidos a salvar a su clase, persuasivos seductores o profetas de la utopía socialista.

La izquierda en la que yo creo tiene que bajar de su torre de marfil sin renunciar a aquellas historias o mitos colectivos que sean más eficientes para vehicular unos sentimientos concretos. Tiene que poner en cuarentena a quienes aspiran a susurrarle las soluciones óptimas, fáciles y holísticas para todos y cada uno de sus problemas. Tiene que corregir las desigualdades económicas e incluso enfrentarlas prioritariamente; tiene que hacer bandera de la redistribución, de la fraternidad y de la justicia social, porque incluso los trabajadores homófobos, racistas o fascistas tienen derecho a unas condiciones de vida dignas. Tiene que elaborar una lealtad mayor (sea la de la patria, sea alguna otra todavía por descubrir) para enfrentarse al fantasma posible de una derecha que intente hacerse con la voz y el voto de los excluidos, los marginados, las víctimas de la globalización y de la crisis. Tiene que ser, después de la debacle, una izquierda más materialista que cultural: tiene que dar la batalla económica e incluso, si se me permite la cita a Santiago Alba Rico, ser «revolucionaria en lo económico, reformista en lo institucional y conservadora en lo antropológico». Debe luchar por los afectos y los vínculos que nos unen y en contra de la desintegración de aquellos que están en peligro. Tiene que dejar de deshacerse en una enorme multitud de guerras internas surgidas de debates bizantinos: ha de ser leal a ella misma y, siendo leal a sí misma, extender esta lealtad para todos los que en ella se encuentren. No tiene, necesariamente, que llevar el nombre de izquierda; pero es necesario que quienes sean interpelados por ella puedan reconocerla desde fuera como tal. Debe entender a quienes han comprado discursos simplistas, reduccionistas y problemáticos: tiene que escuchar a quienes ha considerado tontos, imbéciles, bobos o iletrados. Tiene que dejar de afianzar identidades más pequeñas e intentar construir algo grande. Debe dar la batalla dentro de sí por sus ideas, desde luego, pero no convertir sus batallas en guerras si no se libran contra sus verdaderos adversarios. Tiene que avanzar a través de la pedagogía y el diálogo entre posiciones irreconciliables; tiene que escuchar a quienes quieran y puedan tender puentes.

Debe dejar atrás la tentación identitaria de exigir que solo los pertenecientes a un colectivo puedan hablar de los problemas que afectan a ese colectivo, y tiene que hacerlo por el problema fundamental que esa reducción conlleva: aquello que yo he denominado autorreferencialidad y en lo cual la izquierda tiene tanta culpa, si no más, que la derecha, al condenar a los sujetos con una identidad concreta a reducir su discurso a la expresión y demandas políticas de esa identidad. Tiene que reformular el lenguaje del género para corregir la violencia al género ligada, minimizar la violencia estructural y prevenir la violencia correctiva. Ha de basarse en análisis serios de la realidad y no en piezas de «literatura de combate» o estimaciones estadísticas sin fundamento. Tiene que saber jugar con el tablero de las emociones y usarlas para fines políticos, e incluso aprovecharse de ellas y de sus pasiones más potentes, sin caer en el error de que sean esas mismas pasiones las que la lleven a destruirse. Tiene que aceptar muchas historias, y muchos bandos, y muchas perspectivas. En ocasiones tendrá que ser conservadora, y asumir que, si el progreso es sinónimo de neoliberalismo, su única salida es luchar por conservar aquello que traten de arrancarnos; en ocasiones tendrá que ser progresista si el progreso implica concebir las cosas de otro modo, plantear una reducción de la jornada laboral, intentar poner en marcha una renta básica, adaptar el modelo para tener uno que funcione y conservar, reduciendo y decreciendo mientras acelera sus desarrollos tecnológicos, el mundo en peligro que habitamos. Tiene que ser democrática, y tiene que ser pluralista, y debe aceptar que, tarde o temprano, le ganará la derecha, que arrasará con buena parte de lo que haya conseguido. Es lo bueno de la democracia: podemos equivocarnos en nuestras direcciones históricas, porque no están dadas de antemano; podremos, llegado el momento, incluso corregirlas. La izquierda en la que yo creo debe ser digna de llevar su nombre, sea este cual sea.

Hoy es fácil imaginarnos que el futuro de Europa sea el fascismo. Quienes han situado el marco de lo político como un conflicto entre globalistas y nacionalistas o patriotas tienen su buena parte de razón: una de las aristas de la cuestión es, precisamente, que a lo mejor los nacionalistas o patriotas tienen en algún momento las de ganar. La pregunta es quiénes van a encarnar a los victoriosos defensores del pueblo y de qué manera, porque siempre existirá la tentación de las cosmovisiones fáciles y las ideas totalizadoras, hambrientas de acabar las unas con las otras: voluntades que aspiran, en definitiva, a aniquilar la política. Nuestra responsabilidad tiene que ser defender a los olvidados, pero también asegurarnos de que esa defensa, a largo plazo, siga siendo algo posible: la izquierda tiene que estar a la altura.

Llegarán, si no lo está, los monstruos. Dirán que los culpables tienen nombres y apellidos, y buscarán acabar con ellos: de esto no puede dudarse ni un momento. La teoría tiene que ser responsable: no puede disgregar más a una izquierda ya lo suficientemente disgregada. Sus líderes no pueden caer en el ensimismamiento, en el vicio, en la vendetta personal. Y es que toda perspectiva política de la izquierda es también una perspectiva moral: el reconocimiento de aquellos a quienes no puede dejar de lado por sus vulnerabilidades, de los sujetos de los cuales tiene que responsabilizarse, de aquellos a quienes ha de cuidar como sea necesario. No puede ser punitivista, pues llegará el día en el que gobiernen, sea desde dentro o desde fuera del ejecutivo, aquellos que siempre quisieron castigar y corregir comportamientos y opiniones: y entonces, si la izquierda otrora se equivocó, si cedió en su tentación, no tendrá defensa frente a los monstruos. No puede ser antidemocrática, porque nunca tendrá defensa contra aquellos que de verdad quieran destruir la democracia y el pluralismo. Debe *no* otorgarse un poder excesivo: no puede poseer una fuerza tal que, colocada en otras manos, pudiera hacer realidad en la tierra los infiernos e instaurar por ley el terror. No debe implantar por ley el cielo: debe promover la comunidad mejor en una tierra para todos.

> *Y su misericordia alcanza de generación en generación a los que le temen. Desplegó la fuerza de su brazo, dispersó a los que son soberbios en su propio corazón. Derribó a los potentados de sus tronos y exaltó a los humildes. A los hambrientos colmó de bienes y despidió a los ricos sin nada.*
>
> LUCAS 1, 50-53

Aspire así la izquierda a ser un conservadurismo progresista, una suerte de religión laica: porque es el otro quien nos salva, es el amor lo que nos mueve. Impidamos, en definitiva, que lo que nos queda de mundo se deshaga. Amén.

Elizabeth Duval, París, 16 de diciembre de 2020

AGRADECIMIENTOS

He insistido repetidamente en ello: las ideas se forjan en el diálogo, lo literario es la amistad. Querría dar las gracias a unas cuantas condiciones de posibilidad, por así nombrarlas: primero, al PIAHT de la Comunidad de Madrid por lo fundamental que fue para mí en la adolescencia, y muy particularmente a Isidro García Nieto por su acompañamiento; a la organización Apoyo Positivo y a Jorge Garrido; a las libreras de Mujeres & Compañía, lugar al que iba una y otra vez, en tanto que muchacha de quince años, a por decenas de libros de Butler, Preciado, Edelman y otros tantos autores de la teoría queer, que me forjaron decisivamente como lectora. Extiendo los agradecimientos libreros, claro, a la Calders de Barcelona y a Desperate Literature en Madrid, que son las librerías que siento como mías. Me es muy difícil acordarme de todo aquel con quien habré dialogado a lo largo de los años hasta llegar a este libro: pienso en Lara Alcázar, en mi profesora Mónica, en Alicia Ramos, en mi compañera Celeste González, en Consuelo Trujillo y Andrés Waksman, en Luna Miguel y Antonio J. Rodríguez, en Rodrigo García Marina, en Luis Magrinyà, en Celia Pereira, en Yasmín C. Moreno, en Alejandro Pérez-Paredes, en Candela Dacosta Lamas, en Ernesto Castro, en Paloma Reaño, en Eugenia, en Mar, en Saida García, en Qamar, en Théo, en Pol Galofre, Paul B. Preciado y Miquel Missé, en Tomás Neme, en Rubén Serrano, en Raquel (Lucas) Platero y en otros tantos que un día llamé mis amigos, pero que el tiempo fue alejando: también agradezco esa formación conjunta a gente como Darío, Alana, Jorge, Ari, Adriana...

Quiero dedicar un agradecimiento especial a los mecenas que me apoyan en Patreon para que proyectos así sean posibles. Así, agradezco a Pliyo San, a Javier Cueva Elizaldes, y a Gonçalo Vilas-Boas, así como a todos los demás mecenas.

Y le agradezco a Hannah, claro está, todo lo que le tengo que agradecer. Te repito las palaras que me dijiste mientras acababa este libro: te quiero; conmovida, ansío todo lo que tenemos por delante.

Los flujos de lo trans retoma un artículo con el mismo nombre que escribí para la revista *CTXT* en septiembre de 2018. Mis críticas a propósito de la obra de Daniel Bernabé estaban ya presentes en un texto que escribí ese mismo año, titulado «Los trampantojos de la literatura de combate». Los prolegómenos retoman algunas intuiciones de mi artículo «Escribe, oh, musa, la cólera», publicado en julio de 2019, circunscrito a un debate con la poeta Rosa Berbel. Del mismo modo, quiero agradecer a Gonzalo Torné la confianza y el espacio como crítica cultural que me ha concedido en el Ministerio de *CTXT*. Una versión abreviada del ensayo «Teología trans: el evangelio de la Veneno según Valeria Vegas (y los Javis)» fue publicada allí en noviembre de 2020.

Mi gata Atenea, presente en los agradecimientos de *Reina*, murió un mes antes de que yo terminara de escribir la primera versión de este libro. Con las correcciones ortotipográficas han llegado a casa dos gatos hermanos de cuatro años: Calisto y Durga. Creo que ellos no encuentran muy interesantes los debates y vicisitudes de lo trans y la izquierda, pero seguro que les hace ilusión aparecer en este libro. Se supone que la mujer que luche por una causa justa estará acompañada de la diosa hindú Durga; espero que también me acompañe, con Calisto, la belleza, o que al menos se deje buscar. Juro al lector que no hay ningún mensaje oculto en la elección de dos nombres «femeninos» para dos machos.

Gracias a quienes han leído el texto cuando todavía estaba formándose, por sus iluminaciones, sin las cuales esta obra sería más pobre, más frágil, más débil: Pablo Caldera, Juan Gallego Benot, Julián Génisson, Nicolás Marín Bayona, Pablo Muñoz, Ricardo Robles y Sara Torres.

Agradecerle a Raúl E. Asencio Navarro, mi editor de La Caja Books, su apoyo, confianza y paciencia con un texto tan complicado (en todos los sentidos). A mi agente, Txell Torrent: *now I'm cleaning up and I'm moving on, going straight and choosing life. I'm looking forward to it already*. Será que es eso lo que hay después de lo trans: *the job, the family, the washing machine, good health, dental insurance, luggage, junk food, walks in the park* y bollitos chinos en Belleville.

Dedico un último saludo a mis interlocutoras. Sé que en este ensayo soy dura, incluso severa: mi crítica es así, siempre, desde el aprecio y el respeto. Decía Hannah Arendt en su última entrevista que «pensar es siempre pensar críticamente, y pensar críticamente siempre es ser hostil», con las ideas de una misma y con las ideas de los demás. Creo que tendríamos mucho que ganar, en los debates que hoy día nos interesan, si considerarais mi parte del debate meritoria y ejercierais vuestro derecho a réplica.

REFERENCIAS

PROLEGÓMENOS: ESTOY HASTA EL COÑO DE LO TRANS

1 Hélène Cixous, *La risa de la medusa: ensayos sobre la escritura* (Barcelona: Editorial Anthropos, 1995, 1975), 59.
2 Ibíd., 61.
3 Ibíd., 54.

ADQUISICIÓN Y AUTODETERMINACIÓN DEL GÉNERO: *TENER* CONTRA *SER*

4 Joanne Meyeworitz, *How Sex Changed: A History of Transsexuality in the United States* (Cambridge, Massachusetts: Harvard University Press, 2004).
5 Miquel Missé, *A la conquista del cuerpo equivocado* (Barcelona: Egales, 2018), 46-47.
6 Judith Lorber, *Paradoxes of Gender* (New Haven, Connecticut: Yale University Press, 1994), 40.
7 Ibíd., 30-31.
8 Anne Fausto-Sterling, *Sex/gender: Biology in a Social World* (Londres: Routledge, 2012), 39.
9 Rosa María García, «Bulos y hechos sobre la salud trans», *El Salto* (8 de septiembre de 2020), <https://www.elsaltodiario.com/transexualidad/bulos-hechos-salud-trans-tratamientos-sanidad>.
10 Patricia Gherovici, *Transgender Psychoanalysis: A Lacanian Perspective on Sexual Difference* (Londres: Routledge, 2017), 5.
11 Ibíd., 82.
12 Ibíd., 108
13 Anne Fausto-Sterling, *Sex/gender: Biology in a Social World* (Londres: Routledge, 2012), 50-52.
14 Eva Illouz, *La fin de l'amour* (París: Seuil, 2020), 177-178.
15 Judith Butler, «Contingent foundations», en *Feminist Contentions: A Philosophical Exchange,* (Londres: Routledge, 1995).

POLÍTICA IDENTITARIA, LA IZQUIERDA Y LO TRANS

16 Alana Portero, «Dejar de temblar», *El Salto* (28 de abril de 2018), <https://www.elsaltodiario.com/violencia-machista/alana-portero-dejar-temblar-sentencia-violadores-san-fermin>.

17 Alana Portero, «¿Me ves?», *El Salto* (25 de marzo de 2018), <https://www.elsaltodiario.com/transexualidad/me-ves-transparent-jeffrey-tambor-trace-lysette-van-barnes>.

18 Alana Portero, «¡Queer! Una «contrapolítica» hecha carne», *Agente Provocador* (8 de noviembre de 2019), <http://www.agenteprovocador.es/publicaciones/a-vueltas-con-lo-queer>.

19 Ibíd.

20 Daniel Bernabé, *La trampa de la diversidad* (Madrid: Akal, 2018).

21 César Ruíz Sanjuán, «Clara Ramas San Miguel, *Fetiche y mistificación capitalistas: la crítica de la economía política de Marx*, Madrid, Siglo XXI, 2018, 304 pp.», en *THÉMATA. Revista de filosofía*, 2018, núm. 58, 211-216.

22 Richard Rorty, *Truth and Progress: Philosophical Papers*, 228-244 (Cambridge: Cambridge University Press, 1998).

23 Richard Rorty, *Achieving Our Country: Leftist Thought in Twentieth-Century America* (Cambridge, Massachusetts: Harvard University Press, 1998), 76-91.

24 Juan Luis Nevado, «El (post)hospital de Ayuso: paradigma de un hospital posmoderno», *Nueva Revolución* (5 de diciembre de 2020). El artículo fue eliminado el 8 de diciembre de 2020; se puede consultar una copia en: <https://scribd.com/document/487380679/El-Post-Hospital-de-Ayuso-Nueva-Revolucion>.

25 Richard Rorty, *Philosophy as Cultural Politics: Philosophical Papers*, 42-55 (Cambridge: Cambridge University Press, 2007).

26 Alana Portero, «Mi 8M», *El Salto* (10 de marzo de 2018), <https://www.elsaltodiario.com/huelga-feminista/mi-8m>.

27 David López Frías, «Los transexuales que renuncian a la T de LGTBI: «Estamos más cerca de Lidia Falcón que del lobby»», *El Español* (29 de febrero de 2020), <https://www.elespanol.com/reportajes/20200229/transexuales-renuncian-lgtbi-cerca-lidia-falcon-lobby/470954254_0.html>.

28 Paula Fraga, «La teoría queer y la institucionalización de la misoginia», Público (25 de noviembre de 2019), <https://blogs.publico.es/otrasmiradas/25997/la-teoria-queer-y-la-institucionalizacion-de-la-misoginia>.

29 Alana Portero, «¡Queer! Una «contrapolítica» hecha carne», *op. cit.*

30 Lidia Falcón, «Las últimas perversiones del feminismo», Público (8 de marzo de 2017), <https://blogs.publico.es/lidia-falcon/2017/03/08/las-ultimas-perversiones-del-feminismo>.

31 Alana Portero, «Mi 8M», *op. cit.*

32 Cynthia Kraus, « Avarice épistémique et économie de la connaissance: le pas rien du constructionnisme social », en *Le corps: entre sexe et genre*, ed. Dominique Fougeyrollas-Schwebel, Hélène Rouch y Elsa Dorlin (París, L'Harmattan, 2005).

33 Paula Fraga, *op. cit.*

34 Maurice Merleau-Ponty, *Phénoménologie de la perception* (París, Gallimard, 1945), en Œuvres (París, Gallimard, 2010), 748.

35 Judith Butler, *Cuerpos que importan: sobre los límites naturales y discursivos del «sexo»* (Buenos Aires, Paidós, 2006, 1993).

36 Alana Portero, «¡Queer! Una «contrapolítica» hecha carne», *op. cit.*

37 Thomas E. Bevan, *The Psychobiology of Transsexualism and Transgenderism* (Santa Bárbara, California, Praeger, 2014).

38 Magnus Hirschfeld, «Die intersexuelle constitution», en *Jahrbuch fuer Sexuelle Zwischenstufen* (Berlín, Wissenschaftlich-humanitäres Komitee, 1923).

39 John F. Oliven, *Sexual Hygiene and Pathology: A Manual for the Physician and the Professions* (Nueva York, Lippincott, 1965).

40 Leslie Feinberg, *Transgender Warriors: Making History from Joan of Arc to Dennis Rodman* (Boston, Beacon Press, 1996).

41 Teresa de Lauretis, *Technologies of Gender: Essays on Theory, Film, and Fiction* (Bloomington/Indianápolis, Indiana University Press, 1987), 3.

CONTRA LA TOLERANCIA Y LA ESTADÍSTICA

42 Pier Paolo Pasolini, *Lettres luthériennes. Petit traité pédagogique* (París, Seuil, 2000, 1976), 29-30.

43 Roland Barthes, *La préparation du roman. Cours au Collège de France (1978-1979 et 1979-1980)* (París, Seuil, 2019), 42.

44 European Union Agency for Fundamental Rights, *Being trans in the European Union: Comparative analysis of EU LGBT survey data* (Luxemburgo, Publications Office of the European Union, 2014).

45 Cristina Morales: *Introducción a Teresa de Jesús* (Barcelona, Anagrama, 2020).

NADIE SABE LO QUE PUEDE UN ANO EMANCIPADOR

46 Víctor Lenore, «Elizabeth Duval: «Toca cuestionar la teoría ‹queer›: el ano carece de potencial emancipador», *Vozpópuli* (9 de noviembre de 2019), <https://www.vozpopuli.com/altavoz/cultura/Elizabeth-Duval-queer-15M-chalecosamarillos_0_1298570521.html>.

47 Paul B. Preciado, *Manifeste contre-sexuel* (París, Ballard, 2000). Para las citas, tomo la primera traducción al castellano. *Véase*: Paul B. Preciado, *Manifiesto contra-sexual* (Madrid, Ópera Prima, 2002), 18.

48 Sara Ahmed, *Fenomenología queer: orientaciones, objetos, otros,* (Barcelona, Bellaterra, 2019, 2006).

49 Paul B. Preciado, *op. cit.*, 23.
50 Ibíd., p. 42.
51 Judith Butler, *Cuerpos que importan: sobre los límites naturales y discursivos del «sexo»* (Buenos Aires, Paidós, 2006, 1993), 95-142.
52 Paul B. Preciado, *op. cit.*, 66.
53 Ibíd., 99-104.
54 Ibíd., 29-36.
55 José Esteban Muñoz, *Utopía queer: entonces y allí de la futuridad antinormativa* (Buenos Aires, Caja Negra Ed., 2020, 2009), 30.
56 Jack Halberstam, *El arte queer del fracaso* (Barcelona/Madrid, Egales, 2018).
57 José Esteban Muñoz, *op. cit.*, 43-44.
58 Ibíd., 79.
59 Paul B. Preciado, *Testo yonqui* (Madrid, Espasa, 2008). Para las citas, tomo la reedición de 2020 en Anagrama. *Véase*: Paul B. Preciado, *Testo yonqui* (Barcelona, Anagrama, 2020).
60 Ibíd., 32.
61 Ibíd., 51.
62 Ibíd., 92-93.
63 Ibíd., 62.
64 Ibíd., 83-84.
65 Alicia H. Puleo, *Ecofeminismo para otro mundo posible* (Madrid, Cátedra, col. Feminismos, 2011), 251.
66 Paul B. Preciado, *Un appartement sur Uranus* (París, Grasset, 2019), 119-122. Todas las citas a *Un apartamento en Urano* constituyen traducciones propias.
67 Ibíd., 325-331.
68 Ibíd., 325.
69 Ibíd., 326.
70 Ibíd., 330.
71 Maurice Merleau-Ponty, *Phénoménologie de la perception* (París, Gallimard, 1945), en Œuvres (París, Gallimard, 2010), 748.
72 Paul B. Preciado, *op. cit.*, 11-12.
73 Paul B. Preciado, *Je suis un monstre qui vous parle* (París, Grasset, 2020), 44. Al ser este ensayo de elaboración anterior a la publicación de la primera traducción del texto de Paul por Anagrama, todas las citas constituyen traducciones propias, como en el caso de *Un apartamento en Urano*.
74 Ibíd., 45-46.
75 Ibíd., 60.
76 Ibíd., 64.
77 Ibíd., 64-65.

78 Ibíd., 65.
79 Miquel Missé, *A la conquista del cuerpo equivocado* (Barcelona: Egales, 2018), 52.

INCISO SOBRE EL SUJETO DEL FEMINISMO

80 Miquel Missé, *A la conquista del cuerpo equivocado* (Barcelona: Egales, 2018), 155.
81 Luisa Posada Kubissa, *¿Quién hay en el espejo?: lo femenino en la filosofía contemporánea* (Madrid, Cátedra, col. Feminismos, 2019), 10.
82 Ibíd., 155.
83 Ibíd., 128.
84 Ana de Miguel, *Neoliberalismo sexual* (Madrid, Cátedra, col. Feminismos, 2015), 135.
85 Ibíd., 59.
86 Luisa Posada Kubissa, *op. cit.*, 106.
87 Ibíd., 110.
88 Ibíd., 117.
89 Ibíd., 127.
90 Ibíd., 153.
91 Ibíd., 222.
92 Ibíd., 225.
93 Ibíd., 227.
94 Amelia Valcárcel, *La política de las mujeres* (Madrid, Cátedra, col. Feminismos, 1997), 70.
95 Raquel (Lucas) Platero Méndez, «Transexualidad y agenda política: una historia de (dis)continuidades y patologización» en *Política y Sociedad*, 2009, vol. 46, núms. 1 y 2, 107-128.

EPÍLOGO

96 Ernesto Castro, *Ética, estética y política: ensayos (y errores) de un metaindignado* (Barcelona, Arpa, 2020), 252-256.
97 Alexandre Kojève, *La dialéctica del amo y del esclavo en Hegel* (Buenos Aires, Leviatán, 1996), 177.
98 Alexandre Kojève, *Introduction à la lecture de Hegel* (París, Gallimard, 1979), 167.
99 Paráfrasis del *#ACCELERATE Manifesto for an Accelerationist Politics*, de Alex Williams y Nick Srnicek.
100 Theodor W. Adorno, *Minima Moralia* (Londres, Verso, 2005/1951), 75-76.

BIBLIOGRAFÍA

Adorno, Théodor W. *Minima Moralia*. Londres: Verso, 2005, 1951.

Ahmed, Sarah. *Fenomenología queer: orientaciones, objetos, otros*. Barcelona: Bellaterra, 2019, 2006.

Althusser, Louis. *Idéologie et appareils idéologiques d'État*, en *POSITIONS (1964-1975)*. París: Les Éditions sociales, 1976.

Ariew, Roger, y Eric Watkins, ed. *Modern Philosophy: An Anthology of Primary Sources*. Indianápolis: Hackett, 2009.

Barthes, Roland. *La préparation du roman. Cours au Collège de France (1978-1979 et 1979-1980)*. París: Seuil, 2019.

Bernabé, Daniel. *La trampa de la diversidad*. Madrid: Akal, 2018.

Bevan, Thomas E. *The Psychobiology of Transsexualism and Transgenderism*. Santa Bárbara, California: Praeger, 2014.

Butler, Judith. *El género en disputa: el feminismo y la subversión de la identidad*, Barcelona: Paidós Ibérica, 2001, 1990.

— *Cuerpos que importan: sobre los límites naturales y discursivos del «sexo»*. Buenos Aires: Paidós, 2006, 1993.

— «Contingent foundations», en *Feminist Contentions: A Philosophical Exchange*. Londres: Routledge, 1995.

— *Mecanismos psíquicos del poder: teorías sobre la sujeción*. Madrid: Cátedra, col. Feminismos, 2001, 1997.

— *Deshacer el género*. Barcelona: Paidós, 2006, 2004.

Castro, Ernesto. *Ética, estética y política: ensayos (y errores) de un metaindignado*. Barcelona: Arpa, 2020.

Cixous, Hélène. *La risa de la medusa: ensayos sobre la escritura*. Barcelona: Anthropos, 1995, 1975.

De la Cruz, Aixa. *Cambiar de idea*. Barcelona: Caballo de Troya, 2019.

De Miguel, Ana. *Neoliberalismo sexual*. Madrid: Cátedra, col. Feminismos, 2015.

Derrida, Jacques. *La voix et le phénomène : Introduction au problème du signe dans la phénoménologie de Husserl*. París: PUF, 1967.
— *L'écriture et la différence*. París: Seuil, 1967.
— *De la grammatologie*. París: Minuit, 1967.
— *La dissémination*. París: Seuil, 1972.
— *Le monolinguisme de l'autre, ou la prothèse d'origine*. París: Galilée, 1996.
Dixsaut, Monique. *Platon: le* désir de comprendre. París: Vrin, 2000.
Duval, Elizabeth. *Excepción*. Málaga: Letraversal, 2020.
— *Reina*. Barcelona: Caballo de Troya, 2020.
Dworkin, Andrea. *Woman Hating*. Nueva York: Penguin, 1974.
Eribon, Didier. *Retour à Reims*. París: Fayard, 2009.
Falcón, Lidia. «Las últimas perversiones del feminismo», *Público* (8 de marzo de 2017), <https://blogs.publico.es/lidia-falcon/2017/03/08/las-ultimas-perversiones-del-feminismo>.
Fausto-Sterling, Anne. *Sex/gender: Biology in a Social World*. Londres: Routledge, 2021.
Feinberg, Leslie. *Stone Butch Blues*. Ann Arbor: Firebrand Books, 1993.
— *Transgender Warriors: Making History from Joan of Arc to Dennis Rodman*. Boston, Beacon Press, 1996.
— *Trans Liberation. Beyond Pink or Blue*. Boston: Beacon Press, 1998.
Fraga, Paula. «La teoría queer y la institucionalización de la misoginia», *Público* (25 de noviembre de 2019), <https://blogs.publico.es/otrasmiradas/25997/la-teoria-queer-y-la-institucionalizacion-de-la-misoginia>.
García, Rosa María. «La conspiración del «borrado de las mujeres» (cis)», *El Salto* (25 de julio de 2020), <https://www.elsaltodiario.com/opinion/conspiracion-borrado-mujeres-(cis)->.
— «Bulos y hechos sobre la salud trans», *El Salto* (8 de septiembre de 2020), <https://www.elsaltodiario.com/transexualidad/bulos-hechos-salud-trans-tratamientos-sanidad>.

GHEROVICI, Patricia. *Transgender Psychoanalysis: A Lacanian Perspective on Sexual Difference*. Londres: Routledge, 2017.

HALBERSTAM, Jack. *El arte queer del fracaso*. Barcelona/Madrid: Egales, 2018, 2011.

HIRSCHFELD, Magnus. «Die intersexuelle constitution», en *Jahrbuch fuer Sexuelle Zwischenstufen*. Berlín: Wissenschaftlich-humanitäres Komitee, 1923.

HOUELLEBECQ, Michel. *Extension du domaine de la lutte*. París: Maurice Nadau, 1994.

– *Les particules élementaires*. París: Flammarion, 1998.

– *Plateforme*. París: Flammarion, 2001.

– *La possibilité d'une île*. París: Fayard, 2005.

– *Sérotonine*. París: Flammarion, 2019.

ILLOUZ, Eva. *La fin de l'amour*. París: Seuil, 2020.

IRIGARAY, Luce. *Speculum. De l'autre femme*. París: Minuit, 1974

– *Ce sexe qui n'en est pas un*. París: Minuit, 1977.

– *Parler n'est jamais neutre*. París: Minuit, 1985.

KANT, Immanuel. *Critique de la raison pure*, ed. Alain Renaut. París: Flammarion, 2006, 1781.

– *Prolégomènes à toute métaphysique future qui pourra se présenter comme science*, trad. L. Guillermit. París: Vrin, 2000, 1783.

KOJÈVE, Alexandre. *Introduction à la lectura de Hegel*. París: Gallimard, 1979.

– *La dialéctica del amo y el esclavo en Hegel*. Buenos Aires: Leviatán, 1996.

KUBISSA, Luisa Posada. *¿Quién hay en el espejo?: lo femenino en la filosofía contemporánea*. Madrid: Cátedra, col. Feminismos, 2019.

KRAUS, Cynthia. « Avarice épistémique et économie de la connaissance: le pas rien du constructionnisme social », en *Le corps: entre sexe et genre*, ed. Dominique Fougeyrollas-Schwebel, Hélène Rouch y Elsa Dorlin. París: L'Harmattan, 2005.

LACAN, Jacques. *Écrits I*. París: Point-Seuil, 1971.

– *Écrits II*. París: Point-Seuil, 1971.

— *Le Séminaire. Les quatre concepts fondamentaux de la psychanalyse* (S XI). París: Seuil, 1973.

— *Le Séminaire. D'un discours qui ne serait pas du semblant* (S XVIII). París: Seuil, 2004.

— *Le Séminaire. L'angoisse* (S X). París: Seuil, 2004.

— *Le Séminaire. D'un Autre à l'autre* (S XVI). París: Seuil, 2006.

López Frías, David. «Los transexuales que renuncian a la T de LGTBI: «Estamos más cerca de Lidia Falcón que del lobby»», *El Español* (29 de febrero de 2020), <https://www.elespanol.com/reportajes/20200229/transexuales-renuncian-lgtbi-cerca-lidia-falcon-lobby/470954254_0.html>.

Lorber, Judith. *Paradoxes of Gender*. New Haven, Connecticut: Yale University Press, 1994.

Merleau-Ponty, Maurice. *Œuvres*. París: Gallimard, 2010.

Meyerowitz, Joanne. *How Sex Changed: A History of Transsexuality in the United States*. Cambridge, Massachusetts: Harvard University Press, 2004.

Miguel, Luna. *El coloquio de las perras*. Madrid: Capitán Swing, 2019.

Missé, Miquel. *A la conquista del cuerpo equivocado*. Barcelona: Egales, 2018.

Morris, Rosalind, ed. *Can the Subaltern Speak? Reflections on the History of an Idea*. Nueva York: Columbia University Press, 2010.

Muñoz, José Esteban. *Utopía queer: entonces y allí de la futuridad antinormativa*. Buenos Aires: Caja Negra Ed., 2020, 2009.

Nevado, Juan Luis. « El (post)hospital de Ayuso: paradigma de un hospital posmoderno», *Nueva Revolución* (5 de diciembre de 2020), <https://scribd.com/document/487380679/El-Post-Hospital-de-Ayuso-Nueva-Revolucion>.

Oliven, John F. *Sexual Hygiene and Pathology: A Manual for the Physician and the Professions*. Nueva York: Lippincott, 1965.

Platero Méndez, Raquel (Lucas). «Transexualidad y agenda política: una historia de (dis)continuidades y patologización», en *Política y Sociedad*, 2009, vol. 46, núms. 1 y 2.

Portero, Alana.«Mi 8M», *El Salto* (10 de marzo de 2018), <https://www.elsaltodiario.com/huelga-feminista/mi-8m>.

— «¿Me ves?», *El Salto* (25 de marzo de 2018), <https://www.elsaltodiario.com/transexualidad/me-ves-transparent-jeffrey-tambor-trace-lysette-van-barnes>.

— «Dejar de temblar», *El Salto* (28 de abril de 2018), <https://www.elsaltodiario.com/violencia-machista/alana-portero-dejar-temblar-sentencia-violadores-san-fermin>.

— «Nosotras», *El Salto* (5 de mayo de 2018), <https://www.elsaltodiario.com/genero/nosotras>.

— «Se llamaba Thalía», *El Salto* (12 de mayo de 2018), <https://www.elsaltodiario.com/opinion/se-llamaba-thalia>.

— «Stonewall en Callao», *El Salto* (27 de junio de 2018), <https://www.elsaltodiario.com/lgtbiq/alana-portero-stonewall-callao-orgullo-critico-2018>.

— «Falsos debates», *El Salto* (26 de julio de 2019), <https://www.elsaltodiario.com/opinion/falsos-debates>.

— «¡Queer! Una «contrapolítica» hecha carne», *Agente Provocador* (8 de noviembre de 2019), <http://www.agenteprovocador.es/publicaciones/a-vueltas-con-lo-queer>.

Preciado, Paul B. *Manifeste contre-sexuel.* París: Ballard, 2000.

— *Manifiesto contra-sexual.* Madrid: Ópera Prima, 2002.

— *Testo yonqui.* Madrid: Espasa, 2008.

— *Un appartement sur Uranus.* París: Grasset, 2019.

— *Je suis un monstre qui vous parle.* París: Grasset, 2020.

— *Testo yonqui: sexo, drogas y biopolítica.* Barcelona: Anagrama, 2020.

Puleo, Alicia H. *Ecofeminismo para otro mundo posible.* Madrid: Cátedra, col. Feminismos, 2011.

RAMAS SAN MIGUEL, Clara. *Fetiche y mistificación capitalistas: la crítica de la economía política de Marx*. Madrid: Siglo XXI, 2018.

RORTY, Richard. *Achieving Our Country: Leftist Thought in Twentieth-Century America.* Cambridge, Massachusetts: Harvard University Press, 1998.

— *Truth and Progress: Philosophical Papers.* Cambridge: Cambridge University Press, 1998.

— *Philosophy as Cultural Politics: Philosophical Papers.* Cambridge: Cambridge University Press, 2007.

RUIZ SANJUÁN, César. «Clara Ramas San Miguel, Fetiche y mistificación capitalistas. La crítica de la economía política de Marx, Madrid, Siglo XXI, 2018, 304 pp.», en *THÉMATA. Revista de filosofía,* 2018, núm. 58, 211-216.

SAUSSURE, Ferdinand de. *Cours de linguistique générale*. París: Payot, 1995, 1916.

SERANO, Julia. *Whipping Girl: A Transsexual Woman on Sexism and the Scapegoating of Feminity*. Nueva York: Seal Press, 2016, 2007.

SERRANO, Rubén. *No estamos tan bien: nacer, crecer y vivir fuera de la norma en España*. Barcelona: Temas de Hoy, 2020.

SOLEY-BELTRÁN, Patricia. *Transexualidad y la matriz heterosexual. Un estudio crítico de Judith Butler*. Manresa: Bellaterra, 2000.

STRYKER, Susan. «My Words to Victor Frankenstein above the Village of Chamounix. Performing Transgender Rage», en *GLQ*, vol. 1, núm. 3. Durham: Duke University Press, 1994.

— y Stephen Whittle, ed. *The Transgender Studies Reader*. Londres: Routledge, 2006.

— y Aren Aizura, ed. *The Transgender Studies Reader 2*. Londres: Routledge, 2013.

STONE, Sandy. «The "Empire" Strikes Back: A Posttranssexual Manifesto», en *Camera Obscura*, vol. 10, núm. 29 [mayo]. Durham: Duke University Press, 1992.

VALCÁRCEL, Amelia. *La política de las mujeres*. Madrid: Cátedra, col. Feminismos, 1997.

— *Feminismo en el mundo global*. Madrid: Cátedra, col. Feminismos, 2008.

WITTIG, Monique. *The Straight Mind and other essays*. Boston: Beacon Press, 1992.

WOOLF, Virginia. *The Mark on the Wall and Other Short Fiction*. Oxford: OUP Oxford, 2008, 1917.

La tercera edición de *Después de lo trans* se terminó de imprimir en octubre de 2021. Ochenta años antes, en octubre de 1941, Simone Weil terminaba de escribir el cuarto de los once cuadernos que luego se conocerían como los *Cuadernos de Marsella*, compuestos por centenares de páginas de notas dispares, tomadas a vuela pluma y muchas veces sin revisar. Entre las traducciones inconclusas, las glosas de lectura, las fórmulas, los apuntes sobre física cuántica y las meditaciones y cavilaciones religiosas, aparece de vez en cuando su idea de atención. La mirada atenta es para Weil una forma de amar, la única manera ética de ver al otro y al mundo. Una lección urgente: «La formación de la facultad de atención es el objetivo verdadero y casi el único interés de los estudios».